Der Weg zum Profi-Trader

von Michael »Waxie« Parness

Widmung

Dieses Buch ist all jenen Menschen gewidmet,

die nicht nur an ihrer Methode arbeiten,

sondern auch an sich selbst.

Ihr habt mir geholfen, ein besserer Mensch zu werden.

Michael »Waxie« Parness

Der Weg zum Profi-Trader

Aus dem Amerikanischen von Michael Plos

Bibliografische Information der Deutschen Bibliothek:
Die Deutsche Bibliothek verzeichnet diese Publikation in der Deutschen Nationalbibliografie; detaillierte bibliografische Daten sind im Internet über http://dnb.ddb.de abrufbar.

Das Original erschien 2005 unter dem Titel »Power Trading · Power Living« bei Ultimate Books.

Übersetzung: Michael Plos
Gesamtbearbeitung: Druckerei Joh. Walch
Lektorat: Dr. Renate Oettinger
Druck: Grafik + Druck, München
Covergestaltung: Angelika Feldwieser

1. Auflage 2006

Frundsbergstraße 23
80634 München
Tel.: 089 651285-0
Fax: 089 652096

Den Autor erreichen Sie unter:
parness@finanzbuchverlag.de

ISBN-10: 3-89879-205-6
ISBN-13: 978-3-89879-205-9

Danksagungen

Ich möchte folgenden Personen danken, die dieses Buch ermöglicht haben:

Rodger Smith für all seine Hilfe bei der Produktion des Buches.

Doug Koval, der mir geholfen hat, »Trend Trading To Win« zum erfolgreichsten Informercial zu machen, dass die Welt je gesehen hat.

Michael »Tiny« Saul, der mir geholfen hat, Trendfund.com groß zu machen, für seine einmalige Freundschaft.

Der ganzen Belegschaft von Trendfund.com und »Trend Trading To Win« für die Qualität ihrer Arbeit, die mir das Erreichen meiner persönlichen Träume ermöglicht hat.

Michael Parness, a.k.a. Waxie

Über den Autor

Michael Parness' erstes Buch ›*Rule the Freakin*‹ *Markets* (St. Martin's Press, 2002) wurde in sechs Sprachen veröffentlicht und zum *Financial Times*-Bestseller. Er wurde im *Wall Street Journal,* der *Financial Times, NY Times, NY Post, Crain's Business* und anderen Zeitungen erwähnt. Er hatte auch schon Auftritte bei CNBC, CNN FN, Reuters, Bloomberg Radio, Talk America Radio, Good Day, NY und vielen anderen.

Einst lebte Michael auf den Straßen von Brooklyn und fuhr mit dem Zug zwischen Brooklyn und Manhattan hin und her. Nachdem sein Broker seine letzten Ersparnisse auch noch fast vernichtet hatte, machte Michael aus 33.000 Dollar sieben Millionen und gründete Trendfund.com, die weltweit größte Trading Online Community. Sein Infomercialpacket »Trend Trading To Win« hat sich mehr als 125.000-mal seit seinem zweieinhalbjährigen Bestehen verkauft. Im Jahr 2001 wurde Michael für seine Wohltätigkeitsarbeit von der UN ausgezeichnet. 2002 unterstütze er die Initiative Help A Mother, Save A Child von Susan Sarandon, die insgesamt mehr als 100.000 Dollar aufbringen konnte. Die Filmrechte für sein Lebenswerk sicherte sich Dustin Hoffmanns Firma Punch Productions. Und im Jahr 2003 konnte sich Michael endlich seinen lang ersehnten Traum vom Filmemachen erfüllen. Gleich bei seinem ersten Film, Max and Grace (maxandgrace.com), war er sowohl fürs Drehbuch als auch für die Regie zuständig. Mit von der Partie waren auch Natasha Lyonne, David Krumholtz, Lorraine Bracco, Rossana Arquette, David Paymer und Karen Black. Er gründete dann die Produktionsfirma »Full Glass Films«, um jungen, aufstrebenden Regisseuren von Independentmovies, wie er einer war, eine Plattform zu bieten.

Trendfund.com startete mit Gratis-E-Mails und einem Teilzeitjob bei E*Trade. Mittlerweile nutzen mehr als 15.000 aktive Kunden diesen Service. Heute empfiehlt Michael E*Trade nicht mehr (eher das Gegenteil ist der Fall). Er hat Tausenden Menschen geholfen, ihren Lebenstraum zu verwirklichen. Michael ist überzeugt, dass man alles erreichen kann, wenn man nur will, und hofft, dass auch Sie so denken!

Inhaltsverzeichnis

1

Einleitung

Herzlich willkommen zu *Der Weg zum Profi-Trader* und vielen Dank für Ihr Interesse an diesem Buch! Die Trading-Techniken, die ich in *hier* erläutere, erwiesen sich in den vergangenen Jahren als äußerst lukrativ; zumindest waren sie sehr profitabel für mich und meine Kunden. Ich habe mit diesen Methoden Millionen verdient, und das sowohl in Bullen- als auch in Bärenmärkten. Ich hoffe, dass auch Sie sie gewinnbringend für sich nutzen werden können.

Für diejenigen von Ihnen, die mich noch nicht kennen: Ich bin Michael Parness, unter anderen Tradern und meinen Kunden auch als »Waxie« bekannt. Sie können in »Über den Autor« Näheres nachlesen, falls sie sich näher über mich informieren wollen, oder einfach auf www.trendfund.com schauen, um mehr über meine Online-Services zu erfahren.

Power-Living

Bevor ich übers Trading an sich sprechen will, möchte ich zunächst klären, warum das Buch im amerikanischen Original *Power-Trading ↔ Power-Living* heißt und nicht nur *Power-Trading*. Eines der Dinge, die ich als Trader in den vergangenen fünf Jahren meines eigenen Lebens und im Leben von Tausenden anderen beobachtet habe, die ich treffen oder mit denen ich arbeiten durfte, ist, dass das Trading an sich noch nicht den Erfolg definiert. Wie in jedem anderen Beruf auch ist die finanzielle Entschädigung nicht mit dem tatsächlichen Erfolg gleichzusetzen. Und deshalb sollte die Gier nach Geld auch nicht die Ziele, die man im Leben verfolgt, beeinflussen. Ein altes Sprichwort sagt: »Geld ist nicht alles«, die Abgehärteten unter uns kontern vielleicht mit »Du hast Recht, Geld ist nicht alles, sondern das Einzige«. Das entspricht allerdings nicht meiner Erfahrung.

Diejenigen von Ihnen, die bereits mein Infomercial gesehen oder etwas über mich gelesen haben, kennen vielleicht einen Teil meiner Lebensgeschichte. Ich wuchs in Queens, N. Y., auf. Als Teenager brach ich die High School ab und verabschiedete mich von meinem gewaltbereiten Elternhaus. Nachdem ich es auf allen Wegen versucht hatte, fand ich den Weg zum Ziel. In diesem Fall war der Weg gleichzeitig die Straße. Als Obdachloser fuhr ich nun den ganzen Tag mit dem Zug zwischen der City und Brooklyn hin und her. Auch die Parkbänke vom Prospect Park in Brooklyn mussten eine Zeit lang als Bett herhalten. Ich brauche wohl nicht zu erwähnen, dass ich weiß, was es heißt, missbraucht zu werden, arm zu sein und mit aller Kraft zu kämpfen.

Es wird auch nicht überraschen, dass ich dachte, mit dem Erreichen des Status, den wohl viele den des Reich-Seins nennen würden, würden nun all meine Probleme vorbei sein. Aber sie waren es nicht und sind es noch nicht. Auf Seminaren sage ich immer wieder gerne: »Ich war arm, und es ging mir schlecht, und ich war reich, und es ging mir schlecht. Geld kann nicht alle Probleme lösen.« Trotzdem kann ich sagen, dass es besser ist, reich zu sein und sich schlecht zu fühlen, als arm zu sein und sich schlecht zu fühlen. Ich weiß zumindest, dass ich immer ordentlich essen und schlafen werde können.

Der erste Teil des Buches handelt vom »Power-Living«, mit dem ich in den zurückliegenden fünf Jahren eine Menge zu tun hatte. Sehen Sie es einfach als vorbereitende Maßnahme, wenn Sie endgültig die finanzielle Unabhängigkeit erreicht haben. So können Sie vielleicht einigen Fallen entgehen, auf die ich in meinem Leben gestoßen bin. Das ist eigentlich alles, was sich jemand wünscht, wenn er ein Buch wie dieses liest. Man hofft immer, von den Fehlern der Experten lernen zu können. Ich habe mal behauptet, dass kluge Menschen immer aus ihren eigenen Fehlern lernen. Weise Menschen lernen allerdings auch aus den Fehlern anderer. Ich hoffe, Sie können von meinen Erfahrungen profitieren und von meinen Fehlern lernen und so die Person werden, die Sie gerne wären. Seine Träume leben und alles aus sich herauszuholen, das ist Power-Living!

Im zweiten, längeren Teil geht es um Power-Trading. Egal was ich in meinem Leben auch anfange, ich gebe dabei immer mein Bestes. Ich glaube nicht, dass es auch nur ein einziges Spiel auf dieser Welt gibt, bei dem das Ziel lautet, zu verlieren. Wenn ich mit meiner dreijährigen Tochter Dame spiele, dann besiege ich sie immer vernichtend. Wie soll sie denn sonst lernen, wie man das Spiel gewinnt? Aber Spaß beiseite. Es steckt auch eine Menge Wahrheit darin. Wenn ich ein

Spiel spiele, dann spiele ich, um zu gewinnen. Und wenn ich trade, dann trade ich, um zu gewinnen.

Ich habe meinen eigenen Trading-Stil, das Trend-Trading, entwickelt. Die meisten Day-Trader verlieren Geld, weil sie scalpen. Mit riesigen Positionen wollen sie kleine Bewegungen im Markt nutzen, um große Gewinne mitzunehmen. Da es aber den meisten meiner Kunden nicht möglich ist, von Beginn an so riesige Positionen einzugehen, funktioniert Scalping weder für sie noch für mich. Da ich selbst auch mit sehr wenig Kapital angefangen habe, war es für mich nie eine Option, ein typischer Day-Trader zu werden. Und selbst heute denke ich, dass ich wohl nie einer sein werden möchte.

Also bin ich hauptsächlich ein Trend-Trader. Was nicht heißt, dass ich ein Glücksspieler bin, eher das Gegenteil ist der Fall. Ich glaube nicht an diese Glücksspielerbewegung, denn Glücksspieler verlieren Geld. Trend-Trader hingegen verdienen eine Menge Geld. Ich betrachte Trading als Geschäft. Es ermöglicht ein schönes Leben, eventuell sogar finanzielle Unabhängigkeit und das Erreicheen anderer persönlicher Ziele. Abgesehen vom Profisport denke ich nicht, dass es einen Job gibt, der mehr Spaß macht. Vorausgesetzt, man ist erfolgreich!

Da ich mein hart verdientes Kapital nicht beim Glücksspiel verlieren will, bin ich immer auf der Suche nach Trades, bei denen ich einen großen Teil der Bewegung mitnehmen kann. Diese müssen ein hervorragendes Chance-Risiko-Verhältnis aufweisen. Die Techniken, die ich Ihnen in diesem Buch vorstelle, basieren meistens auf starken Trends und erfüllen die geforderten Kriterien.

Das heißt jetzt natürlich nicht, dass jeder meiner Trades ein Gewinn-Trade wäre oder ich das Risiko ausschalten könnte. Risiko ist immer eine Komponente beim Trading. Mein Ansatz minimiert das Risiko jedoch und erhöht das Potenzial, einen schönen Profit über einen längeren Zeitraum erzielen zu können. Nichtsdestotrotz werden Sie Verlust-Trades erleiden. Wenn Sie es jedoch schaffen, dass Ihre erfolgreichen Trades mehr Profit abwerfen als Ihre schlechten Sie kosten, dann werden Sie auf lange Sicht sehr erfolgreich sein.

Jeder, der sich für den Handel mit Aktien oder Optionen interessiert, kann von *Power-Trading ↔ Power-Living* profitieren. Egal, ob Sie nun Investor, ein Trader mit viel oder wenig Erfahrung sind, Sie werden *Power-Trading ↔ Power-Living* als wertvolle Ressource anerkennen. Es beinhaltet eine Reihe bewährter Trading-Techniken, die Sie an Ihre eigenen Techniken und Trading-Ziele anpassen können. Wenn Sie bereits ein erfahrener Trader sind, können Sie Ihre Methodik vielleicht mit dem einen oder anderen Ansatz verfeinern, der die Kosten dieses Buches wieder einspielt. Falls Sie jedoch gerade am Anfang Ihrer Trading-Karriere stehen, werden Sie lernen, wie Sie Ihre Verluste begrenzen können und wie Sie es schaffen, gängige Fehler zu vermeiden, die viele Neulinge am Anfang zum Scheitern verurteilen.

Sollten Sie ein Investor sein, der sein eigenes Geld einem Broker zur Verwaltung überlassen hat, dann möchte ich Sie auffordern, Ihr Geld selbst zu verwalten, speziell wenn Sie schon schlechte Erfahrungen mit Ihrem Broker gemacht haben. Mein eigener Broker hat mich durch seinen Stil dazu gebracht, selbst Broker zu werden! Das soll jetzt nicht heißen, dass alle Vermögensverwalter schlechte Arbeit machen. Allerdings sollten Sie bedenken, dass wohl niemandem so viel an Ihrem Geld liegt wie Ihnen selbst. Viele Broker versuchen, Sie von Schritten zu überzeugen, die allenfalls für sie selbst Erfolg versprechend sind, jedoch nicht für Sie. Ich möchte Sie natürlich nicht zu etwas überreden, von dem Sie glauben, noch nicht genug zu verstehen. Ich möchte Sie jedoch dazu bringen, zunächst so viel zu lernen wie nur möglich und dann langsam mit einem kleinen Teil Ihrer Ersparnisse zu operieren, bis Sie einen erfolgreichen Track Record haben.

Unabhängig von Ihren persönlichen Zielen haben Sie mit *Power-Trading ↔ Power-Living* die Möglichkeit, mehr über das Traden zu erfahren. Sie müssen nur wollen. Und wenn Sie Ihr Leben unbedingt so leben wollen, wie Sie es sich schon immer gewünscht haben, dann halten Sie jetzt genau das richtige Buch in den Händen.

Der Kauf dieses Buches war schon Ihr erster erfolgreicher Trade. Was das bedeuten soll? Sie bewegen sich gerade auf einen neuen Lebensabschnitt zu. Sie haben gar keine andere Wahl, als zum Gewinner zu werden. Ich glaube daran: Wenn Sie die in diesem Buch beschriebenen Methoden anwenden, werden Sie auch finanziellen Erfolg haben und eine finanzielle Unabhängigkeit erreichen, von der Sie nicht einmal zu träumen gewagt haben. Was Sie mit diesem Erfolg dann anstellen, wird Sie neu definieren und festlegen, welchen Teil der Gesellschaft Sie repräsentieren wollen. Das ist ein Teil von Power-Living.

Träume realisieren

Träume realisieren – Potenziale ausschöpfen

Eines der ersten Dinge, die ich meinen Seminar- und Website-Besuchern auftrage und auch an Universitäten lehre, ist, ihre Träume niederzuschreiben und zu visualisieren. Ich glaube daran, dass man seine Träume kennen muss, um zu erreichen, was man wirklich begehrt. Unsere Traumsite ist aus diesem Grund auch sehr populär.

Große Boxer schlagen ihre Gegner schon gedanklich k. o., bevor sie den Ring betreten. Der Baseballspieler Ted Williams sprach immer wieder davon zu träumen, einen Homerun nach dem anderen zu schlagen. Steven Spielberg träumte schon in seinen Kinderjahren davon, Filmemacher zu werden. Tatsache ist, dass er seine erste Videokamera hatte, bevor er acht Jahre alt war. Es gibt Tausende solcher Erfolgsstories, die mit einem begannen: Träumen. Unsere Träume sagen uns, wer wir wirklich sind. Wenn wir unsere Träume niederschreiben, fällt es uns leicht, diese Träume auch zu realisieren. Bevor wir versuchen können, sie uns zu erfüllen, müssen wir sie kennen. Unsere Träume sagen uns nicht nur, was wir wollen, sondern vor allem auch, wer wir sind und wer wir gerne wären.

Haben wir einmal unsere Träume definiert, haben wir auch uns selbst definiert. Ich denke, wir starten alle vom gleichen perfekten Ort, wenn wir zur Welt kommen. Wir bekommen dann eine Menge von unseren Eltern und unserer Umgebung mit. Ein gutes Beispiel dafür wären Sprachen. Wenn Sie in Spanien zur Welt kommen, dann ist Ihre Muttersprache für gewöhnlich Spanisch. Wenn Sie, so wie ich, in den USA geboren sind, wird Ihre Muttersprache wohl Englisch sein. Es gibt aber auch Ausnahmen, und gerade diese belegen meine Theorie. Wenn Ihre Eltern nämlich Spanisch als Muttersprache haben, Sie jedoch in den USA zur Welt kommen, wird die erste Sprache, die Sie erlernen, Spanisch sein. Wenn Sie dann jedoch in den Kindergarten und in die Volksschule kommen, wird die Mehrheit Ihrer Klassenkameraden wohl Englisch sprechen. Und schneller als Sie es sich versehen, werden auch Sie hauptsächlich Englisch sprechen. Und wenn Englisch jetzt trotzdem noch immer nicht Ihre Muttersprache ist, ist es dennoch die Sprache, von der Sie mehr Gebrauch machen als von irgendeiner anderen.

Wir beginnen also an einem perfekten Ort und kriegen dann einige Dinge mit auf den Weg, von denen wir manche zu unserem eigenen Vorteil nutzen, andere vielleicht bald wieder los sind. Das Ziel ist nun, wieder an diesen Ort der Perfektion zurückzukehren. Haben Sie schon mal von dem Ausdruck »Kindheitstraum« gehört? Ich habe schon davon gehört, und ich meine damit nicht, dass jeder Junge Feuerwehrmann und jedes Mädchen Lehrerin werden will. Ich spreche von den Kindheitsträumen, die Ihnen gekommen sind, als Sie gefragt wurden, was Sie WIRKLICH machen wollen. Das sind die Träume, zu denen wir zurückwollen und die wir verzweifelt versuchen zu verwirklichen. Ich weiß, dass es mir so geht. Als ich fünf Jahre alt war, träumte ich davon, Filmemacher und Geschichtenerzähler zu werden. Voriges Jahr schrieb ich meinen ersten Film in Spielfilmlänge, bei dem ich auch Regie führte, Max and Grace (www.maxandgrace.com). Ich plane eine lange und flexible Karriere als Filmemacher. Hoffentlich so eine wie die von Spielberg. Das ist mein Verlangen, wieder zurück zur »Perfektion« meiner Träume zu kommen.

Ich brauchte ganz schön lange, um wieder zu diesen Träumen zurückzukehren. Ich musste einiges durchmachen. Viele Leute, denen das Schicksal nicht so wohlgesonnen ist, brauchen eine extrem lange Zeit, um endlich das tun zu können, was sie am liebsten schon ihr ganzes Leben lang getan hätten. Ich habe gelesen, dass Überlebende des Holocaust wesentlich erfolgreicher sind als der Durchschnittsbürger, wenn sie erst einmal ihr Trauma abgelegt haben. Ein Freund von mir wurde schon drei Mal direkt vor seinem eigenen Haus mit dem Messer niedergestochen. Die Folgen waren fatal. Als er diese Tragödie jedoch verarbeitet hatte, war er zielstrebiger, entschlossener und unaufhaltsam bei der Realisierung seiner Träume. Solche Geschehnisse helfen Überlebenden, wieder näher an ihre inneren Träume ranzukommen. Als ich noch jung war, dachte ich, ich sei unsterblich. Ich dachte, dass ich unendlich viel Zeit hätte, meine Träume zu verwirklichen, dass mir der Faktor Zeit völlig egal sein konnte. Im Jahr 2000 machte ich Urlaub in Peru, nachdem der Trading-Erfolg schon überwältigend war. Ich zog mir eine seltene Herzkrankheit zu und wäre fast daran gestorben. Jetzt glaube ich nicht mehr, dass ich ewig leben werde. Ich werde meine Träume leben. Und ich werde es jetzt tun. Es gibt keinen anderen Zeitpunkt als die Gegenwart dafür. Und die Gegenwart ist jetzt.

Was machen Sie jetzt mit Ihren Träumen, nachdem Sie sie definiert haben? Die bessere Frage wäre wohl, wer Sie sein wollen: Wodurch wollen Sie sich definieren? Ehrlichkeit? Integrität? Edelmut?

Seine Träume zu realisieren heißt nicht unbedingt, nur die finanziellen Träume zu verwirklichen. Erfolg kommt in vielen Variationen. In meinem Buch geht es jedoch immer nur darum, die Fülle Ihres Erfolges auszuweiten. Für mich bedeutet das, missbrauchten Kindern Geld und Zeit zukommen zu lassen. Ich wurde von den Vereinten Nationen ausgezeichnet und hatte die Ehre, gemeinsam mit Susan Sarandon ein Event mit zu veranstalten, das Kindern helfen sollte, die dasselbe durchmachen, was ich damals durchgemacht habe. Einer meiner Träume, als ich noch ein Kind war, hatte zum Inhalt: Wenn ich es jemals zu Reichtum bringe, werde ich mich trotzdem an diese schlimmen Ereignisse erinnern und anderen Kindern dabei helfen, nicht in dieselben Fallen zu tappen, wie ich es tat. Ich nenne das die Selbstverwirklichung als Person selbst, als Mensch. Für mich ist das ein weiterer Schritt, um zur Perfektion der Jugend zurückzukehren.

Man muss Kindern nur genug Freiheit geben, dann werden sie völlig ungezwungen lachen und spielen. Lässt man ihnen dann auch noch die entsprechende

Liebe und Zuneigung zukommen, dann kommt diese auch wieder von ihnen zurück. Entzieht man den Kindern jedoch durch diverse Barrieren den Nährboden für diese Entwicklung, dann werden sie sie auch nicht durchlaufen können.

Glauben Sie wirklich, dass Selbstmordattentäter geboren werden? Nein, sie werden zusammengesucht, trainiert und bekommen dann eine Gehirnwäsche. Das oberste Ziel ist, die Person zu werden, zu der wir geboren wurden. Vorherbestimmung? Natürlich, wieso auch nicht. Schicksal? Das glaube ich eher weniger. Spätestens wenn wir erwachsen sind, bestimmen wir unser Schicksal selbst. Es liegt an uns, unsere Träume zu visualisieren, zu definieren, wer wir gerne wären, und sowohl unsere Träume als auch uns selbst zu verwirklichen. Wer man ist, sucht man sich selbst aus. All Ihre Träume existieren nur, um auch verwirklicht zu werden. Leben Sie im Hier und Jetzt. Es ist ein Geschenk. Nehmen Sie es dankend an. Das Schlimmste, was man seinen Kindern antun kann, ist, ihnen vorzumachen, dass sie ihre Träume nie verwirklichen werden können. Wenn Sie Ihren Kindern die Träume nehmen, bleibt ihnen nichts außer Alpträumen. Als Erwachsene haben wir die Möglichkeit, etwas aus uns zu machen, uns dorthingehend zu verändern, dass wir endlich das sind, was wir schon immer sein wollten. Um ein erfolgreicher Trader zu werden, müssen Sie sich die Frage stellen, ob es tatsächlich das ist, was Sie schon immer machen wollten. Für mich ist es lediglich Mittel zum Zweck, um meine Träume verwirklichen zu können. Für Sie ist das vielleicht genauso. Vielleicht träumen Sie aber auch davon, möglichst viel Zeit mit Ihrer Familie verbringen zu können und von zu Hause aus zu arbeiten. Welcher Grund es auch immer sein sollte: Herzlich willkommen!

Hinter der Selbsthilfe

Haben Sie in letzter Zeit um zwei Uhr morgens den Fernseher angemacht? Vielleicht haben Sie es getan, und vielleicht haben Sie dabei auch mein Infomercial »Trend Trading To Win« gesehen. Jedes Infomercial versucht, Ihnen Verbesserungen für Sie selbst zu verkaufen. Egal ob es nun Carlton Sheets, Tony Robbins oder Moira Winsors Pilades Programm ist. Möchten Sie wissen, welches das am stärksten wachsende Segment im Infomercial-Bereich ist? Es sind Programme zur Gewichtsreduktion. Statistische Zahlen belegen, dass Menschen, die diese Services in Anspruch nehmen, auch weitere branchengleiche Produkte konsumieren werden. Warum? Weil die meisten von uns Hilfe immer außerhalb zu finden glauben. Wir suchen nach Antworten auf Fragen, die wir befürchten, nicht selbst beantworten zu können. Und oft ist genau das der Fall. Die erste Diät führt nicht zum Ziel, warum also nicht noch weitere drei versuchen? Irgendwann wird es schon funktionieren. In Wahrheit ist daran gar nichts verkehrt. Und ich bin der Letzte, der jemandem davon abraten würde, Hilfe von außen in Anspruch zu nehmen.

Nettes Detail am Rande. Mehr als 25 Prozent aller bestellten Artikel werden weder geöffnet noch zurückgeschickt. Diese Artikel werden zu Staubfängern und landen Jahre später bestenfalls am Flohmarkt. Ich bin mir sicher, dass auch Trend Trading to Win einen gewissen Teil zu diesem Prozentsatz beiträgt.

Was ist also die Alternative zu solchen »Selbsthilfeprodukten«? Wie kommt die Hausfrau, die gerne 20 Kilo abnehmen will, zu der für sie perfekten Diät? Tatsache ist, dass es die perfekte Diät nicht gibt. Es gibt Fettdiäten, wie die von Atkins oder die Scarsdale-Diät vor ein paar Jahren. Aber am Ende kommt es immer wieder darauf an, welches Schicksal Sie wählen. Sie müssen sich nur dazu entscheiden, den »Ich werde Erfolg haben«-Schalter umzulegen. Genau das ist dann die richtige Diät – oder eben die richtige Geschäftsmöglichkeit. Das Lustige daran ist, dass das vielleicht für eine andere Person die schlechteste Diät oder die schlechteste Aktienauswahl überhaupt ist. Aber wenn Sie rechtzeitig zuschlagen und bereit für den Erfolg sind, kann Sie niemand davon abhalten, diesen Erfolg auch zu haben. Was uns wieder zur Visualisierung Ihres Erfolgs und dessen Umsetzung zurückbringt. Um Alkoholikern beim Entzug zu helfen, hat sich im Lauf der Jahre die Phrase »Fake it till you make it« eingebürgert. Auch ich sage meinen Kunden permanent: »Wenn Sie wirklich ein erfolgreicher Trader werden wollen, dann müssen Sie alles vergessen, was Sie je übers Investieren gelernt haben und wieder von vorne beginnen.« Das ist natürlich leichter gesagt als getan, aber genau dieser Herausforderung muss man sich stellen. Darum suchen Sie die Hilfe auf. Sie tun es, um dorthin zu kommen, wo Sie nicht nur Erfolg haben können, sondern ihn auch haben werden.

Genau das steckt hinter dieser Selbsthilfe: Sie hilft Ihnen wirklich. Wenn Sie bereit sind, erfolgreich zu traden, dann werden Sie auch ein erfolgreicher Trader werden, allerdings nur, wenn Sie das auch wirklich wollen. Immer wieder erzählen mir Kunden, dass ihnen nun ein Licht aufgegangen oder dass der Knoten endlich geplatzt sei. Sie konnten endlich Dinge verstehen, die ihnen vorher unbegreiflich waren. Sie waren nun endlich bereit für den Erfolg. Jetzt stellt sich nur noch die Frage, ob auch Sie es sind. Ich kann Ihnen die Tür zum finanziellen Erfolg zeigen. Durch diese Tür gehen müssen Sie allerdings selbst.

Ein Leben mit Power führen

Wenn Sie von ihrem Innersten angetrieben werden, führen Sie ein Leben mit Power. Wenn Sie wissen, wer Sie sind, führen Sie ein Leben mit Power. Ein Mensch zu sein, der sowohl rücksichts- und würdevoll als auch aufrichtig und integer ist, führt zu einem Leben voller Power. Mit Power zu leben bedeutet, trotz aller Gefahren keine Angst zu haben. Es ist egal, an welchen Gott Sie glauben oder ob Sie überhaupt an etwas oder jemanden glauben. Als ich in der Gosse lebte, musste ich mich auch selbst verteidigen, und ab und zu stahl ich einen Apfel vom Gemüsemarkt. Ich hatte Angst zu verhungern, und diese Angst war sehr real. Heute habe ich keine Angst mehr vorm Verhungern, und ich stehle natürlich auch nichts mehr. War es richtig von mir, damals zu stehlen? Natürlich war es das nicht. Ich kann nicht von Dingen anderer Besitz ergreifen, nur weil ich Angst habe. Eine Zeit lang bettelte ich auch und bekam immer wieder ein paar Münzen oder eine Einladung zu einem warmen Essen. Am Ende hat sich immer jemand um mich gekümmert. Denken Sie mal darüber nach, wie oft Sie schon Angst hatten. Es gab sicher Zeiten, zu denen diese Ängste begründet waren und Ihre Gesundheit gefährdeten. Aber es war auch sicher schon der Fall, dass Sie, auch wenn diese Angst Realität wurde, dennoch überleben und vielleicht sogar etwas Positives mitnehmen konnten.

Ich habe Ihnen ja schon davon erzählt, dass ich als Kind unbedingt Geschichtenerzähler und Filmemacher werden wollte. Als Teenager hatte ich ganz andere Träume. Ich wollte professioneller Baseballpitcher werden. Ich war auch sehr gut. Es kamen auch immer wieder Talentsucher, um zu sehen, ob ich das Zeug zum Profi hatte. Baseball war mein Leben, und ich spielte es, wann immer ich konnte. Egal ob Schlagball oder Baseball, ich warf den Ball, von Ehrgeiz zerfressen, immer so hart, wie ich nur konnte. Mit 15 kugelte ich mir dann den Arm aus, und all meine Träume waren geplatzt. Ich dachte, dass mein Leben nun keinen Sinn mehr hätte. Ich wurde depressiv und hatte Angst davor, dass mir das Einzige, was mir im Leben Spaß gemacht hatte, auch noch genommen wurde. Kurz darauf landete ich in der Gosse, obdachlos. Zu dieser Zeit konnte ich nicht glauben, dass meine innersten Wünsche jemals in Erfüllung gehen könnten.

Als ich in meinen späten Zwanzigern war und in NYC als Kellner arbeitete, fand ich langsam auf den Weg meiner innersten Träume zurück. Wie die meisten Angestellten von Bars und Restaurants in New York war auch ich Drehbuchautor und Regisseur (und Schauspieler!) gleichzeitig. Ich verdiente damit zwar kein Geld, aber ich hatte Träume, an deren Verwirklichung ich arbeitete. Mein Plan war, genug Geld zu sparen, um einen eigenen Film zu drehen, zu dem ich auch das Drehbuch verfassen würde. Ich rechnete mir aus, dass ich wohl 200.000 Dollar für eine Low-Budget-Produktion benötigen würde, und ich sparte für diesen Traum.

Einige Zeit später machte ich ein Geschäft für Baseball-Karten auf, und nach einiger Zeit begann es echt gut zu laufen. Innerhalb weniger Jahre konnte ich genug Geld auf die Seite legen, um meinen Traum realisieren zu können. Kurz darauf gab ich dann meinem Broker das Geld, um es zu investieren – und kurz darauf hatte ich kein Geld mehr. Schon wieder wurde meinen Träumen ein jähes Ende bereitet. Schön langsam machten sich in mir Zweifel breit, ob ich sie jemals würde verwirklichen können. Das Gefühl des Glücks war wieder vorbei, und ich hatte sie wieder, die Angst.

Das war der Zeitpunkt, an dem ich mich auf den Weg begab, der mich hierher führte und der Sie jetzt mein Buch lesen lässt. Eigentlich ganz schön ironisch, dass ich mittlerweile nicht nur ganz schön reich bin, sondern Dustin Hoffman auch noch die Optionen auf meine Lebensgeschichte hat. Ich wurde dafür bezahlt, meine eigene Lebensgeschichte zu schreiben. Niemals hätte ich mir diese Story auch nur ausdenken können. Aber hier ist sie, und alles ist wahr. Und alle Ängste, die ich je durchleiden musste, stellten sich als unnötig dar.

Keiner von uns kann in die Zukunft sehen, um zu schauen, was sie für uns bereithält. Aber wir können hart daran arbeiten, unsere Träume zu erreichen und zu leben. Auch wenn wir den Ablauf nie exakt planen können, kann ich Ihnen dennoch sagen, dass die Erfolgswahrscheinlichkeit sehr, sehr hoch ist, wenn man nur hart genug daran arbeitet.

Als Roberto Benigni vor ein paar Jahren den Oscar für einen meiner Lieblingsfilme – »Das Leben ist schön« – bekam, dankte er seinen Eltern für die Armut, in der er aufwachsen durfte. Alle lachten, aber es war kein Witz. Alle Probleme, die auf uns zukommen, egal wie hart sie auch sein mögen, sind aus meiner Sicht okay. Ich bin dankbar für alles, was ich durchmachen musste, denn es machte mich zu dem Mann, der ich heute bin. Es half mir dabei, der Schmied meines eigenen Schicksals zu werden. Es liegt nur an uns, erhobenen Hauptes unseren Träumen entgegenzugehen und dabei immer offen für Neues zu sein und zu wachsen.

Als Trader muss man nicht nur eine Menge Theorie lernen, sondern sie auch umsetzen. Viele Trader versuchen es mit Papertrading, was wir auch mit gutem Gewissen empfehlen können. Für viele bedarf es dann aber einer Menge Überwindung, den Sprung zum Handel mit echtem Geld hinter sich zu bringen. Aber warum? Der Handel mit echtem Geld ist nicht nur anders als mit Spielgeld, sondern auch schwieriger. Papertrading ist ein sehr hilfreiches Tool; legt man den Schalter jedoch auf das richtige Trading um, dann sind gewisse Verfeinerungen des eigenen Tradings unabdingbar.

Wenn ich einen Trade eingehe, dann bin ich mir immer zu 100 Prozent sicher, dass ich damit Geld verdienen werde. Ich bin zu 100 Prozent davon überzeugt. Ganz offensichtlich irre ich mich aber auch ab und zu, also kann ich es nicht gewusst haben. Aber es geht um die Einstellung, die notwendig ist, um in jeder Lebenssituation Erfolg zu haben. Oder denken Sie tatsächlich, dass Steven Spielberg sich schon einmal gedacht hat: »Der Film ist zwar eigentlich Müll, aber ich werde trotzdem Regie führen«? Natürlich denkt er das nicht. Nicht jeder seiner Filme ist wirklich gut oder bekommt einen Oscar verliehen. Denken Sie nur einmal an den Film »Hook«.

Vergessen Sie auch nicht, dass Sie sich immer gesund ernähren und auch mal Pausen beim Trading einlegen müssen. Wenn ich heute trade, gehe ich jeden Tag mindestens eine Stunde spazieren oder koche mir was Schönes zum Essen. Als ich mit dem Traden angefangen haben, habe ich schnell zehn Kilo zugenommen, weil ich meinen Bildschirm einfach nicht alleine lassen konnte. Das ist wieder eine schöne Überleitung zum Angstfaktor. Ich hatte Angst, ein schönes Einstiegssignal für einen Trade zu verpassen. In Wahrheit gibt es so etwas doch gar nicht. Der Markt hat an über 200 Tagen im Jahr geöffnet. Glauben Sie wirklich, dass sich in diesem Zeitraum keine andere Einstiegsmöglichkeit mehr ergeben wird? Machen Sie ordentliche Mittagspausen, investieren Sie Zeit fürs Üben, machen Sie Liebe mit Ihrer Frau oder Ihrem Mann und vergessen Sie auf gar keinen Fall zu duschen. Versetzen Sie sich in die Lage Ihrer Nachbarn, wenn diese Sie schon zwei Häuserblocks entfernt riechen können, weil Sie Angst haben, einen gewinnbringenden Trade zu verpassen.

Sich darüber im Klaren zu sein, was Ihre Ziele und Träume sind, aber auch, wer Sie selbst sind, ist die Grundvoraussetzung für Erfolg. In meinem ersten Buch *Rule the Freakin Markets* habe ich über den »inneren Schwachkopf« geschrieben. Zusammengefasst geht es darum, sowohl Ihre Stärken als auch Ihre Schwächen zu kennen, um Erfolg zu haben. Ich gehe sogar so weit zu sagen, dass Ihnen das Wissen um Ihre Achillesferse auf lange Sicht mehr bringt.

Immer wieder werde ich von Kunden gefragt, was sie tun sollen, weil sie die Profite, die sie am Vormittag erzielen können, nachmittags dann wieder teilweise oder zur Gänze abgeben. Für einen Außenstehenden liegt das Problem auf der Hand: Wenn Sie am Vormittag Geld verdienen und am Nachmittag welches verlieren, dann hören Sie doch einfach auf, am Nachmittag zu traden. Das wäre logisch, aber das Logische zählt bei unseren Emotionen oft nicht. Wenn solche Menschen tatsächlich am Nachmittag weitertraden wollen, rate ich ihnen dazu, den maximalen Verlust einer Position am Nachmittag so lange ein wenig zu kürzen, bis sie es schaffen, auch zu dieser Zeit profitabel zu traden. Die eigenen Schwächen zu kennen kann also nicht nur dazu führen, sie in den Griff zu bekommen, sondern sogar dazu, sie zu besiegen.

Sie werden es vielleicht nicht glauben, aber Verluste hinnehmen zu können ist ein riesiger Schritt in die richtige Richtung, um ein Leben voll Power zu führen.

Die Fähigkeit, nach Rückschlägen wieder aufzustehen und weiterzumachen, ist unbezahlbar. Glauben Sie mir, als Power-Trader werden Sie oft mit Rückschlägen konfrontiert sein. Ihre Fähigkeit, diese Rückschläge zu verarbeiten, mit Ihren Emotionen umgehen zu lernen, wird Sie von einem bestenfalls mittelmäßigen Trader zu einem erfolgreichen machen. Das ist der Grund, warum wir immer wieder diesen Satz predigen: »Planen Sie ihren Trade, und traden Sie ihren Plan!« Das hilft ihnen, die Emotionen aus dem Trading rauszuhalten und Ihre Verluste zu begrenzen. Statistiken belegen, dass Trader mit einer Trefferquote von nur 40 Prozent immer noch profitabel sein können. Auf Trendfund.com erreichen wir viel höhere Trefferquoten, also sind unsere Kunden offensichtlich in guten Händen. Ich habe allerdings auch schon Trader gesehen, die trotz einer Trefferquote von 60 bis 70 Prozent Geld verloren haben, weil ihre Trades entweder zu Investments wurden oder sich in Luft auflösten. Sie müssen ganz einfach die Fähigkeit entwickeln, die Verluste zu minimieren, indem Sie den Verlust realisieren und den Trade aufgeben, anstatt an ihm festzuhalten und darauf zu hoffen, dass der Kurs wieder Ihre Richtung einschlägt.

Auch das Verantwortlich-Machen anderer für Ihre Fehler wird Sie daran hindern, ein Power-Trader zu werden (und ein Power-Leben zu führen). Sie sind für jeden Trade selbst verantwortlich, egal ob Gewinn- oder Verlust-Trade. Jemand anderen für einen Fehler verantwortlich zu machen ist ganz einfach unnötig und kostet Zeit. Ein Sprichwort sagt, dass es mit Unmut genauso ist, wie wenn man sich selbst ans Bein pinkelt – keiner fühlt es, außer Ihnen selbst. Es gibt meistens keine Opfer, sondern nur Freiwillige, wenn Sie erst mal das Alter von 21 erreicht haben.

Power-Trading und das Power-Leben gehen Hand in Hand. Um eines von den beiden zu erreichen, muss man beides meistern. Ein Power-Leben zu führen bedarf einiger Zeit und Übung sowie der Fähigkeit der Selbstreflexion. Kein Mensch ist perfekt – zum Glück. Glücklicherweise können wir immer dazulernen und offen für alles bleiben. Ich habe mal gehört, dass Paul Newman sagte, als er gefragt wurde, wie er zu Paul Newman wurde: »Ich habe nur die Geschenke angenommen, die mir das Leben anbot.« Man sieht sie vielleicht nicht immer gleich, aber sie sind da. Das Power-Leben ist ein eigener Lebensstil. Also machen Sie sich auf, Ihr eigenes Power-Leben zu finden und Ihr Schicksal zu erfüllen – natürlich mit Power!

Power-Trading

Für mich persönlich heißt Power-Trading komplettes Day-Trading. Für mich ist ein Power-Trader jemand, der dazu im Stande ist, den Markt den ganzen Tag lang erfolgreich zu bearbeiten. Wenn notwendig, sogar vor und nach den normalen Handelszeiten.

Wenn Sie schon Trading-Erfahrung haben, dann wissen Sie, dass sich gewisse Möglichkeiten jeden Tag aufs Neue ergeben. Diese Möglichkeiten zu nutzen bedarf einer Reihe von Fähigkeiten. Um den ganzen Handelstag Erfolg haben zu können, müssen Sie eine Reihe von Werkzeugen, Techniken und Strategien beherrschen. Sie müssen außerdem sehr flexibel auf gewisse Marktveränderungen reagieren können. Jede Marktsituation wie Gaps am Morgen, Laggards am Abend, Schlagzeilen in den News oder Trading außerhalb der Handelszeiten erfordert diverse Strategien. Power-Trader haben die Erfahrung, die Agilität und die notwendigen Fähigkeiten, um die Möglichkeiten, die sich jeden Tag aufs Neue ergeben, rechtzeitig zu erkennen und profitabel nutzen zu können.

Dennoch ist es nicht notwendig, permanent zu traden, um Power-Trader zu sein. Power-Trader haben das Wissen, dass sie es nur machen müssen, wenn sie es auch wollen.

Intraday-Primer

Für diejenigen unter Ihnen, denen der Begriff »Intraday« neu ist, sei erwähnt, dass es sich dabei um die Periode zwischen Handelseröffnung und Handelsschluss handelt. Eine liberalere Definition würde wohl auch noch die Zeit vor der Eröffnung und dem Schluss einschließen.

An einem ganz gewöhnlichen Handelstag werden Sie auf Schwankungen des Volumens, Trendkonsolidierungen und Trendwenden, Änderungen der Volatilität und mehr treffen. Manchmal beeinflussen auch externe Geschehnisse, wie Nachrichten aus aller Welt, Aussendungen aus gewissen Branchen oder ganz einfach die Veröffentlichung von Unternehmensnachrichten, den Kurs und lösen so Intraday-Marktswings aus. Aber auch Gerüchte, generelle Marktprognosen, Prognosen über Wirtschaftsdaten oder ganz einfach das Prinzip von Angebot und Nachfrage können für Bewegungen im Markt verantwortlich sein. Egal welcher dieser Gründe auch vorliegt, ein Power-Trader muss auf jeden dieser Umstände entsprechend reagieren können.

Eine kleine Aufzählung soll Ihnen zeigen, womit ein Trader jeden Tag aufs Neue konfrontiert sein kann. Genauere Informationen zu diesen Themen folgen dann später in diesem Buch.

- Intraday-Zeitfenster
- Intraday-Überblick
- News-Events
- Swing-Trades
- Gaps
- Laggards
- Market Close
- After-Hours

Intraday-Zeitfenster

Wie schon erwähnt, verändern sich die Marktgegebenheiten den ganzen Tag lang. Zu jeder Uhrzeit bieten sich andere Strategien an.

Obwohl Ereignisse auf der ganzen Welt den Markt in eine nicht vorhersehbare Richtung bewegen können, gibt es dennoch Bewegungen, die täglich stattfinden und die zu einem bestimmten Grad auch vorhersehbar sind. Trader, die auf diese Bewegungen aufmerksam werden, können dadurch schöne Profite erzielen oder zumindest Verluste vermeiden.

Das Kapitel »Intraday-Zeitfenster« teilt den Handelstag in eine chronologische Abfolge separater Zeitfenster oder Zeitperioden auf und zeigt den Zusammenhang zum Marktverhalten auf. Auch werden Sie in diesem Kapitel auf nützliche Trading-Tipps treffen.

Intraday-Überblick

Die Vorbereitung auf einen Handelstag beginnt für gewöhnlich mit einem Blick auf die Futures, die letzten Neuigkeiten und die Gesamtmarktsituation. Als Nächstes werden offene Positionen wie Swing-Trades betrachtet, und während dieser Zeit ist man auch schon wieder auf der Suche nach interessanten Aktien.

Aktien, die mit einem Up- oder Downgap zum Vortag gestartet sind, bieten oft tolle Handlungsmöglichkeiten. Aber wie man sie handelt, hängt von einer Menge Faktoren ab. So fließen zum Beispiel Online-News-Services ein oder Business-News-Kanäle wie CNBC. In den Kapiteln nach dieser Übersicht werden wir all diese Themen noch genauer unter die Lupe nehmen.

Wenn der Handelstag dann läuft, suchen die Trader nach handelbaren Setups. Die ersten Minuten nach Handelseröffnung sind für gewöhnlich sehr volatil und aktiv. Da es zu diesem Zeitpunkt sehr oft zu Übertreibungen kommt, können agile Trader ganz einfach davon profitieren: Nachdem eine Aktie ein Gap nach oben oder nach unten ausgebildet hat, kann man einen netten Profit mitnehmen, sollte die Gegenbewegung tatsächlich starten. Wie man Gaps genau traden sollte, erfahren Sie später im Buch.

Mit weiterem Fortschreiten des Tages ändern sich auch wieder die Marktgegebenheiten. Die Strategien müssen erneut angepasst werden. Stopps werden womöglich nachgezogen, andere Positionen geschlossen oder neue eröffnet. Laggards sind Aktien, die dazu tendieren, immer erst etwas später auf gegebene Marktbewegungen zu reagieren. Auch hiermit lassen sich profitable Strategien entwickeln.

Sollte es während des Tages angemessen sein oder sollte der Markt ganz einfach schließen, entwickeln die Trader Exit-Strategien für ihre Intraday-Positionen. Für gewöhnlich schließen Intraday-Trader all ihre Positionen mit Handelsschluss.

Natürlich werden auch Swing-Trades den ganzen Tag lang betreut. Man muss immer darauf achten, ob der Trade planmäßig verläuft und wie der Gesamtmarkt momentan aussieht.

Nachdem der Markt geschlossen hat, beenden auch viele Trader ihren Arbeitstag. Manche jedoch beginnen dann nach Möglichkeiten im nachbörslichen Handel zu suchen. Die Zeit und plötzlich erscheinende Nachrichten sind hier der Haupteinflussfaktor auf den Kurs und somit auch für die Strategien.

All diese Themen werden später im Buch noch ausführlich behandelt. Bevor es allerdings weitergeht, möchte ich noch ein paar Worte an diejenigen unter Ihnen richten, die noch keine Erfahrung mit außerbörslichem Handel gemacht haben. Da beim außerbörslichen Handel das Volumen viel geringer ist, die Spreads größer ausfallen und andere Faktoren einfließen, ist er auch mit wesentlich mehr Risiko verbunden. Folglich sollten Sie entsprechend vorsichtig agieren und ausschließlich Limit-Orders verwenden, wenn Sie nachbörslich handeln.

News-Events

Für gewöhnlich verfolgen Trader die News ganz ausführlich. Auch ich tue es und kann es Ihnen nur empfehlen. Die Nachrichten liefern nicht nur ganz nette Ideen fürs Trading, sondern können Ihnen auch dabei helfen, Verluste, die durch negativen Einfluss auf Ihre Aktien entstanden wären, zu vermeiden.

Für gewöhnlich versuchen Trader, dem Markt »den Puls zu fühlen«, um festzustellen, welche Neigung er heute hat. Die Idee dahinter ist herauszufinden, ob der Markt auf bestimmte Neuigkeiten bereits reagiert hat oder nicht. Hat er reagiert, gilt es herauszufinden, was ihn dazu gebracht hat und warum.

Ich schaue mir immer den S&P und den Nasdaq Future an, um die Neigung des Marktes zu erkennen. Sind die Futures gestiegen, wird wohl auch der Markt höher eröffnen als am Vortag. Stehen die Futures unverändert oder tiefer, wird auch der Markt unverändert oder tiefer eröffnen.

Ist die Marktneigung bestimmt, widmet man sich den Online- und den Fernsehnachrichten. Sender wie CNBC (wo man auch die Futures-Kurse nachsehen kann) versorgen einen mit Informationen, die den ganzen Handelstag beeinflussen können. Natürlich ist es auch interessant, nach fundamentalen Gründen für die technische Neigung im Markt zu suchen. Eine bestimmte Abfolge von Ereignissen kann den Markt in eine bestimmte Richtung treiben. Nachrichten aus aller Welt, Veröffentlichungen von Unternehmenszahlen, Up- und Downgrades durch Analysten, Wirtschaftsdaten und so weiter können die Ursache sein. Trotzdem gibt es manchmal keine fundamentalen Gründe für bestimmte Trends. Eine Neigung kann eine ganz normale Marktbewegung sein, die Fortsetzung eines Trends oder ganz einfach eine kurzfristige Störung der Balance zwischen Angebot und Nachfrage.

Ich achte auch darauf, ob über bestimmte Aktien im Speziellen geredet wird. Auch ist interessant, wie sich Aktien außerbörslich verhalten, da ja, wie gesagt, auch die Veröffentlichung von Firmennachrichten den Markt beeinflussen können, wenn es sich um ein bedeutendes Unternehmen handelt. Vielleicht wurden ja Nachrichten über Cisco (CSCO) veröffentlicht, oder Intel (INTC) wurde downgegradet. Welcher Grund auch immer vorliegt, das Ziel ist immer herauszufinden, warum der Markt oder bestimmte Aktien so reagieren. Dies ermöglicht es einem, die Herangehensweise auf einen Handelstag zu adaptieren beziehungsweise neue Einstiegsmöglichkeiten festzumachen und die Entwicklung abzuschätzen, die jene Aktien nehmen, die sich derzeit in einem Portfolio befinden.

Es ist wichtig, die Nachrichten während des ganzen Trading-Tages zu verfolgen, egal ob online oder im TV. Man möchte ja nicht nur seine eigenen Trades betreuen, sondern sich auch Anregungen für neue holen.

Genauere Informationen können dem Kapitel »Traden der News« entnommen werden. Hier wird auch behandelt, wie einzelne Aktien auf News reagiert haben.

Swing-Trades

Eine Aktie, die über einen Zeitraum von mehreren Tagen gehalten wird, allerdings noch nicht einem Investment entspricht, ist ein Swing-Trade. Um das Risiko zu minimieren, schließe ich für gewöhnlich alle meine Positionen, bevor der Markt schließt. Manchmal halte ich Aktien auch über einen längeren Zeitraum; dafür müssen aber triftige Gründe sprechen.

Wenn ich ein Gefühl für den Markt entwickelt habe und mehrere Swing-Trades halte, dann folgen Schritte, die meinem vorher festgelegten Plan entsprechen. Von Zeit zu Zeit muss dieser Plan angepasst werden, beispielsweise wenn der Markt es verlangt, unerwartete Nachrichten bekannt werden oder ich ganz einfach meine Gewinne realisieren will.

Normalerweise entferne ich alle Stoppaufträge, bevor der Markt schließt. Denn nur aufgrund übertriebener Marktbewegungen, die durch verschiedenste Nachrichten entstanden sind, ausgestoppt zu werden liegt nicht in meinem Interesse. Wenn ich beispielsweise Aktien von Siebel Systems (SEBL) halten würde und der Stopp-Loss einen Dollar unter dem momentanen Preis liegen würde, die Aktie durch ein Downgap jedoch um zwei Dollar fiele, würde meine Stopp-Order ausgeführt, allerdings einen Dollar unter dem Preis, der meinem eigentlichen Stoppkurs entspräche. Die Order würde mit dem ersten Tick ausgeführt, auch wenn die Aktie daraufhin um drei Dollar stiege oder auch nur wieder zum Einstandspreis zurückkehrte. Um solche Szenarien zu vermeiden, sollten Stopp-Orders unbedingt bei Börsenschluss wieder entfernt werden. Vergessen Sie nicht, dass der Eröffnungskurs oft auch dem Höchst- beziehungsweise dem Tiefstkurs entspricht.

Daher bevorzuge ich es, selbst festzulegen, wann ich meine Positionen schließe. Damit kann ich sichergehen, auf bestimmte Marktbewegungen, Nachrichten oder sonstige Umstände reagieren zu können, die den Aktienkurs beeinflussen. Auch wenn ich über ein Downgap von SEBL von zwei Dollar nicht gerade glücklich wäre, ist es mir trotzdem lieber, die Position weiterhin zu halten, damit ich die Korrektur abwarten oder zumindest zu einem besseren Preis glattstellen kann. Vielleicht würde ich ja dennoch diesen Zwei-Dollar-Verlust hinnehmen müssen. Aber das wäre mir immer noch lieber, als mein Schicksal in die Arme eines Market-Makers zu legen, der nur darauf aus ist, den Kurs dorthin zu bewegen, wo meine Order ausgeführt wird.

Außerdem versuchen Market-Maker, während des außerbörslichen Handels bewusst falsche Kurse zu stellen, damit Orders ausgeführt werden, nur um die Kurse im Anschluss wieder zu korrigieren. Aber auch große Spreads zwischen dem besten Geld- und Briefkurs können die Ausführung von Stopp-Loss-Orders bewirken. Wenn man die Stopp-Loss-Orders jedoch vor Börsenschluss rausnimmt, kann man dieses Risiko ausschließen.

Da ich nun folgerichtig jeden Tag ohne Stopp-Loss-Orders beginne, ist eine meiner ersten Tätigkeiten, neue Stopp-Loss-Orders zu setzen beziehungsweise Positionen glattzustellen. Diese Entscheidungen stehen natürlich in unmittelbarem Zusammenhang zum aktuellen Marktgeschehen und zu meinem ursprünglichen Trading-Plan. Bin ich jedoch auf der Suche nach einem Swing-Trade, muss ich das Potenzial ausloten und den gesamten Trade ordentlich durchplanen.

Gaps

Tolle Trading-Möglichkeiten bieten sich, wenn der Markt oder einzelne Aktien mit einem Up-Gap (der Eröffnungskurs ist höher als der Schlusskurs vom Vortag) oder einem Down-Gap (der Eröffnungskurs ist tiefer als der Schlusskurs vom Vortag) vom vorhergehenden Schlusskurs eröffnen. Deshalb bin ich schon vor Börsenstart auf der Suche nach solchen Aktien. Je größer das Gap, desto größer das Potenzial im Trade.

Ich bin immer auf der Suche nach Aktien mit großem Momentum, da diese eher dazu tendieren, große Gaps zu machen, und dieser Umstand dann dazu führt, dass diese auch wieder geschlossen werden. Meistens, aber nicht immer, weisen Technologie- und Biotechnologiewerte ein hohes Momentum auf. Die meisten von ihnen notieren an der Nasdaq und haben deshalb vier Buchstaben als Symbol, wie zum Beispiel INTC, CSCO, AMGN und so weiter. Aktien mit starkem Momentum bieten hohe Liquidität und Preisschwankungen, die es einem leichter machen, schnell in einen Trade rein- und aus diesem auch wieder rauszukommen, wenn möglich mit einem schönen Profit.

Gaps bieten einem so viele Trading-Möglichkeiten, dass ich ihnen gleich zwei Kapitel in diesem Buch gewidmet habe, und zwar »Gaps traden« und »Gaps traden – mit der technischen Analyse«. Weitere Informationen und Beispiele kann man dann diesen Kapiteln entnehmen.

Laggards

Meistens vollziehen Aktien, die demselben Sektor oder derselben Branche angehören, ähnliche Kursbewegungen nach. Das heißt, wenn der Preis einer Aktie zu steigen beginnt, werden die anderen Aktien vermutlich ebenfalls steigen.

Da diese Aktien ja derselben Branche angehören, beeinflussen Nachrichten der einen Firma auch die Aktien der branchengleichen Unternehmen. Wenn man diese Aktien nun beobachtet, wird man bemerken, dass es immer wieder Bewegungen einzelner Aktien gibt, die die der anderen in den Schatten stellen. Den Vergleich kann man nun zwischen zwei Aktien herstellen oder innerhalb einer ganzen Gruppe branchengleicher Aktien. Jene Aktien aus dieser Gruppe, die diesen Kursbewegungen nun hinterherhinken, hören auf die Bezeichnung Laggard.

Eine Preisdivergenz zwischen dem Laggard und den anderen Unternehmen wird sich mit der Zeit wieder schließen, entweder schon während des Tages oder an den folgenden Tagen. Abhängig von der Gesamtmarktsituation und den aktienspezifischen Neuigkeiten wird dieser Laggard nun abheben und die anderen Kurse wieder einholen. Man darf aber auch nicht vergessen, dass jene Aktien, die sich stärker bewegen, sich auch wieder den Laggards annähern können.

Die Bewegung des Gesamtmarktes ist ein recht verlässlicher Indikator dafür, welches der beiden Szenarien nun eintreten wird. Wenn der Gesamtmarkt nun also eine Aufwärtsbewegung macht, ist es wahrscheinlicher, dass der Laggard die anderen Aktien wieder einholt, als dass die Aktien auf das Niveau des Laggards zurückfallen.

Laggards bieten also interessante Einstiegsmöglichkeiten für Trades. Das Kapitel »Laggards traden« bietet detailliertere Informationen und Beispiele für Laggards.

Marktschluss

In den meisten Fällen stellen Trader ihre Positionen noch vor dem Ende des Handelstages glatt. Deshalb warten Trader während der Schlussphase auf gute Ausstiegsmöglichkeiten. Profite werden womöglich mittels Stopp-Loss-Order abgesichert, oder der Stopp wird ganz einfach nachgezogen. Manchmal werden die Positionen aber auch einfach nur glattgestellt, wenn sich eine angemessene Möglichkeit dafür ergibt.

Zur selben Zeit ergeben sich neue Trading-Möglichkeiten in der Schlussphase des Handelstages. Genaueres hierzu erfahren sie im Kapitel »Intraday-Timeframes«.

After-Hours

Heutzutage bieten nahezu alle Onlinebroker die Möglichkeit, außerbörslich zu handeln. Für gewöhnlich kann man sowohl traden, nachdem der Markt geschlossen hat, als auch, bevor er wieder eröffnet. Aus Vereinfachungsgründen nenne ich beide außerbörslichen Handel. Da der Broker-Support von Broker zu Broker stark variieren kann, kann ich Ihnen nur dazu raten, Ihren Broker zu kontaktieren, damit dieser Sie mit Informationen über die Länge der außerbörslichen Handelszeiten informiert.

Während die meisten Trader nach Handelsschluss aufhören zu traden, suchen einige nach Trading-Möglichkeiten, wenn die Märkte geschlossen haben. Für die meisten unter ihnen ist die Veröffentlichung diverser Nachrichten die treibende Motivation dafür.

Obwohl es zwar immer noch vorkommt (früher eigentlich so gut wie jeden Tag), dass ich außerbörslich trade, beschränkt sich diese Tätigkeit heute auf ein Minimum. Ich habe zum Glück schon den Zeitpunkt erreicht, an dem ich es nicht mehr unbedingt nötig habe, so viel Zeit und Nerven ins Trading investieren zu müssen. Mein Trading beschränkt sich auch dann auf die ersten 30 Minuten nach Börsenschluss, obwohl es noch viel länger möglich wäre. Die meisten Firmen veröffentlichen ihre Nachrichten kurz nach Börsenschluss; dennoch bieten auch später veröffentlichte Nachrichten gute Möglichkeiten für einen Trade.

Wenn Sie noch wenig Erfahrung mit After-Hours-Trading haben, rate ich Ihnen zu Vorsicht. Es kann sehr riskant sein. Faktoren wie das geringe Volumen und große Kursspreads erschweren einen Ein- beziehungsweise Ausstieg noch zusätzlich – vor allem bei Aktien, die ohnehin nicht stark getradet werden.

2

Intraday-Zeitfenster

Meiner Meinung nach ist einer der wichtigsten Schritte zum Power-Trading die Fähigkeit, die Zeitfenster zu traden.

Zu manchen Zeiten ist der Markt in Bewegung und sehr volatil, zu anderen herrscht hingegen Windstille, und es tut sich so gut wie gar nichts. Obwohl diese Bewegungen nicht zu 100 Prozent jeden Tag auftreten, sind bestimmte Verhaltensmuster unverkennbar.

Hier sehen Sie einen chronologischen Tagesablauf eines Handelstages basierend auf Beobachtungen meinerseits in den vergangenen Jahren.

Zeitfenster	Potenzielle Ereignisse
09:30 – 10:00 Uhr	Gap-Trades
10:00 – 13:00 Uhr	Die 10:00-Uhr-Regel gilt
13:00 – 14:30 Uhr	Mittagsebbe bzw. Umkehr
14:30 – 15:20 Uhr	Nachmittagsaktivitäten
15:29 – 15:40 Uhr	Nachmittags-Ebbe
15:40 – 16:00 Uhr	Markt schließt / Ende des Handelstages
16:00 Uhr +	Außerbörslicher Handel, es gelten neue Regeln!

Tabelle 21: Intraday-Zeitfenster

Wie man aus der oben stehenden Tabelle sehen kann, ist es unabdingbar, seine Strategien auf die jeweilige Tageszeit anzupassen. Die Gaps zu traden ist beispielsweise etwas ganz anderes, als die Mittags-Ebbe zu bearbeiten, und die Mittags-Ebbe weicht wieder vom außerbörslichen Handel ab. Auf den folgenden Seiten behandeln wir jeden Zeitabschnitt genauer.

Traden der Timeframes

Unten sehen Sie einen 20-Minuten-Chart auf Tagesbasis, der den Nasdaq Composite Index zeigt. Jedes besprochene Zeitfenster ist eingezeichnet.

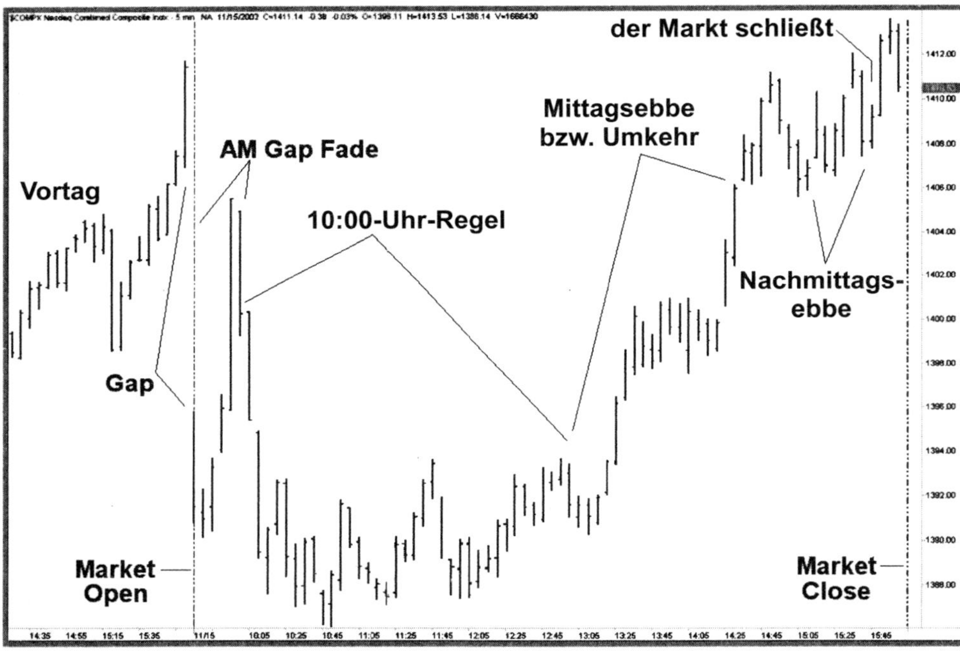

9:30-bis-10:00-Uhr-Gaps

Wie Sie sehen können, ist der Kurs während der ersten 30 bis 75 Minuten höchst volatil. Das hohe Volumen und die starke Aktivität des Marktes sind optimale Gegebenheiten für einen Trader. Es kommt nicht selten vor, dass schon in den ersten Minuten die Kursziele der Trader erreicht werden und diese den Handelstag dann beenden.

Die ersten 30 Minuten sind sozusagen die Primetime für Gaps, vor allem, wenn auch die Märkte große Gaps aufweisen. Bevor die Märkte öffnen, suche ich nach Aktien, die Up- oder Down-Gaps ausbilden. Wenn ich dann eine Aktie gefunden habe, die ein starkes Momentum aufweist oder zumindest das Potenzial für eine starke Bewegung zu haben scheint, kommt sie auf meine Watchlist, und ich warte auf ein Einstiegssignal.

Große Gaps resultieren oft daraus, dass Trader während des außerbörslichen Handels zu sensibel auf Nachrichten reagieren. Da das Volumen zu dieser Zeit aber äußerst gering ist, können Orders von bestimmter Größe Bewegungen ungeahnten Ausmaßes annehmen. Wenn der Markt dann öffnet und die Umsätze wieder die gewohnten Dimensionen annehmen, korrigiert die Aktie diese Bewegung in der Regel wieder, entweder durch eine langsame Gegenbewegung oder aber durch einen Snapback Reversal (starke technische Reaktion, wie im oben stehenden Chart). Wenn ich Gaps trade, sind diese Snapback Reversals genau das, wonach ich suche.

Um das Prinzip des Snapback Reversals anschaulich zu machen, sollten Sie sich ein Gummiband vorstellen. Ziehen Sie dieses Band nun so lange auseinander, bis Sie es nicht mehr schaffen, es noch weiter auszudehnen. Was passiert nun, wenn Sie es auslassen? Wenn es wirklich ein Gummiband ist, wird es zurückschnellen und womöglich sogar noch in die andere Richtung ausschlagen. Genau diese Reaktion zeigt die Gemeinsamkeit zwischen einem Snapback Reversal und einem Gummiband.

Wenn eine Aktie mit einem signifikanten Up-Gap startet, gehe ich sofort eine Short-Position ein in der Hoffnung, dass der Kurs wieder zurückfällt. Startet eine Aktie hingegen mit einem auffälligen Down-Gap, eröffne ich eine Long-Position in der Hoffnung auf einen Snapback Reversal. Genau dies passierte im vorhergehenden Chart. Diese Snapbacks zu traden wird auch als »Fading the Gap« bezeichnet.

Wie Sie wissen, hat der Markt immer Recht. Deswegen wäre es wohl vermessen zu behaupten, dass sich der Markt ausnahmslos entsprechend diesem Muster verhält. Nichtsdestotrotz sind solche Gaps hochprozentige Trades, vor allem wenn es sich um große Gaps handelt. Aber es gibt natürlich auch Aktien, die »vergessen«, den Snapback Reversal durchzuführen, und ihren Trend fortsetzen.

Wenn Sie gerade ein paar Swing-Trades im Markt haben, sind diese Gaps natürlich auch äußerst interessant für Sie. Wenn ihr Swing-Trade gerade long ist, und die Aktie eröffnet mit einem riesigen Up-Gap, kann es natürlich vorkommen, dass Sie die Chance nutzen wollen, Gewinne mitzunehmen. Dasselbe gilt natürlich für Short-Positionen und Down-Gaps. Natürlich dürfen Sie Ihren Plan, den Sie schon seit dem Einstieg in die Position haben, nicht aus den Augen verlieren. Aber wenn ein Gap tatsächlich eine schöne Möglichkeit bieten sollte, warum dann nicht auch Profite einstreichen? Wollen Sie die Position jedoch halten, können Sie sie ja teilweise glattstellen und später zu einem besseren Kurs wieder in die Position einsteigen, falls es zu einem Snapback Reversal kommt. Auch wenn es für einen Snapback Reversal keine Garantie gibt, sollten Sie diese Möglichkeiten in Erwägung ziehen, bevor Sie die Position glattstellen.

Genauere Informationen über das Traden von Gaps erhalten Sie in den Kapiteln »Gaps traden« und »Gaps traden – mit der technischen Analyse«.

10:00 – 13:00 Uhr: Die 10:00-Uhr-Regel gilt

Wie gerade besprochen, durchlaufen Aktien oft Gegenbewegungen, nachdem ein Gap ausgebildet wurde. Wenn Sie nach einem Up-Gap long gegangen sind und die Aktie einen Pullback durchführt, müssen Sie einen Verlust hinnehmen. Dasselbe gilt natürlich auch für geshortete Down-Gaps. Ich habe die 10:00-Uhr-Regel erfunden, um genau solchen Verlusten vorzubeugen.

Die 10:00-Uhr-Regel ist ein ganz simples Instrument, das Ihnen dabei helfen wird, derartige Verluste zu vermeiden. Wenn Sie gerade erst ins Trading einsteigen, kann sie Ihnen vielleicht sogar helfen, Geld zu verdienen. Hier nun also die 10:00-Uhr-Regel:

Wenn eine Aktie ein Up-Gap ausbildet, sollten Sie auf keinen Fall long gehen, bevor die Aktie nicht nach 10:00 Uhr ein neues Hoch ausgebildet hat. Im anderen Fall sollten sie nach einem Down-Gap nicht short gehen, bevor die Aktie nicht nach 10:00 Uhr ein neues Tief ausgebildet hat.

Wenn Sie diese Regel befolgen, werden Sie natürlich das eine oder andere Mal gezwungen sein, Positionen einzugehen, die nicht Ihrer Vermutung der Marktentwicklung entsprechen. Bei großen Up-Gaps wird Ihnen der große Enthusiasmus auf der Kaufseite zu schaffen machen, und Sie werden an Ihrer Entscheidung zweifeln. Viele Menschen wollen auf der einen Seite nach einem Up-Gap auf den fahrenden Zug aufspringen, um sicherzugehen, dass sie keine Rallye verpassen. Auf der anderen Seite neigen Menschen nach einem Down-Gap zu Panikverkäufen und stellen ihre Positionen sofort glatt.

Sich an die 10:00-Uhr-Regel zu halten kann Ihnen dabei helfen, Ihre Emotionen in den Griff zu bekommen und somit theoretische Verluste durch Snapback Reversals zu vermeiden. Auch wenn viele Aktien dazu neigen, nach einem Gap den Trend beizubehalten, gibt es in fast allen Fällen eine kurzfristige Korrektur. Sollte diese Korrektur einsetzen, tut sie das für gewöhnlich schon vor 10:00 Uhr.

Schlussendlich kann der Kurs dann einem Trend folgen; dieser kann von sehr kurzfristiger Natur sein oder den ganzen Tag lang dauern. Nachdem das Trading der Eröffnungs-Gaps abgeschlossen ist, kann man die 10:00-Uhr-Regel immer noch dazu heranziehen, um geeignete Einstiegssignale für andere Trends zu erkennen.

Sollte eine Aktie nach 10:00 Uhr noch ein Hoch ausbilden, ist das eindeutig ein Zeichen von Stärke. Sollte es tatsächlich dazu kommen, wird sie in den meisten Fällen einem Aufwärtstrend folgen. Um mir diesen Umstand zu Nutze zu machen, gehe ich eine Long-Position ein, sollte eine Aktie mit starkem Momentum nach 10:00 Uhr noch ein neues Hoch ausbilden. Nachdem Sie diese Position eingegangen sind, sollten Sie unbedingt sofort Ihren Stopp setzen, um Ihr Risiko zu limitieren. Diesen sollten Sie dann immer wieder nachziehen, falls der Trend in Ihre Richtung läuft, was er am Vormittag auch sehr oft macht; manchmal nimmt er diesen Schwung sogar noch in den Nachmittag mit. Im Kapitel »Gaps traden – mit der technischen Analyse« werde ich noch genauer auf die 10:00-Uhr-Regel eingehen. In diesem Kapitel werden Sie anhand einiger Beispiele erfahren, wie wichtig die Stopp-Loss-Order ist.

Sollte die Aktie neue Tiefs ausbilden, tun Sie genau das Gegenteil. Falls das Tief nach 10:00 Uhr ausgebildet wird, sollten Sie eine Short-Position eingehen. Somit können Sie die Schwäche im Markt nutzen und Ihr Risiko mittels einer Trailing-Stopp-Loss-Order limitieren.

13:00 – 14:30 Uhr: Mittags-Ebbe bzw. Umkehr

Die meisten Trader sind der Meinung, dass die Mittagszeit um 12:00 Uhr beginnt. Meine Beobachtungen lassen jedoch darauf schließen, dass die Mittagszeit zwischen 13:00 und 14:30 Uhr liegt. Zu dieser Zeit scheinen die meisten Trader inaktiv zu sein.

Während der »Mittagspause« merkt man, wie die Aktivität am Markt immer weiter zurückgeht, bis sie schließlich ganz einschläft. Während die Trader beim Mittagessen sitzen, geht das Volumen enorm zurück. Daraus resultieren oft Gegenbewegungen gegen den vorherrschenden Trend. Es ist auch nicht selten, dass der Markt während oder kurz nach dieser Mittagszeit dreht.

Da es sich ja immer noch um das Marktverhalten der Marktteilnehmer handelt, ist auch während der Mittagszeit kein Szenario auszuschließen. Natürlich kann es auch während dieser Zeit zu Pullbacks, neuen Hochs oder neuen Tiefs kommen. Die Erfahrung hat mich allerdings gelehrt, dass dieser Zeitraum eher dahingehend tendiert, äußerst ruhig zu verlaufen. Aus diesem Grund stelle ich meine Positionen zu diesem Zeitpunkt sehr gerne glatt, sollte meine Vormittagsposition schon in den Gewinn gelaufen sein. Oder aber ich ziehe meine Stopp-Loss-Orders nach.

Obwohl der Markt natürlich weiterhin in meine Richtung laufen könnte, bin ich nicht bereit, dieses vermeidbare Risiko einzugehen. Ich habe schon zu oft erlebt, wie sich schöne Profite in Luft auflösten, während der Markt in der Mittagsphase ziellos auf und ab schwankte. Das geringe Volumen macht den Markt so gut wie unberechenbar, und ich bin nicht bereit, die schönen Vormittagsprofite während der Mittagszeit wieder herzugeben. Sollte Ihnen der Markt an einem Tag also besonders stark oder schwach vorkommen, wenn Sie eine Short-Position im Markt haben, dann können Sie ihren Stopp-Loss sozusagen als Rettungsanker nachziehen. Sie können Ihre Position natürlich auch zur Hälfte glattstellen, um Ihr Risiko zu reduzieren, wenn Sie die Position nicht ganz aufgeben wollen. Liegen diese Tätigkeiten jedoch nicht in Ihrem Interesse, möchte ich Ihnen zumindest empfehlen, den Chart während der Mittagszeit genau zu beobachten.

Wenn Sie allerdings gerade auf der Suche nach einem attraktiven Einstieg sind, dann sind Sie bei der Mittags-Ebbe auch an einer guten Adresse. Oftmals bieten sich schöne antizyklische Einstiegssignale. Wenn sich der Kurs einer Aktie beispielsweise seitlich oder leicht nach unten gerichtet in die Mittagszeit hinein entwickelt, kann das dazu führen, dass die Trader eine gewisse Kraft in der Aktie sehen und nicht mehr davon ausgehen, dass sie weiter fallen kann. Wenn die Trader nun vom Mittagessen zurückkehren, lassen sie sich die Chance nicht nehmen, eine Long-Position einzugehen. Da das Volumen zu diesem Zeitpunkt ja noch gering ist, dauert es nicht lange, und die Kurse ziehen stark an. Wenn die Umsätze dann wieder in die Märkte kommen und die Kauflust beibehalten wird, spiegelt sich das oft in einer antizyklischen Bewegung wider. Solche Szenarien eignen sich hervorragend, um solche antizyklischen Trades einzugehen.

14:30 – 15:20 Uhr: Nachmittagsaktivitäten

Wenn die Trader nun vom Mittagessen zurückkehren, beginnt das Volumen in den Märkten für gewöhnlich wieder zu steigen. Man wird zwar nicht auf Anhieb erkennen können, in welche Richtung sich der Markt weiterbewegen wird, aber es ist, wie vorher beschrieben, nicht ungewöhnlich, dass sich während oder kurz nach der Mittagszeit eine Trendwende ausbildet.

In diesem Zeitabschnitt legt der Markt fest, ob er nun dem Vormittagstrend folgt oder doch die Umkehrbewegung aus der Mittagspause mitnimmt.

15:20 – 15:40 Uhr: Nachmittags-Ebbe

Im weiteren Verlauf des Tages beginnen die Trader langsam damit, ihre Profite aus den Intraday-Positionen abzuziehen, während andere weiter jene Positionen halten, die sie während oder kurz nach der Mittagszeit eingegangen sind.

Manche Trader werden zu dieser Zeit schon gar nicht mehr in den Märkten sein. Für gewöhnlich will der Markt während dieses Zeitraums festlegen, wohin die Reise am Ende des Tages gehen soll. Während die Trader noch mit ihren Positionen jonglieren, versucht der Markt, sich nach oben oder unten zu bewegen.

Fragen Sie mich nicht, wieso, aber zwischen 15:20 und 15:40 Uhr kommt es zu einer Nachmittags-Ebbe. Der Grad der Wahrscheinlichkeit hierfür nimmt verlässliche Ausmaße an.

Genauso wie die Mittags-Ebbe bietet auch die Nachmittags-Ebbe Einstiegssignale für Trades. Wenn Sie nun also das Gefühl haben, dass der Markt stärker schließen wird, können Sie sich mögliche Pullbacks während der Nachmittagszeit zu Nutze machen und diese für die eine oder andere Long-Position einsetzen.

15:40 – 16:00 Uhr: Der Markt schließt / Das Ende des Handelstages ist da

In dieser Phase entscheidet sich der Markt, wie er schließen wird. Viele institutionelle Investoren sind gezwungen, ihre Positionen am Ende des Tages glattzustellen. Jedes Ungleichgewicht muss ausgeglichen werden, wobei Market-On-Close (Handel auf Tagesschlussbasis)-Orders schon einen Einblick darauf bieten können, was der Markt machen wird.

Wenn ich beispielsweise die Nachrichten verfolge und zwischen 15:30 und 15:40 Uhr feststelle, das es eine große institutionelle Market-on-Close-Order geben wird, werde ich noch schnell einen Tagesend-Trade durchführen. Solche Trades beweisen sich immer wieder als »sich selbst erfüllende Prophezeiung«. Wenn die Marktteilnehmer bemerken, dass die Märkte nach Börsenschluss zu steigen beginnen werden, gehen sie sofort Long-Positionen ein, und die Märkte beginnen schon vor Handelsschluss zu steigen.

Dasselbe kann man immer wieder beim 200-Tage-gleitenden-Durchschnitt erkennen. Da die meisten Marktteilnehmer diesen Durchschnitt als wichtige Unterstützung ansehen, beginnen die Marktteilnehmer sofort zu kaufen, wenn der Kurs auf diesen Durchschnitt fällt. Dadurch beginnt der Kurs natürlich zu steigen, und es bestätigt sich die Meinung, dass der 200-Tage-gleitende-Durchschnitt eine wichtige Unterstützung ist.

Nur weil dieser Zeitabschnitt am Ende des Handelstages auftritt, heißt das nicht, dass ich die Positionen zwangsweise über Nacht halte. Wenn ich eine Position, wie die oben beschriebenen Market-on-Close-Position, eingehe, dann halte ich sie meist nicht länger als zehn bis 20 Minuten. Obwohl ich einen Market-on-Close-Trade in der Regel bis zum Ende des Tages halte (oder bis die Market-on-Close-Orders tatsächlich eintreffen), kann es trotzdem sein, dass ich die Position im nachbörslichen Handel abstoße und sie somit nicht über Nacht halte. Natürlich ist auch diese Strategie nicht ganz frei von Risiken. Auch hier müssen Sie mit vernünftigen Strategien agieren und dürfen nicht auf Stopp-Loss-Orders vergessen.

16:00 Uhr: Außerbörslicher Handel / Es gelten neue Regeln

Wie man aus der Überschrift ersehen kann, geht es in diesem Abschnitt um den außerbörslichen Handel. Dieser umfasst sowohl den nachbörslichen als auch den vorbörslichen Handel. Aus Vereinfachungsgründen nehme ich dafür den Ausdruck »außerbörslicher Handel«.

Obwohl viele Investoren sich im außerbörslichen Handel entschließen, ihre Wertpapiere zu kaufen beziehungsweise zu verkaufen, steckt meistens ein sehr langfristiger Plan dahinter. Wohingegen die meisten Trader, die den außerbörslichen Handel nutzen wollen, eher den kleinen, schnellen Profit im Hinterkopf haben. Sie stellen ihre Positionen meistens noch glatt, bevor der Markt eröffnet; bestenfalls warten sie noch ein Eröffnungs-Gap ab. Für Investoren mögen die außerbörslichen Bewegungen im Markt nur von vernachlässigbarer Bedeutung sein, für Trader hingegen bieten sich tolle Chancen, einen schnellen, profitablen Swing mitzunehmen. Glücklicherweise bieten sich solche Möglichkeiten für Trader immer wieder, da bestimmte Umstände den Kurs einer Aktie auch außerbörslich erheblich bewegen können. Vor allem sind hierbei die Veröffentlichungen von Nachrichten zu nennen.

Ausnahmen wären beispielsweise Upgrades, Downgrades, wenn zwei große Unternehmen ein gemeinsames Projekt planen, die Aufnahme einer Aktie in einen Index wie den S&P 500, Gewinnwarnungen oder wichtige Weltnachrichten. Manche Veröffentlichungen beeinflussen nicht nur einen einzelnen Wert, sondern womöglich sogar den gesamten Sektor oder Markt. Wenn eine Firma in der Größenordnung von Cisco (CSCO) einen Gewinn veröffentlicht, der weit über den Erwartungen liegt, kann das sowohl die Futures als auch den ganzen Technologiemarkt beeinflussen. Auch die Unternehmen, die demselben Sektor angehören, könnten von diesen positiven Nachrichten beeinflusst werden.

Ich möchte Ihnen das eben Genannte nochmals an einem anderen Beispiel näher bringen. Stellen Sie sich vor, Applied Materials (AMAT) veröffentlicht die Neuigkeit, dass es einen Knick in der Entwicklung gegeben hat und die Aufträge nun explosionsartig ansteigen. Da AMAT nun ein Unternehmen ist, das oft die Vorreiterrolle einnimmt, sollte man AMAT sofort unter Beobachtung stellen, weil es durchaus passieren könnte, dass andere Unternehmen AMAT auf seinen Weg begleiten, sollte der AMAT-Kurs stark steigen. Da es in den meisten Fällen nicht mehr möglich ist, auf den fahrenden Zug (in diesem Fall AMAT) aufzuspringen, sollte man sich nach Alternativen im selben Sektor umschauen. Vor allem würde ich natürlich die Konkurrenz beobachten.

Wenn solch wichtige Nachrichten veröffentlicht werden, kann es durchaus sein, dass der ganze Markt davon betroffen ist. Hier würde es sich anbieten, andere Aktien mit viel Momentum zu beobachten, wie zum Beispiel eBay, Amazon, BroadCom oder Electronic Arts. Ich würde generell einen Blick auf Momentum-Aktien werfen, die dem Markt gerne in dieselbe Richtung folgen. Womöglich lässt sich damit der eine oder andere Dollar im außerbörslichen Handel verdienen.

Wenn Sie sich eine nachbörsliche Watchlist für Momentum-Aktien anlegen, wird es Ihnen leicht fallen festzustellen, ob nach der Veröffentlichung von Nachrichten der ganze Markt, der Sektor oder Konkurrenzunternehmen darauf reagieren. Ich persönlich habe solche Listen angelegt und beispielsweise Unternehmen wie Intel, Applied Materials, KL A-Tencor, Novellus, Linear Technologie oder Maxim zu meiner Halbleiterliste hinzugefügt. Nach dem gleichen Muster gehe ich auch bei anderen Sektoren vor.

Für gewöhnlich versuche ich zu vermeiden, Positionen über Nacht zu halten. Sollten die Nachrichten allerdings viel versprechend sein, kommt es durchaus vor, dass ich meine halbe Position über Nacht halte und auf ein Up-Gap spekuliere. Dies mache ich allerdings nur, wenn ich durch das Glattstellen meiner halben Position schon in den Profit gerutscht bin und mein Gewinn-Trade nicht mehr zu einem Verlust-Trade werden kann. Da dies nicht allzu oft der Fall ist, bevorzuge ich es eher, meine komplette Position glattzustellen und die Chance auf einen größeren Profit sausen zu lassen.

Sollten Sie sich aber trotzdem entschließen, die News zu traden und eine Position über Nacht zu halten, sollten Sie sichergehen, dass Sie sie auch verstanden haben. Es ist nicht unüblich, dass Unternehmen zuerst gute Nachrichten veröffentlichen, um den Einbruch bei den später folgenden schlechten Nachrichten zu kompensieren oder abzuschwächen. Nehmen wir an, dass eine Firma die Analysteneinschätzungen übertrifft, nur um 15 Minuten später bekannt zu geben, dass der Vorstandsvorsitzende in Pension geht. Innerhalb weniger Sekunden kann sich ein Profit von ein bis zwei Dollar in einen Verlust von vier Dollar verwandeln. Diese Umstände hat man sowohl dem niedrigen Volumen als auch den großen Spreads im nachbörslichen Handel zu verdanken.

Wie schon beschrieben, möchte ich Börsianern, für die der nachbörsliche Handel neu ist, raten, sehr vorsichtig zu agieren, da der nachbörsliche Handel noch mehr Risiken aufweist. Das niedrige Volumen sowie die großen Preis-Spreads erschweren es, zu einem akzeptablen Preis in die Position hinein- beziehungsweise wieder ihr herauszukommen.

Beispiele für das Traden von Zeitfenstern

Der folgende Chart zeigt die Kursschwankungen von Expedia (EXPE) innerhalb der verschiedenen Zeitfenster. Die Kursschwankungen fielen in diesem Fall sehr stark aus; somit ergaben sich auch attraktive Trading-Möglichkeiten.

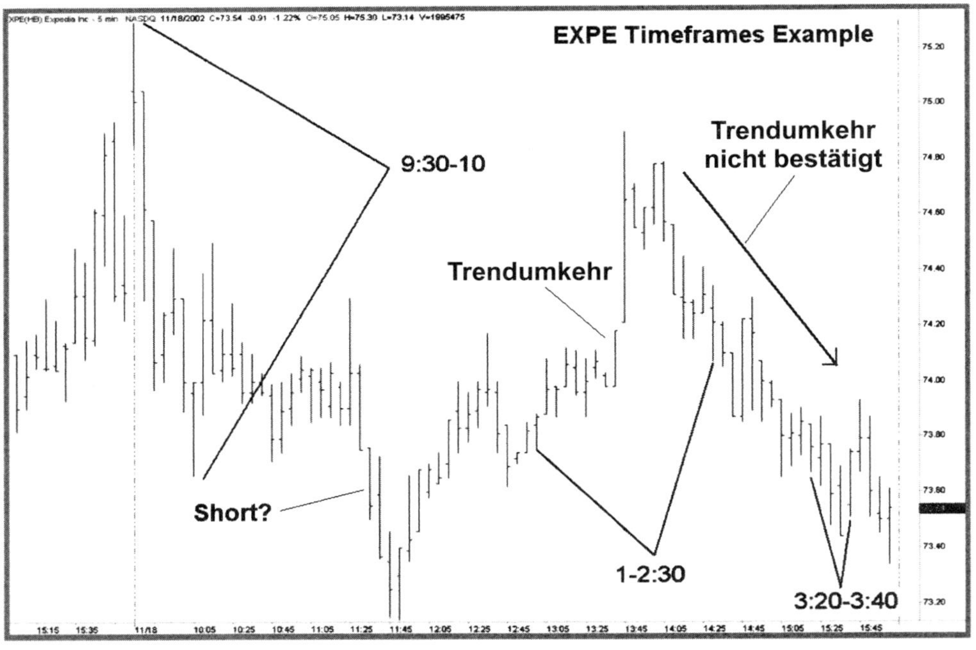

In den ersten 30 Minuten eröffnete EXPE sehr stark, hatte aber einen ebenso starken Pullback. Hätte man gleich bei Eröffnung eine Short-Position eröffnet, wären ordentliche Gewinne möglich gewesen.

Nach 10:00 Uhr bildete der Chart ein neues Tief aus. Auch dieses Signal hätte eine Short-Position gerechtfertigt. Die Profitabilität dieses Trades steht nun natürlich in unmittelbarem Zusammenhang mit der Herangehensweise. Auf der einen Seite wären Profite durch die Ausbildung eines weiteren Tiefs möglich gewesen. Auf der anderen Seite hätte man natürlich auch ausgestoppt werden können, hätte man einen Trailing-Stopp gesetzt.

Wie man wunderbar sehen kann, drehte sich der Trend während der Mittagszeit. Hätte man diese Trendumkehr antizipiert, und eine Long-Position wäre eröffnet worden, wären wieder schöne Profite möglich gewesen, bevor der erneute Pullback eingesetzt hat. Nichtsdestotrotz wurde diese Gegenbewegung nicht bestätigt, und die Aktie schloss in der Nähe des Tagestiefs. Natürlich bezieht sich das nur auf diesen einen Tag. Es gibt durchaus Tage, an denen tagesinterne Trendumkehren auch am Nachmittag ihre Gültigkeit behalten.

Hier ein weiteres Beispiel, das den Intraday Chart des Dow Jones Industrial zeigt:

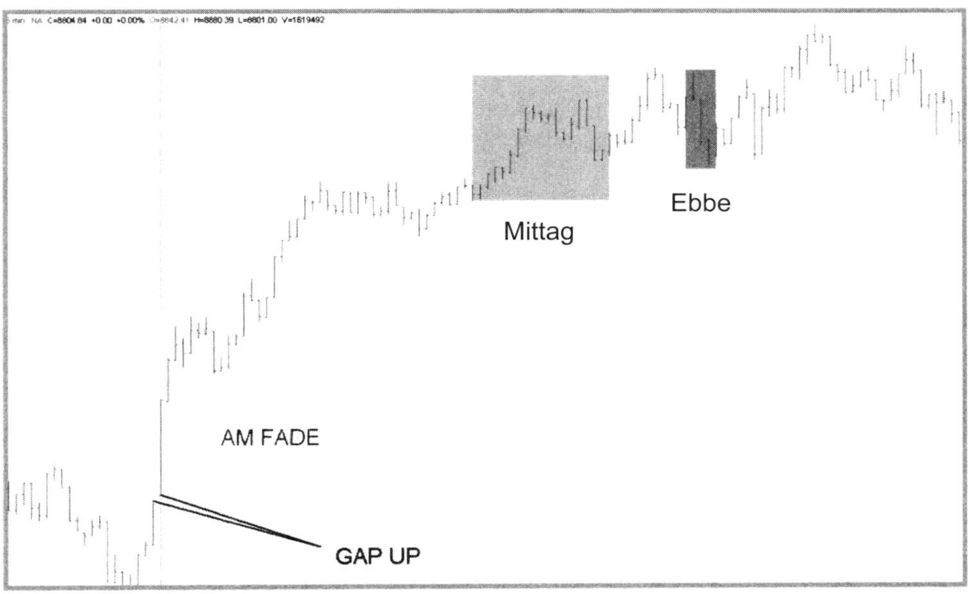

Beachten Sie hier das kleine Up-Gap. Der Aufwärtstrend konnte den ganzen Tag beibehalten werden. Nach einer kurzen Pause um ca. 10:00 Uhr setzte sich der Aufwärtstrend bis in die Mittags-Ebbe fort.

Dieses Setup hätte mit Hilfe der 10:00-Uhr-Regel getradet werden können. Wie diese funktioniert, wird im Kapitel »Gap-Trading – mit der technischen Analyse« beschrieben. Auch wenn es während der Nachmittags-Ebbe noch einen kleinen Pullback gab, setzte sich der Trend fort.

3

Shorten

Die meisten Menschen, die an der Börse agieren, verstehen das Konzept des Long-Gehens. Ihre Erwartung (beziehungsweise Hoffnung) stützt sich darauf, dass die Preise sich nach oben bewegen und sie somit Geld verdienen.

Bewegen sich die Märkte allerdings seitwärts oder gar nach unten, haben die meisten Investoren wenige oder gar keine Ansätze, um Geld zu verdienen beziehungsweise keines zu verlieren. Sie halten ihre Positionen meistens in der Hoffnung, dass sie wieder steigen würden. Vielleicht verkaufen sie aber auch mit Verlust und warten auf bessere Zeiten, um wieder einzusteigen. Einige geben sogar ganz auf. Etliche von ihnen haben vielleicht schon vom Konzept des Short-Gehens gehört, wo man ganz einfach von fallenden Kursen profitieren kann. Aber wie es tatsächlich funktioniert, verstehen die wenigsten von ihnen. Sie lassen lieber die Finger davon, weil sie gehört haben, dass das Verlustpotenzial unbeschränkt ist. Es ist ihnen einfach zu riskant. Viele neue Trader haben dieses Vorurteil ebenfalls, zumindest anfangs.

Um ein erfolgreicher Trader beziehungsweise Investor zu sein, sollte man sich auf keinen Fall auf das Long-Gehen beschränken. Wenn Sie in einem Aufwärtstrend ein gutes Gefühl bei einem Long-Investment haben, warum sollten Sie dann nicht auch in einem Abwärtstrend ein gutes Gefühl haben, wenn Sie long gegangen sind? Die besten Trader versuchen nicht, dem Markt ihre Meinung aufzuzwingen. Sie richten ihre Positionen nach ihm. Geht es nach oben, gehen sie long, geht es nach unten, gehen sie short. Der Markt weiß schon, was er tut.

Da wir uns nun im Klaren darüber sind, welchen Stellwert das Shorten für einen Trader einnimmt, werden wir im folgenden Kapitel ausführlich darauf eingehen. Wir behandeln, was beim Shorting genau passiert und welche Ängste Shorting mit sich bringt. Im weiteren Verlauf des Kapitels erhalten Sie dann noch Tipps und ein paar Beispiele.

Was heißt Shorten?

Wenn Sie eine Aktie long kaufen, dann hoffen Sie, dass der Preis der Aktie steigen wird und Sie später zu einem höheren Preis verkaufen können. So generieren Sie Profite. Fällt der Kurs hingegen, verlieren Sie Geld.

Shorten ist genau das Gegenteil des Long-Kaufs einer Aktie. Beim Shorten verkaufen Sie geborgte Aktien und hoffen darauf, dass der Preis der Aktie fallen wird, um die Aktie zu einem geringeren Preis wieder zurückzukaufen. Vereinfacht ausgedrückt: Wenn Sie eine Aktie shorten, dann verdienen Sie Geld, wenn der Aktienkurs fällt, aber Sie verlieren welches, falls der Kurs steigt.

Sollten Sie trendfund.com-Mitglied sein, dann wissen Sie, dass dies jener Zeitpunkt ist, an dem ich sage: »Stirb, Elender – Stirb!« Wir wünschen der Aktie, die wir gerade geshortet haben, den Fall ins Bodenlose – oder einfach nur einen gewissen Kursverlust, wenn Sie es weniger melodramatisch wollen.

Um einen Leerverkauf durchzuführen, borgen Sie sich die Aktien zunächst von Ihrem Broker, um sie gleich darauf an einen anderen Käufer zu verkaufen. Ihr Broker macht Ihnen diesen Schritt eigentlich ganz einfach, indem Sie ganz einfach eine Sell-Short-Order oder eine Short-Order aufgeben, auch wenn Sie diese Aktien gar nicht besitzen. Irgendwann müssen Sie die Aktien natürlich wieder zurückkaufen. Dies ist dann die Deckung der Short-Position. Dieser Vorgang hat zur Folge, dass die ausgeliehenen Aktien wieder an Ihren Broker zurückgehen. Sollte der Aktienkurs nun unter jenem liegen, zu dem Sie verkauft haben, haben Sie Geld verdient, ist er jedoch gestiegen, haben Sie welches verloren.

Bevor Sie eine Short-Position aufbauen können, müssen Sie sich jedoch darüber informieren, ob Ihr Broker die gewünschten Aktien überhaupt hat. Einige Faktoren bestimmen über die Verfügbarkeit einzelner Aktien. Volatilität und die allgemeine Nachfrage nach der Aktie sind dabei nur zwei Einflussgrößen. Ob Sie eine bestimmte Aktie nun shorten können oder nicht, hängt teilweise auch von Ihrem Broker ab. Manche Broker listen Ihnen schon im Voraus auf, welche Aktien geshortet werden können, andere wiederum sagen Ihnen erst bei der Aufgabe der Order Bescheid. Am besten ist es, wenn Sie bei ihrem Broker ganz einfach Rücksprache über die gewünschten Aktien halten.

Auf den ersten Blick erscheint das Prinzip des Shortens ziemlich komplex, in Wahrheit ist es aber wirklich simpel. Bei den meisten Direktbrokern unterscheidet sich die Durchführung einer Short-Order nur geringfügig von der einer Long-Order. Hierbei sei die Up-Tick-Regel erwähnt, auf die wir noch später in diesem Kapitel zurückkommen werden.

Warum sollte man shorten?

Wenn gerade eine Hausse vorherrscht, kann so gut wie jeder, auch Investoren, Geld verdienen, indem er Aktien long kauft. Aber was kann man nun tun, wenn sich der Markt gerade in einer Baisse befindet?

Die gängige Meinung rät dazu, bei kurzfristigen Korrekturen einzusteigen oder eben diese auszusitzen, falls Sie schon investiert sind. Das funktioniert vielleicht für Langfristinvestoren in Verbindung mit kurzen Kursrückgängen in einem Bullenmarkt. Sollte jedoch ein Bärenmarkt vorherrschen, funktioniert diese Theorie schon nicht mehr und schon gar nicht für Anleger mit einem kurzen Anlagehorizont. Ein Bärenmarkt kann nun aber mehrere Jahre lang anhalten. Investoren, die der gängigen Meinung nun folgen, müssen nicht nur damit rechnen, dass sich ihre schönen Gewinne in Luft auflösen, sondern auch noch damit, dass auch das eingesetzte Kapital bald aufgebraucht sein wird.

Gerade deshalb können Trader nicht darauf warten, dass sich endlich der nächste Aufwärtstrend etabliert oder gar ein neuer Bullenmarkt die Macht ergreift. Es muss ihnen möglich sein, konstant Geld zu machen, egal welcher Markt gerade vorherrscht. Hiermit wären wir wieder beim Shorten. Alle ernsthaften Trader, und natürlich auch alle Power-Trader, müssen in der Lage sein, Aktien zu shorten.

Gerade in der Anfangsphase verzichten aber viele Trader auf diese Möglichkeit. Manche versuchen sogar in Bärenmarkten, mit Long-Positionen Geld zu verdienen, indem sie extrem kurzfristige Investments eingehen und so genannte Bounces traden. Ich möchte auch nicht behaupten, dass es unmöglich ist, auf diese Weise Geld zu verdienen, einfach ist es aber bestimmt nicht. Zieht man nun die Option des Shortens in seine Erwägungen mit ein, ist es deutlich einfacher, Geld zu verdienen. Erfolgreiche Trader sehen bald ein, dass es sinnlos ist, gegen den Markt zu kämpfen. Sollte der Markt also gerade nach oben gehen, ist es ratsam, nach Long-Positionen zu suchen. Und wenn der Markt sich gerade nach unten bewegt, macht es Sinn, nach potenziellen Short-Positionen Ausschau zu halten. Eine ganz wichtige Börsenregel besagt somit, dass man sich nie mit dem Markt (oder dem Trend) anlegen soll.

Ein weiterer Grund dafür, dass man das Shorten unbedingt als Möglichkeit erachten sollte, ist die Tatsache, dass Kurse viel eher dazu tendieren, sehr schnell zu fallen, als sehr schnell zu steigen. Somit ergeben sich äußerst attraktive Profitmöglichkeiten für Trader. Versucht man nun nur die Bounces in einem Abwärtstrend zu traden, lässt man sich viel versprechende Trading-Möglichkeiten entgehen. Ich persönlich habe Zeiten erlebt, in denen der Markt innerhalb von drei Tagen 1.000 Punkte abgegeben hat. Obwohl es natürlich immer wieder zu Rallyes kommt, ist es eher unwahrscheinlich, dass innerhalb einer so kurzen Zeit solche Zugewinne entstehen.

Viele Menschen neigen zu Panik, wenn sie sich vor Augen halten, dass das Geld, das sie verlieren könnten, die Kurse dazu bringt, noch schneller zu fallen. Dasselbe gilt aber auch für einzelne Aktien. Sollten die Erwartungen, was die Gewinne einer Firma betrifft, nicht erfüllt werden, ist es nicht ungewöhnlich, dass der Kurs um 15 bis 25 Prozent oder gar um 50 Prozent fällt. Sollten die Gewinnerwartungen nun aber übertroffen werden, ist es eher selten der Fall, dass sich der Aktienkurs gleich um 50 Prozent erhöht. Ausgenommen davon sind natürlich Unternehmen mit einer geringen Marktkapitalisierung. Aber auch für diese Unternehmen gilt, dass die schnellen Aufwärtsbewegungen im Aktienkurs nicht so oft und stark vorkommen wie die Kursverfälle. Somit bietet Shorting wunderbare Gelegenheiten, in verhältnismäßig wenig Zeit viel Geld zu verdienen.

Shorten: Angst und Realität

Die Angst vorm Shorten ist der Hauptgrund dafür, dass viele Menschen darauf gänzlich verzichten. Da das Verlustpotenzial beim Shorten theoretisch unbegrenzt ist, fürchten sich die Menschen davor, ihr eingesetztes Kapital oder, noch schlimmer, mehr als ihr eingesetztes Kapital zu verlieren. Natürlich sieht die Wahrheit ganz anders aus, aber ebendiese Angst zu bewältigen erweist sich für Trader immer wieder als großes Problem.

Ich gebe Ihnen nun ein Beispiel, das die Angst vor dem Shorten anschaulich machen wird. Wenn der Aktienkurs von XYZ bei 50 Dollar liegt und Sie in der Aktie long gehen, dann können Sie maximal 50 Dollar pro Aktie verlieren, und das auch nur, wenn der Aktienkurs auf null Dollar fallen sollte. Hätte man die Aktie hingegen bei 50 Dollar geshortet, dann hätte der Kurs theoretisch unbeschreibliche Höhen erreichen könne, nämlich die Unendlichkeit. Folglich sind Verluste beim Shorten nicht begrenzt.

Das ist die Theorie, jetzt folgt die Realität. Die Wahrheit über das Shorten lautet, wie ich immer wieder gerne scherzhaft behaupte, wie folgt:

> *Die Unendlichkeit ist wirklich sehr, sehr weit entfernt. So weit, dass nicht einmal das Raumschiff Enterprise in seiner fünfjährigen Mission sie erreichen konnte. Folglich ist es auch eher zweifelhaft, dass genau Ihre Aktie das tun wird.*

In Wahrheit wird keine einzige Aktie bis in die Unendlichkeit steigen. Wenn Sie ein gutes Money Management haben und Ihre Stopp-Loss-Orders diszipliniert einhalten, droht Ihnen kein größerer Verlust als jener, den Sie vorher festgelegt haben. Wenn Sie beispielsweise die Aktie von XYZ bei 50 Dollar geshortet und ihren Stopp-Loss bei 51 Dollar platziert hätten, dann wäre ihr maximaler Verlust bei diesem Trade ein Dollar. Wenn man nun die Ertragschancen und das Risiko in Relation zueinander stellt, dann sieht man, dass das Verlustpotenzial bei einem Dollar liegt, das Profitpotenzial hingegen bei 50 Dollar, sollte der Aktienkurs bis auf null Dollar fallen.

Das Schlimmste, was Ihnen in diesem Fall noch hätte passieren können, ist, dass Sie die Aktie über Nacht gehalten hätten und sie ein Up-Gap ausgebildet hätte. Dafür können gute Unternehmensnachrichten wie eine Übernahme, ein neuer Großauftrag oder ein positive Gewinnmeldung verantwortlich sein. In diesem Fall wäre der Kurs vielleicht auf 52 oder 53 Dollar gestiegen, bevor Sie die Position schließen hätten können, um einen noch größeren Verlust zu vermeiden. Dasselbe hätte Ihnen aber auch bei einer Long-Position passieren können, wenn Sie sie über Nacht gehalten hätten. Hier hätte ein Down-Gap aufgrund schlechter Nachrichten den Kurs fallen lassen können.

Für Intraday-Short-Trades ist diese ganze Problematik natürlich irrelevant, ebenso für Intraday-Long-Trades. Egal ob Sie nun long oder short in einer Aktie engagiert sind, Übernacht-Positionen erhöhen Ihr potenzielles Risiko immer. Als Trader werden Sie natürlich versuchen, dieses Risiko zu eliminieren, indem Sie keine Übernacht-Positionen halten. Als Langfristinvestor sollten Sie jedoch potenzielle Erträge und Risiken gegeneinander abwägen und dann entscheiden.

Selbst im Worst-Case-Szenario des Shortings wird die Aktie nicht bis zur Unendlichkeit steigen, und es sollte Ihnen möglich sein, mit einem akzeptablen Verlust aus dem Geschäft herauszukommen. Zumindest aber mit einem Verlust, der mit einem aus einem Long-Geschäft vergleichbar ist.

Zusammengefasst kann man nun sagen: Obwohl man beim Shorten von Aktien Geld verlieren kann, kann man diese Verluste mit gezielten Stopp-Loss-Orders genauso begrenzen wie beim Eingehen von Long-Positionen. Sie können somit aus Ihrem Trade zum vorher festgelegten maximalen Verlust aussteigen.

Sollten Sie es mit dem Trading tatsächlich ernst meinen, dann ist es unabdingbar, dass Sie in der Lage sind, Short-Positionen einzugehen. Denn gute Trader können sowohl in Aufwärts- als auch in Abwärtstrends Geld verdienen.

Sollten Sie noch niemals eine Short-Position gehalten haben oder Sie immer noch ängstliche Gefühle dabei plagen, dann schlage ich Ihnen vor, die Sache einfach mal auszuprobieren. Versuchen Sie es ganz einfach mit einer kleineren Positionsgröße; dies führt normalerweise dazu, dass Sie den Angstfaktor überwinden. Sie können es ja mal mit lediglich 100 Aktien versuchen – oder auch mit zehn, wenn Ihnen das ein angenehmeres Gefühl vermittelt. Wenn Sie dann bemerken, welche Möglichkeiten einem das Shorten eröffnet, werden Sie sich fragen, warum Sie nicht schon viel früher damit angefangen haben. Und ganz nebenbei: Es kann sich verdammt gut anfühlen, »Stirb, Elender – stirb!« zu rufen.

Die Regeln und Einschränkungen beim Shorten

Es gibt eine Vielzahl von Beschränkungen und Regeln der Finanzmarktaufsicht sowie Regeln von Brokern, die das Shorten von Aktien betreffen. Ich nenne im Folgenden einige Beispiele:

- Das Shorten setzt ein Margin-Konto voraus.
- Sie können eine Aktie nur dann shorten, wenn sie gerade einen Up-Tick oder einen Zero-Plus-Tick gemacht hat.
- Bei manchen ECN-Brokern können Sie außerhalb der Handelszeit auch ohne Up-Tick shorten.
- Sie können Amex-Holders, ETFs und Indizes wie QQQ, SPY, DIA etc. auch ohne Up-Tick shorten.
- Möglicherweise ist Ihnen das Shorten von Aktien, die unter fünf Dollar notieren, untersagt.
- Sie können keine Penny Stocks shorten.

Diese Regeln und Beschränkungen stellen eine allgemeine Auflistung der relevanten Rahmenbedingungen für das Shorten dar. Diese Regeln können aber durchaus von Broker zu Broker differieren. Deshalb sollten Sie sich zuerst mit Ihrem Broker in Verbindung setzen, bevor Sie eine Aktie tatsächlich leerverkaufen.

Margin-Konto

In den meisten Fällen ist ein Margin-Konto notwendig, um Aktien shorten zu können. Diese Art von Konto ermöglicht es Ihnen außerdem, mittels Hebeleffekt Ihre Kaufkraft deutlich zu erhöhen.

Wie stark dieser Hebeleffekt wirkt, variiert zwischen den einzelnen Brokern und hängt auch mit der Größe des Kontos zusammen. Bei kleineren Konten wird sich dieser Effekt bei 2 zu 1 einpendeln, auch wenn manche Broker mehr oder weniger zulassen. Ein großes Day-Trading-Konto kann schon 4 zu 1 oder mehr erlauben. Ein 2-zu-1-Margin-Verhältnis sagt nicht mehr aus, als dass Sie lediglich 5.000 Dollar auf Ihr Konto einzahlen müssen, um mit einer Kaufkraft von bis zu 10.000 Dollar handeln zu können (hier gilt es, die genauen Bestimmungen des Brokers betreffend die Maintenance-Margin zu beachten). Da dies, wie erwähnt, von Broker zu Broker verschieden sein kann, ist es wichtig, zunächst Rücksprache über die Margin-Anforderungen zu halten.

Sie dürfen jedoch niemals vergessen, dass sowohl das Eingehen von Long- als auch das von Short-Positionen auf Margin Ihren potenziellen Verlust vergrößert. Wenn Sie auf Margin traden, dann stellt Ihnen Ihr Broker Geld zur Verfügung, um mehr Aktien zu kaufen, als es Ihr momentaner Kontostand zulassen würde. Sollten Sie sich also dafür entscheiden, mehr Aktien zu kaufen (was Sie nicht müssen), dann ist logischerweise auch Ihr Verlust größer, falls Ihre Trades in die falsche Richtung laufen.

Wenn Sie beispielsweise nur genug Geld haben, um 1.000 Aktien von INTC zu kaufen, Sie aber auch noch 1.000 Aktien von AMD kaufen wollen, weil Sie das Gefühl haben, dass auch diese Aktien steigen werden, dann benutzen Sie ganz einfach Ihren Margin-Hebel. Sollten nun aber wichtige Nachrichten den Gesamtmarkt zum Fallen bringen, dann werden Sie vermutlich Geld in beiden Trades verlieren, nicht bloß in einem. Die Verluste aus jeder Margin-Position, wie AMD, wirken sich natürlich auch auf Ihr ursprüngliches Kapital aus. An diesem Punkt möchte ich aber wieder auf ein ordentliches Money-Management sowie das disziplinierte Einhalten der Stopp-Loss-Orders verweisen, das den Sinn von Margin-Trades durchaus rechtfertigt. Weiter hinten im Buch werde ich dann das Thema Stopp-Loss noch weiter und genauer behandeln.

Bevor Sie einen Trade auf Margin eingehen, sollten Sie sich aber auch immer über das Risiko-Gewinn-Verhältnis im Klaren sein. Sollte Ihr Trade sehr stark in Ihre Richtung laufen und Sie das Gefühl haben, dass dieser Trend weiterhin anhalten wird, dann kann es durchaus Sinn machen, Ihre Kaufkraft mittels Margin zu verstärken. Sollten Sie sich jedoch gerade in einer Phase befinden, in der nicht alles für Sie läuft, dann sollten Sie auch auf gehebelte Geschäfte verzichten.

Die Up-Tick-Regel

Die SEC erlaubt einem ein Short-Engagement nur dann, wenn der letzte Tick ein Up-Tick oder ein Zero-plus-Tick war. Diese Regeln wurden erlassen, um zu vermeiden, dass Aktienkurse bewusst mit vielen Verkaufsorders gedrückt werden, um später zu einem niedrigeren Kurs billig an die gewünschten Aktien zu kommen.

Ein Up-Tick ist die minimale positive Veränderung des Aktienpreises zu seinem momentanen Preis. Wird eine Aktie beispielsweise bei 20,02 Dollar gehandelt, dann tritt ein Up-Tick genau dann auf, wenn der Kurs bei 20,03 (oder höher) notiert. Somit kann die minimale Kursbewegung von 0,01 Dollar den erforderten Up-Tick bedeuten. Ein Zero-plus-Tick tritt auf, wenn der neue Kurs genau dem alten entspricht, er aber dennoch höher als der letzte Kurs ist.

Für gewöhnlich machen alle Broker sichtbar, ob der momentane Aktienkurs aus einem Up-Tick oder einem Down-Tick resultiert. Im weiteren Verlauf werde ich ein paar komplette Level-II-Bilder behandeln, momentan reicht aber ein kleiner Ausschnitt eines solchen Bildes. Auf diesem Bild sieht man, wie die Broker die Richtung des Ticks anzeigen. Ein nach oben gerichteter Pfeil signalisiert einen Up-Tick, ein nach unten gerichteter Pfeil einen Down-Tick. Vergessen Sie aber nicht, dass die genaue Methode von Broker zu Broker verschieden sein kann.

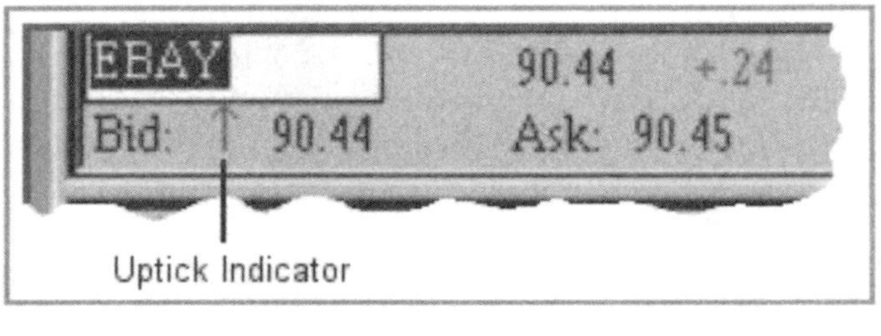

Doch nicht nur die Schutzfunktion macht die Up-Tick-Regel sinnvoll. Auch auf einer anderen Ebene kann man davon profitieren. Da man sich beim Shorten ja nicht nur die Aktien von seinem Broker ausborgen muss, sondern diese auch noch an den Mann bringen will, müssen Käufer im Markt sein. Weil ein Up-Tick die logische Konsequenz von Käufern im Markt darstellt, ist es sehr wahrscheinlich, dass man seine geborgten Aktien auch loswird. Ein Down-Tick hingegen tritt dann auf, wenn mehr Verkäufer als Käufer im Markt sind beziehungsweise gar keine Käufer handeln.

Vergessen Sie aber nicht, dass es auch Ausnahmen für diese Up-Tick-Regel gibt. Welche, werden wir gleich im Anschluss behandeln.

After-Hours

Die meisten Direktbroker lassen Sie Aktien außerhalb der Handelszeit shorten. Während dieser Zeit (also nachdem der Markt geschlossen hat beziehungsweise bevor er wieder eröffnet) ist kein Up-Tick notwendig, um eine Short-Position zu eröffnen. Sollte die gewünschte Anzahl an Aktien zur Verfügung stehen, werden sie zum besten Bid-Preis ausgeführt. Aber darauf komme ich im Kapitel »Tipps beim Shorten« nochmals zurück.

Holders, ETFs und Indizes

Es ist möglich, Exchange Traded Funds (ETFs), AMEX Holders und Indizes ohne Up-Tick zu shorten.

Genau wie bei den Indizes, sind auch Holders und ETFs für gewöhnlich eine Ansammlung verschiedener Unternehmen, die wiederum zu spezifischen Sektoren und Industrien, wie Halbleiter, Internet oder Biotechnologie, gehören. Ein paar Beispiele für Indizes, Holders und ETFs wären QQQ, SPY, HHH, DJA, SMH, BBH, BHH, SOX, OEX oder OIH. Es gibt natürlich noch viel mehr davon, die genannten Beispiele sollen nur der Illustration dienen. ETFs und Holders sind in den vergangenen Jahren sehr populär geworden, und somit steigt ihre Anzahl derzeit permanent.

Der folgende Chart beschreibt am Beispiel des DIA (Diamanten), der stellvertretend für den gesamten Dow Jones Industrial Average steht, dass man hier auf keine Up-Tick-Regel Rücksicht nehmen muss, wenn man short gehen will.

Sollten Sie an Aktien, die Sie gerne shorten würden, nicht rankommen, können Sie es ja mal mit ETFs, Holdern oder Indizes versuchen. Diese Finanzinstrumente können auch sehr hilfreich sein, wenn Sie der Meinung sind, dass der ganze Sektor oder der Gesamtmarkt fallen wird, Sie aber nicht genügen Zeit haben, eine spezifische Aktie auszusuchen, die Ihnen am besten ins Konzept passt.

Ein weiterer Grund, auf diese Instrumente zu setzen, ist, dass Sie mit ihnen das Risiko minimieren können. Wenn Sie der Meinung sind, dass es einer ganzen Industrie momentan schlecht geht und daher die Kurse fallen werden, aber sich nicht sicher sind, welche Aktie genau davon betroffen sein wird, können Sie zu ETFs, Holdern oder Indizes greifen. Diese verteilen das Risiko dann auf alle betroffenen Aktien.

Aktien, die unter fünf Dollar notieren

Früher war es fast unmöglich, Aktien zu shorten, deren momentaner Aktienkurs unter die Fünf-Dollar-Marke gerutscht war. Mittlerweile gibt es aber immer mehr Broker, die dies zulassen. Es ist durchaus möglich, dass auch Ihr Broker ihnen das ermöglicht; fragen Sie einfach nach.

Obwohl ich persönlich manchmal Aktien shorte, deren Aktienkurs unter fünf Dollar liegt – wenn ich beispielsweise davon ausgehe, dass die Firma bald insolvent sein wird –, betrifft doch der Großteil meiner Short-Trades Aktien, deren Wert darüber liegt.

Penny Stocks

Das Shorten von Penny Stocks ist auf Grund des großen Risikos, das mit ihnen verbunden ist, verboten. Man will der spekulativen Natur dieser Aktien einfach einen Riegel vorschieben. Da die meisten Penny Stocks unter einem Dollar notieren, wäre es gar nicht notwendig, es zu verbieten;. Dennoch gibt es sogar Penny Stocks, die über fünf Dollar notieren. Auch hier heißt es: Shorten verboten.

Shorting-Tipps

Limit-Orders

Ganz generell kann man sagen, dass man beim Shorten eher auf Limit-Orders als auf Market-Orders zurückgreifen sollte. Verwendet man nämlich Market-Orders, dann ist das Risiko, dass man zu einem sehr unvorteilhaften Kurs ausgeführt wird, schon ziemlich groß, besonders bei starker Volatilität.

Sollten die Kurse nämlich rasant fallen, und man platziert eine Market-Order, kann es sein, dass bis zur Bodenbildung kein Up-Tick mehr auftritt und Ihre Order somit genau am Beginn der Gegenbewegung ausgeführt wird.

Nichtsdestotrotz gibt es einige Gelegenheiten, bei denen man getrost auf Market-Orders zurückgreifen kann. Im Fall von Indizes, Holdern oder ETFs, bei denen starke Schwankungen unwahrscheinlicher sind als bei Aktien, kann man durchaus das Risiko der sofortigen Ausführung eingehen. Vorsicht ist aber dennoch geboten. Man muss immer ein Auge auf das Ausmaß und die Geschwindigkeit werfen, mit der sich die momentanen Kurse bewegen, bevor man eine Entscheidung trifft.

Für gewöhnlich sind Limit-Orders auch notwendig, damit man seinen Plan traden kann. Da man ja vor jedem Trade beurteilt, wie die Ertragschancen relativ zum maximalen Verlust stehen, muss man natürlich auch auf den Einstiegskurs achten, der elementarer Bestandteil dieser Gleichung ist. Limit-Orders garantieren somit eine Ausführung nach Plan, sollten sie denn ausgeführt werden. Arbeiten Sie mit Market-Orders, kann es Ihnen jedoch passieren, dass Trades mit einem tollen Gewinn-Verlust-Verhältnis plötzlich nur noch mindere Qualität aufweisen, da sie nicht zu dem von Ihnen gewünschten Kurs ausgeführt werden.

Level-II-Quotierungen

Um den optimalen Kurs für einen Stopp-Loss zu finden sowie den optimalen Kurs zur Ausführung zu definieren, ist es unabdingbar, mit Level-II-Daten zu arbeiten. Damit Sie den Kauf- beziehungsweise den Verkaufsdruck nachvollziehen können, sollte Ihnen Ihr Broker dies auf alle Fälle ermöglichen. Das gilt natürlich nicht nur für das Shorten an sich, sondern für das Traden allgemein.

Wenn Sie eine Order platzieren, möchten Sie natürlich wissen, wie diese in den momentanen Fluss aller anderen Orders passt. Das ist mit Level-I-Daten allerdings nicht möglich, da diese lediglich den besten Bid-Preis, Ask-Preis und den letzten Preis anzeigen. Auf einem Bildschirm mit Level-II-Daten können Sie auf einen Blick erkennen, wie sich die Kurse bei den besten Bid-Preisen und Ask-Preisen aufstapeln. Dies gibt Ihnen Informationen darüber, ob gerade mehr Käufer oder Verkäufer im Markt sind. Und das nicht nur zum nächsten Bid- und Ask-Preis, sondern auch von Bid- und Ask-Preisen, die weiter entfernt sind.

Viele Onlinebroker bewerben ihre schnellen Orderausführungen oder ihre niedrigen Kommissionen. Nimmt man allerdings die hohe Slippage und die dadurch entgangenen Gewinne in die Rechnung auf, dann zahlt man langfristig gesehen auf jeden Fall mehr als für einen Broker, der zwar auf den ersten Blick höhere Kosten verursachen mag, da er direkten Zugriff ermöglicht und auch Level-II-Daten anbietet. Das wichtigste Kriterium beim Wettkampf mit den anderen Tradern ist die sekundengenaue Ausführung, die eben nur gute Direktbroker ermöglichen. Egal welchen Broker auch immer Sie wählen, wählen Sie einen, der Ihnen direkten Zugang zu den Märkten ermöglicht. Diesbezüglich können Sie sich gerne unsere Empfehlungen auf www.trendfund.com ansehen.

Auf dem nächsten Bild können Sie einen Snapshot der Level-II-Daten von INTC sehen. Ich möchte noch einmal darauf hinweisen, dass die Level-II-Daten, die in diesem Buch gezeigt werden, lediglich Illustrationszwecken dienen. Sie zeigen nur Momentaufnahmen der Aktienpreise, die eben zu diesem Zeitpunkt aktuell waren, als die Bilder gemacht wurden. Auf einem Level-II-Bildschirm ändern sich die Daten konstant. Somit könnte so ein Bildschirm innerhalb weniger Minuten, bei volatilen Aktien sogar innerhalb weniger Sekunden, schon komplett anders aussehen.

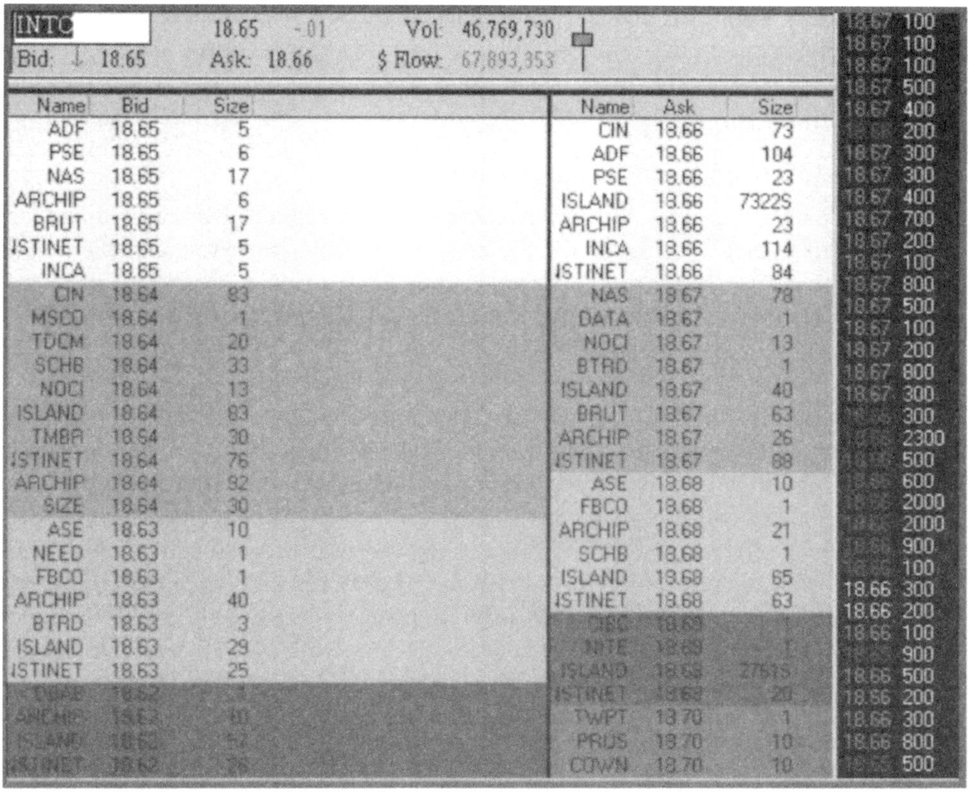

Für diejenigen von Ihnen, die noch nicht mit Level-II-Daten vertraut sind, möchte ich schnell eine kurze Erläuterung zu dem Bild abgeben. Das Layout eines solchen Bildschirms kann natürlich von Broker zu Broker differieren. Ganz oben am Bildschirm können Sie das Tickersymbol der Aktie erkennen (in diesem Fall INTC). Weiters sehen Sie die besten Bid- sowie Ask-Preise (die Inside-Quotierungen), den letzten Preis, das Volumen und den Orderfluss.

Von ganz elementarer Bedeutung beim Shorten von Aktien ist der kleine Pfeil neben dem Wort »Bid«, da dieser den letzten Tick repräsentiert. Zeigt der Pfeil nach oben, war der letzte Tick ein Up-Tick, zeigt er nach unten, war es ein Down-Tick, wie in diesem Fall. Um nun eine Aktie zu shorten, müssen Sie darauf warten, bis der Pfeil wieder nach oben schaut, um der Up-Tick-Regel zu entsprechen.

Die Preisspalte auf der linken Seite zeigt die Kauforders, jene auf der rechten Seite die Verkaufsorders. Diese Spalten sind chronologisch nach den Preisen sortiert. Die Inside-Quotierungen (also die besten Bid- und Ask-Preise) sind ganz oben auf der Liste. Obwohl die Spalten in diesem Falle grau sind, haben sie normalerweise eine bestimmte Farbcodierung. Diese Farbcodierung rührt daher, dass man auf einen Blick erkennen soll, wie viele Kauf- bzw. Verkauforders momentan existieren. Jeder Preislevel hat wiederum eine eigene Farbe. Die meisten Broker lassen Ihnen die Option offen, diesen Farbcode nach eigenen Gutdünken zu definieren.

Jede Preisliste gibt Einsicht in den Namen des jeweiligen Market-Makers beziehungsweise des ECN (Electronic Exchange Network), den Preis und die Größe der Order. Die Größe ist normalerweise die Anzahl der Aktien in Hunderterschritten. Man muss also immer noch zwei Nullen zu den angezeigten Werten addieren, fünf wären somit 500 Aktien.

Ganz rechts außen kann man den Times-and-Sales-Ausschnitt betrachten. Dieser Ausschnitt zeigt an, wann welche Orders ausgeführt wurden und wie groß diese waren (für gewöhnlich kann man sich diesen Ausschnitt auch nach den eigenen Bedürfnissen anpassen). Dies kann sehr hilfreich sein, wenn man den Orderfluss nachvollziehen will. Ihre Aufmerksamkeit wird sich dann darauf richten, ob sich die ausgeführten Orders am besten Bid-Preis orientieren, was Verkaufsdruck signalisieren könnte, oder doch am besten Ask-Preis, was wiederum für Kaufdruck spricht. Diese Informationen sollte man dann noch mit der Größe der jeweiligen Orders und den schwebenden Orders kombinieren, um ein besonders gutes Ergebnis zu erzielen.

Ich werde im weiteren Verlauf dieses Kapitels noch auf mehrere Level-II-Bildschirme eingehen, die sich wiederum direkt mit dem Shorten von Aktien auseinander setzen. Ich hoffe, dass Sie mittlerweile erkannt haben, welche Möglichkeiten einem ein Level-II-Zugriff im Gegensatz zu Level-I-Daten offeriert. Sollten Sie momentan mit einem Onlinebroker arbeiten, dann kann ich Ihnen nur ausdrücklich raten, zu einem Direktbroker zu wechseln und ein Level-II-System zu benutzen. Es geht ja schließlich um Ihr Geld in diesem Spiel, und Sie spielen es doch, um zu gewinnen!

Käufer gesucht!

Wie ich vorher erwähnt habe, ist es nicht nur notwendig, sich die gewünschte Anzahl an Aktien von seinem Broker zu borgen, sondern auch noch, sie an den Mann zu bringen. Daher ist es um ein Vielfaches einfacher, in Stärke hineinzushorten. Wenn Sie auf den Ausverkauf warten, kann es unter Umständen schwer werden, Käufer zu finden sowie der Up-Tick-Regel zu entsprechen.

Manchmal braucht man zu einem Short-Trade schon eine Menge Courage und Überzeugung. Sie gehen die Position vielleicht früher ein, als Sie das von

Ihren Long-Geschäften gewohnt sind, oder Sie traden ganz entgegen allen anderen Marktteilnehmern. Wenn Sie nun in Stärke hineinshorten, dann gehen Sie genau zu dem Zeitpunkt short, zu dem noch ein Großteil der Trader überzeugt ist, dass ihre eigene Wahl, long zu gehen, die richtige war. Da ich persönlich ein Trend-Trader bin, eröffne ich eher Positionen, die sich in einem starken Trend befinden und ein hervorragendes Chance-Risiko-Profil haben. Sie können sich darauf verlassen, dass ein Trend es Ihnen einfacher macht, eine Position gegen die momentane Marktstimmung zu eröffnen. Nach einem Up-Gap short zu gehen ist nur eine von vielen Strategien. Diese Strategie habe ich im Kapitel »Gaps traden« schon behandelt, und hierbei machen Sie genau das, was ich gerade angesprochen habe: Sie stellen sich der Vielzahl optimistischer Börsianer entgegen.

Wie ich vorher schon erwähnt habe, ist es wirklich von äußerster Wichtigkeit, Level-II-Daten zur Verfügung zu haben, wenn man Aktien shorten will. Auf dem Level-II-Bildschirm kann man nämlich verfolgen, wie sich die Macht der Käufer allmählich abschwächt und zu den Verkäufern übergeht. Wenn dies passiert, können Sie beobachten, wie Anzahl und Größe der Verkaufsorders ansteigen, Anzahl und Größe der Kauforders jedoch zurückgehen. Der Times-und-Sales-Ausschnitt gibt wiederum Aufschluss darüber, wie die Orders vom besten Ask- zum besten Bid-Preis wechseln, oder zumindest, wie sich die Aufteilung zwischen den beiden Orders allmählich ausgleicht. Sollte sich hierbei eine attraktive Situation für die Eröffnung einer Short-Position ergeben, sollte man nicht zu lange warten. Nach einiger Zeit der Übung und Erfahrung wird sich Ihr Timing sowohl bei der Eröffnung als auch bei der Schließung der Positionen verbessern. Im weiteren Verlauf werde ich im Kapitel »Wie man shortet« noch ein paar weitere Level-II-Bildschirme und dazugehörige Beispiele präsentieren.

Da Sie entsprechend der Up-Tick-Regel in Stärke hineinshorten müssen und weil ganz einfach niemand immer die exakten Hochs und Tiefs ausmachen kann, ist es nicht ungewöhnlich, wenn Ihre Short-Positionen zunächst ein wenig ins Minus laufen. Wie immer sollten Sie sich für diese Fälle mit Stopp-Loss-Orders absichern. Zieht man jetzt die Up-Tick-Regel mit ins Kalkül, werden Sie vielleicht einen etwas weiteren Stopp wählen müssen. Widerspricht dies Ihrer Natur als Trader, dann versuchen Sie es ganz einfach mit einer kleineren Positionsgröße. Das gleicht Ihren maximalen Verlust dann wieder aus.

Wenn Sie außerhalb der Marktzeiten traden wollen, was wiederum geringere Liquidität in den Märkten mit sich bringt, müssen Sie bei schwach getradeten Aktien darauf achten, wie viele Aktien Sie shorten wollen. Stehen beispielsweise nur 300 Aktien zur Disposition, während Sie versuchen, 1.000 Aktien leerzuverkaufen, dann wird diese Order wohl nicht ausgeführt, außer es finden sich weitere Käufer auf diesem Preislevel. Auf das Shorten außerhalb der Marktzeiten werde ich in weiterer Folge noch eingehen.

Shorten außerhalb der Marktzeiten

Beim Shorten außerhalb der Marktzeiten ist die Up-Tick-Regel nicht von Belang. Sollten Sie Zugang zu einem Direktbroker haben, dann können Sie ganz einfach zum besten Bid-Preis shorten (nicht alle Onlinebroker bieten diesen Service an).

Genau davon mache ich gerne Gebrauch, wenn es darum geht, Up-Gaps zu traden. Da Gaps bekanntermaßen hochprozentige Trades erlauben, eröffne ich regelmäßig Short-Positionen nach einem großen Gap. Hierzu platziere ich meine Order auf dem besten Bid-Kurs (oder ein wenig darunter), bevor der Markt eröffnet, damit ich nicht der Up-Tick-Regel zum Opfer falle. Wenn beispielsweise eBay vor der Markteröffnung ein Up-Gap auf einem Level von 1,50 Dollar ausbildet, dann können Sie genau bei 1,50 Dollar short gehen. Dies entspricht dem besten Bid-Preis. Normalerweise sollte eine Ausführung dieser Order bei einer Aktie wie eBay überhaupt kein Problem darstellen, da hier die Liquidität gewährleistet ist. Die Kapitel »Gaps traden« und »Gaps traden – mit der technischen Analyse« geben weitere Informationen zu diesem Thema.

Genauso wie Sie den Markt vor der Eröffnung traden können, ist dies auch nach Börsenschluss möglich. Auch in diesem Fall ist die Up-Tick-Regel außer Kraft gesetzt. Oftmals reagieren Aktien auf gute Unternehmenszahlen mit einem starken Kursanstieg nach Börsenschluss. Wenn Sie nun in der Vergangenheit beobachten konnten, dass eine von Ihnen betrachtete Aktie immer wieder zu Pullbacks nach solchen Kursanstiegen geneigt hat, dann können Sie mit ruhigem Gewissen eine Short-Order platzieren. Da hier keine Up-Tick-Regel gilt, können Sie dies zum besten Bid-Preis tun.

Volumen und Liquidität

Da Sie ja grundsätzlich wählen könne, ob sie Aktien mit hohem oder mit niedrigem Volumen traden wollen, sollten Sie sich auf jene mit dem hohen Volumen konzentrieren. Denn je höher das Volumen, umso höher auch die Liquidität. Und die hilft Ihnen beim Shorten ungemein.

Weil ich dazu neige, auch mal Aktien mit niedriger Liquidität zu shorten, möchte ich Sie bitten, die folgenden Zeilen nicht als Regel, sondern nur als generellen Wegweiser zu sehen. Man kann beim Traden mit wenig gehandelten Aktien zwar auch schöne Profite einfahren, das Risiko eines hohen Verlustes ist aber ungleich höher. Deswegen müssen Sie genau darüber Bescheid wissen, was Sie gerade tun. Hierbei müssen Sie sich gleich auf mehrere Dinge konzentrieren. Auf diese Besonderheiten werde ich im Kapitel »Das Shorten von Aktien mit schwacher Liquidität« dann genauer eingehen.

Für gewöhnlich ziehe ich aber den Handel mit Aktien vor, die eine hohe Liquidität aufweisen, vor allem wenn meine Positionsgrößen eine gewisse Dimension annehmen. Die hohe Liquidität garantiert ganz einfach den reibungslosen Ablauf, wenn es darum geht, eine Position zu eröffnen beziehungsweise zu schließen. Für mich persönlich sind hochliquide Aktien jene Aktien, deren tägliches Volumen bei über einer Million Aktien liegt. Ein paar gute Beispiele hierfür wären INTC, MSFT, Dell und IBM. Es gibt natürlich noch sehr viele andere Aktien, die diesen Ansprüchen genügen.

Ein weiterer Vorteil hochliquider Titel ist, dass sie eher zu engen Spreads und einer stufenartigen Entwicklung (wenn auch nicht immer) unterliegen. Der Spread kann hierbei bei lediglich einem oder zwei Cent liegen, während es bei liquiditätsarmen Aktien schon mal zu Spreads von zehn Cent oder mehr kommen kann.

Ein weiterer Vorteil beziehungsweise Nachteil – das kommt ganz auf Ihre Position an – beim Traden von Aktien mit geringer Liquidität ist, dass der Aktienpreis sich sehr schnell entwickelt, wenn er erst mal Fahrt aufgenommen hat. Dies kann sowohl zu wunderbaren Profiten als auch zu vernichtenden Verlusten führen. Es kann ganz schön schwer fallen, genug Käufer zu finden, um seine ganze Short-Position glattzustellen. Im Endeffekt liegt alles wieder beim Chance-Risiko-Profil, das darüber Aufschluss gibt, ob der Preis, den man für einen bestimmten Profit zu zahlen bereit ist, auch wirklich seinem eigenen Trading-Naturell entspricht.

Nichtsdestoweniger gibt es Trader, einschließlich mir, die auf das Handeln mit volumenschwachen Aktien nicht verzichten wollen. Jeder muss für sich selbst die Vor- und die Nachteile abwägen. Und je nachdem, wie risikoavers beziehungsweise risikofreudig man agieren will, trifft man dann seine Entscheidung. Das Traden von Aktien mit geringem Volumen wird noch später in diesem Kapitel behandelt.

Fallende Kurse

Wenn die Kurse schon im Fallen begriffen sind, wird eine Ausführung von Limit-Orders zu einer schwierigen Angelegenheit. Vielleicht ist es daher ratsam, die Limit-Orders bei einem niedrigeren Kurs zu setzen. Market-Orders werden durch diesen Umstand jedoch noch nicht gerechtfertigt.

Eine Einstiegstechnik, die ich gerne anwende, um auf jeden Fall ausgeführt zu werden, ist die folgende: Ich überlege mir zunächst, welcher der letzte Kurs ist, zu dem ich leerverkaufen will, und platziere dann meine Order zwischen diesem Preis und dem besten Bid-Preis. Das erweitert die Zone, in der der notwendige Up-Tick für die Ausführung meiner Order auftreten kann, stellt aber dennoch sicher, dass meine Order nur zu einem Preis ausgeführt wird, den ich vorher für akzeptabel erachtet habe. Das Chance-Risiko-Profil darf aber auch bei dieser eher defensiven Variante nicht außer Acht gelassen werden. Lädt das Profil nicht zum Handeln ein, sollte man es einfach lassen.

Wenn ich nun beispielsweise annehme, dass eine Aktie, die derzeit bei 25,50 Dollar notiert, um etwa 1,50 Dollar fallen wird, und das Papier hat seinen Sinkflug schon angetreten, dann lege ich meine Limit-Order bei etwa 25,35 Dollar fest. Da nun das potenzielle Kursziel von 24,00 Dollar immer noch eine größere Kursbewegung darstellt als die 0,15 Dollar, um die sich die Aktie schon bewegt hat, bleibt der Trade attraktiv. Vor allem, wenn man bedenkt, dass meine Order ja auch bei 25,48 Dollar ausgeführt werden könnte. Doch selbst wenn dieses Szenario nicht eintreten sollte, bin ich mit einem Einstieg bei 25,35 Dollar immer noch zufrieden. Das habe ich ja vorher für mich selbst festgelegt. Sollte meine Order hingegen nicht ausgeführt werden, ist das auch kein Grund zur Sorge. Denn dann bin ich diesen einen Trade nicht eingegangen und kann mich auf den nächsten konzentrieren. Man sollte nie verpassten Möglichkeiten nachweinen.

Short Squeezes

Wann immer Sie einen Leerverkauf planen oder durchführen, sollten Sie immer auch das Risiko des Short Squeezes mit einkalkulieren. In einem solchen Short Squeeze kann man gefangen sein, wenn man eine große Short-Position aufgebaut hat und die Aktie beziehungsweise der Gesamtmarkt plötzlich beginnt, stark zu steigen. Dies veranlasst die Marktteilnehmer nämlich, ihre Short-Positionen zu schließen. Diese zusätzliche Marktkraft verleiht dem Kurs nochmals zusätzlichen Schwung nach oben, was noch weitere Leerverkäufer zum Schließen ihrer Positionen zwingt.

Natürlich kommt es bei diesem Phänomen sehr darauf an, wie stark die Marktteilnehmer eine Aktie geshortet haben. Doch hat dieser Short Squeeze erst mal eine Eigendynamik entwickelt, sind äußerst starke Kursanstiege nicht selten. Denn steigende Kurse veranlassen nicht nur Trader mit Short-Positionen, diese zu schließen, sondern auch neue Händler, Long-Positionen aufzubauen. Sie sehen, hier entsteht ein Teufelskreis.

Ich möchte Ihnen nun ein Beispiel vorstellen, das durchaus auftreten könnte. Nehmen Sie an, der Markt befindet sich schon seit geraumer Zeit in einem Abwärtstrend. Viele Investoren springen nun auf den fahrenden Zug auf und eröffnen Short-Positionen. Je länger dieser Abwärtstrend anhält, umso mehr Investoren beginnen, Aktien zu shorten. Plötzlich verebbt die große Welle der Short-Orders, und der Markt beginnt mit der Bodenbildung, und in weiterer Folge bricht er sogar aus dem Abwärtstrend aus. Die Investoren mit Short-Positionen werden nun hektisch und versuchen, ihre Positionen so schnell wie möglich zu schließen. Dies führt nicht nur zu einer äußerst starken Bewegung, sondern auch zu einer sehr schnellen, eben einem Short Squeeze.

Auch dieses Risiko können Sie mit dem konsequenten Einsatz von Limit-Orders teilweise einschränken. Sollten die Kurse nämlich zu steigen beginnen, wird Ihre Stopp-Loss-Order ganz einfach ausgeführt, und Ihre Verluste werden somit begrenzt. Nichtsdestotrotz können gerade Stopp-Loss-Orders im Fall von Short Squeezes die ganze Problematik noch verschärfen. Da natürlich auch viele andere Stopp-Loss-Orders gesetzt haben und auch deren Orders ausgeführt werden, beginnen die Kurse rasant zu steigen, und das so lange, bis alle ausgestoppt worden sind. Dennoch rate ich Ihnen inständig, Stopp-Loss-Orders zu verwenden. Nur so können Sie Ihr Risiko schon im Voraus beschränken. Da das Management von Risiko ein derart wichtiges Thema beim Trading ist, werde ich es in den nächsten beiden Kapiteln speziell und im weiteren Verlauf des Buches immer wieder behandeln.

Noch in diesem Kapitel gehe ich auf das »Shorten von Aktien mit schwacher Liquidität« ein. Ich werde hier im Speziellen die Problematik des Short Squeezes bei Aktien mit geringem Volumen betrachten.

Wie man shortet

Das Platzieren von Orders

Ich möchte jenen von Ihnen, für die das Thema Trading beziehungsweise das Thema Shorten von Aktien neu ist, nun eine generelle Vorstellung davon geben, wie das Shorten von Aktien tatsächlich funktioniert. Dies kann natürlich von Broker zu Broker verschieden sein.

Bei vielen Brokern reicht es ganz einfach, eine Verkaufsorder für Aktien (die Sie noch nicht besitzen) zu platzieren. Das System erkennt diese Order als Short-Order. Andere Broker bieten möglicherweise spezielle Features für den Leerverkauf an. Andere haben vielleicht einen direkten Short-Botton in ihrer Software implementiert, oder Sie können einfach den Ordertyp »Short-Order« wählen.

Um eine Short-Position zu schließen, müssen Sie ganz einfach dieselbe Menge an Aktien kaufen, die Sie zuvor leerverkauft haben. Dies nennt man auch das Decken einer Position. Wie man diese Order nun durchführt, kann wiederum von Broker zu Broker differieren. Vielleicht müssen Sie ganz einfach mit einer Kauforder arbeiten, eventuell bietet Ihr Broker Ihnen auch die Option »Short-Position decken« an. Vielleicht ist auch wieder ein Button in der Maske Ihrer Software.

Wenn Sie nun immer noch nicht sicher sind, wie genau Sie eine Short-Order bei Ihrem Broker durchführen können, kontaktieren sie ihn doch ganz einfach. Er wird Ihnen gerne weiterhelfen.

Das Eingehen der Position

Da Ihnen nun das Thema nicht mehr ganz so fremd ist, möchte ich Ihnen ein weiteres Beispiel näher bringen, das auch wieder Level-II-Daten bereithält. Auf diesem Wege werde ich Ihnen veranschaulichen, welche Faktoren nun wirklich für den Einstieg in eine Short-Position von Relevanz sein können. Im nächsten Kapitel werde ich dann darauf eingehen, wie Sie die technische Analyse für den Einstieg in Short-Positionen nutzen können.

Für gewöhnlich sind der Kauf- beziehungsweise der Verkaufsdruck bei einer spezifischen Aktie, der momentan Preis der Aktie und natürlich das Angebot an erhältlichen Aktien zu einem bestimmten Preis hauptverantwortlich dafür, wie leicht oder schwer es fällt, eine Position zu eröffnen.

Das Bild auf der nächsten Seite zeigt Ihnen einen Level-II-Screenshot von INTC.

Wenn Sie nun einen Blick auf diesen Screenshot werfen, sehen Sie, dass der momentan beste Bid-Preis bei 18,65 Dollar liegt, der beste Ask-Preis bei 18,66 Dollar. Beachten Sie aber auch das Volumen auf der Verkaufsseite, welches das der Kaufsseite überragt. Vergessen Sie hierbei nicht, alle Orders zu einem bestimmten Kurs zu addieren und nicht nur den obersten Wert für die Kalkulation heranzuziehen. Nehmen wir beispielsweise den besten Bid-Preis bei 18,65 Dollar her. Folgende Orders sind bei diesem Preis sichtbar (die angezeigt Zahl muss hierbei immer mit 100 multipliziert werden): 500, 600, 1.700, 600, 1.700, 500 und 500. Das macht insgesamt 6.100 Aktien. Man sieht auf den ersten Blick, dass diese Zahl jene auf der Kaufseite überragt. Auch der nach unten zeigende Tickpfeil reflektiert die momentane Abwärtsbewegung.

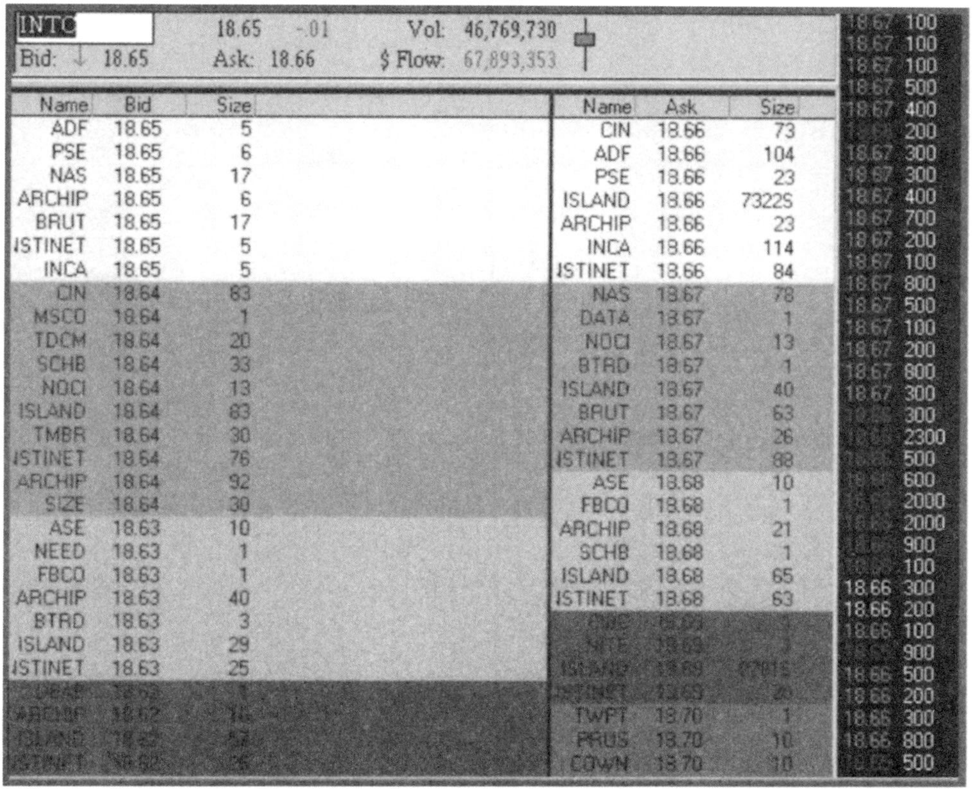

Sollten Sie die Aktie nun 18,66 Dollar shorten wollen, können sie sich gewissen Problemen gegenübersehen. Auf der einen Seite benötigen Sie einen Up-Tick, damit Ihre Order theoretisch ausgeführt werden kann, und auf der anderen Seite muss auch die Zahl an Käufern groß genug sein, damit Ihre Order zum gewünschten Preis ausgeführt wird. Hinzu kommt noch die Reihenfolge der Ausführung der Orders. Sind Sie nun der Letzte, der seine Short-Order bei 18,66 Dollar platziert hat, wird es immer unwahrscheinlicher, dass ihre Limit-Order auch tatsächlich ausgeführt wird. Stattdessen sollten Sie Ihre Order eher bei einem Preis von 18,63 Dollar platzieren. Sollte der notwendige Up-Tick nun endlich auftreten, wird Ihre Order irgendwo zwischen 18,63 und 18,66 Dollar ausgeführt.

Hier sehen Sie ein weiteres Beispiel von Level-II-Daten anhand von MSFT.

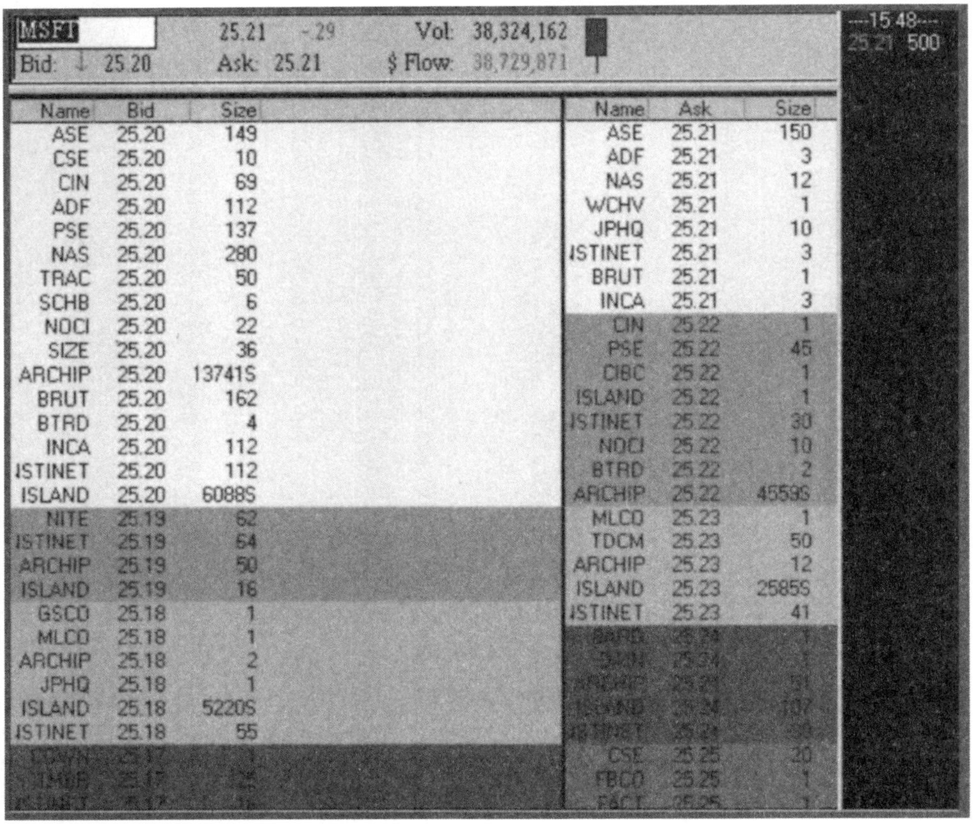

MSFT 25.21 -.29 Vol: 38,324,162
Bid: ↓ 25.20 Ask: 25.21 $ Flow: 38,729,871
---15:48--- 25.21 500

Name	Bid	Size	Name	Ask	Size
ASE	25.20	149	ASE	25.21	150
CSE	25.20	10	ADF	25.21	3
CIN	25.20	69	NAS	25.21	12
ADF	25.20	112	WCHV	25.21	1
PSE	25.20	137	JPHQ	25.21	10
NAS	25.20	280	ISTINET	25.21	3
TRAC	25.20	50	BRUT	25.21	1
SCHB	25.20	6	INCA	25.21	3
NOCI	25.20	22	CIN	25.22	1
SIZE	25.20	36	PSE	25.22	45
ARCHIP	25.20	13741S	CIBC	25.22	1
BRUT	25.20	162	ISLAND	25.22	1
BTRD	25.20	4	ISTINET	25.22	30
INCA	25.20	112	NOCI	25.22	10
ISTINET	25.20	112	BTRD	25.22	2
ISLAND	25.20	6088S	ARCHIP	25.22	4559S
NITE	25.19	62	MLCO	25.23	1
ISTINET	25.19	64	TDCM	25.23	50
ARCHIP	25.19	50	ARCHIP	25.23	12
ISLAND	25.19	16	ISLAND	25.23	2585S
GSCO	25.18	1	ISTINET	25.23	41
MLCO	25.18	1	[illegible]	[illegible]	[illegible]
ARCHIP	25.18	2	[illegible]	[illegible]	[illegible]
JPHQ	25.18	1	[illegible]	[illegible]	[illegible]
ISLAND	25.18	5220S	[illegible]	[illegible]	[illegible]
ISTINET	25.18	55	[illegible]	[illegible]	[illegible]
[illegible]	25.17	[illegible]	CSE	25.25	20
[illegible]	25.17	[illegible]	FBCO	25.25	1
[illegible]	25.17	[illegible]	FACT	25.25	1

Im Gegensatz zum INTC-Beispiel erscheint es hier sehr wahrscheinlich, dass Ihre Short-Order beim besten Ask-Preis von 25,21 Dollar ausgeführt wird. Dafür sprechen einerseits die Vielzahl von Orders auf der Bid-Seite und zum anderen die geringe Zahl der Orders auf der Ask-Seite. Auch wenn auf dem abgebildeten Screenshot gerade ein Down-Tick zu sehen ist, bleibt es hoch wahrscheinlich, dass ihre Order Ausführung erlangt. Würde man dieses Bild in Echtzeit betrachten, würde man erkennen, dass aufgrund der hohen Käuferzahl immer wieder Up-Ticks erscheinen, die eine Short-Position erst ermöglichen.

Wenn man nun einen Blick auf den besten Bid- beziehungsweise Ask-Preis wirft, hat es sehr schnell den Anschein, also ob auf der Verkaufsseite eine sehr große Order angezeigt wird. ASE bietet gleich 15.000 Aktien zu einem Preis von 25,21 Dollar an. Schaut man nun aber genauer hin, sieht man, dass ASE auch auf der Bid-Seite zu finden ist, und zwar mit einer fast gleich großen Order.

Bei den meisten Aktien ist ein sehr dominanter Market-Maker am Werk. Dieser wird auch als AX bezeichnet, und er ist dafür verantwortlich, dass ein Markt für diese Aktie zur Verfügung steht. Dieser AX ist generell der aktivste und auch einflussreichste Market-Maker für eine Aktie. Daraus folgt, dass der AX meistens auch die Bewegung einer Aktie vorgibt, abhängig davon, ob nun viele Kauf- oder Verkaufsorders bereitstehen. Man kann nun generell behaupten, dass, wenn dieser AX für eine gewisse Aktie erkennbar ist, man sich eher auf seine Seite stellen sollte als auf die Gegenseite. Seit sich jedoch viele der großen Firmen wie Lehman Brothers, Goldman Sachs oder Solomon Smith Barney hinter populären ECNs wie ISLD, ARCA oder BRTD verstecken, ist diese Regel nicht mehr von so großer Bedeutung, wie sie früher einmal war. Die meisten bekannten ECNs wurden früher bevorzugt von Day-Tradern gehandelt. Mittlerweile versuchen aber auch große Firmen, ihre Kauf- und Verkaufsgeschäfte über ECNs abzuwickeln, wenn die Transaktion ein bestimmtes Volumen übersteigt. Denn nur dadurch können sie verhindern, dass ihr Name in den Level-II-Daten sichtbar wird. Stattdessen wird nur der Name des ECNs angezeigt.

Kommen wir nun aber zurück zu unserem Screenshot und der Annahme, dass ASE anscheinend der AX für MSFT ist. Da es nicht zielführend ist, in einem Kapitel über das Shorten von Aktien über Market-Maker oder AX zu diskutieren, werde ich nur kurz festhalten, warum ich gerade an dieser Stelle darüber schreibe. Die Anzahl der angebotenen Aktien auf der Ask-Seite ist vermutlich bedeutungslos. Bevor die Aktie nämlich nicht akkumuliert wird, ist es sehr wahrscheinlich, dass ASE den Ask auslösen würde und die Kurse somit stark steigen würden, sobald eine Kaufwelle einsetzt.

Im nächsten Beispiel geht es um die Firma IBM. Auch in diesem Fall werfen wir einen Blick auf die Level-II-Daten. IBM notiert an der NYSE und der Nasdaq.

Wenn man nun die Daten betrachtet, erkannt man, dass es erneut sehr unwahrscheinlich ist, dass eine Short-Order zum besten Ask-Preis bei 83,28 Dollar ausgeführt wird. Grund dafür ist erneut die mangelnde Anzahl an Aktien auf der Bid-Seite. Wie Sie erkennen können, werden momentan 8.400 Aktien zu 83,28 Dollar angeboten, jedoch nur 2.500 Aktien bis zu einem Kurs von 83,20 Dollar nachgefragt (800 + 1.000 + 100 + 100 + 500). Bei näherer Betrachtung der Daten erkennt man, dass bei 83,19 Dollar eine stattliche Anzahl an Orders auf der Bid-Seite steht. Wenn ich IBM nun shorten wollte, würde ich meine Limit-Order bei 83,20 Dollar platzieren. Wenn nun ein Up-Tick auftritt, würde meine Order irgendwo zwischen 83,20 und 82,28 Dollar ausgeführt.

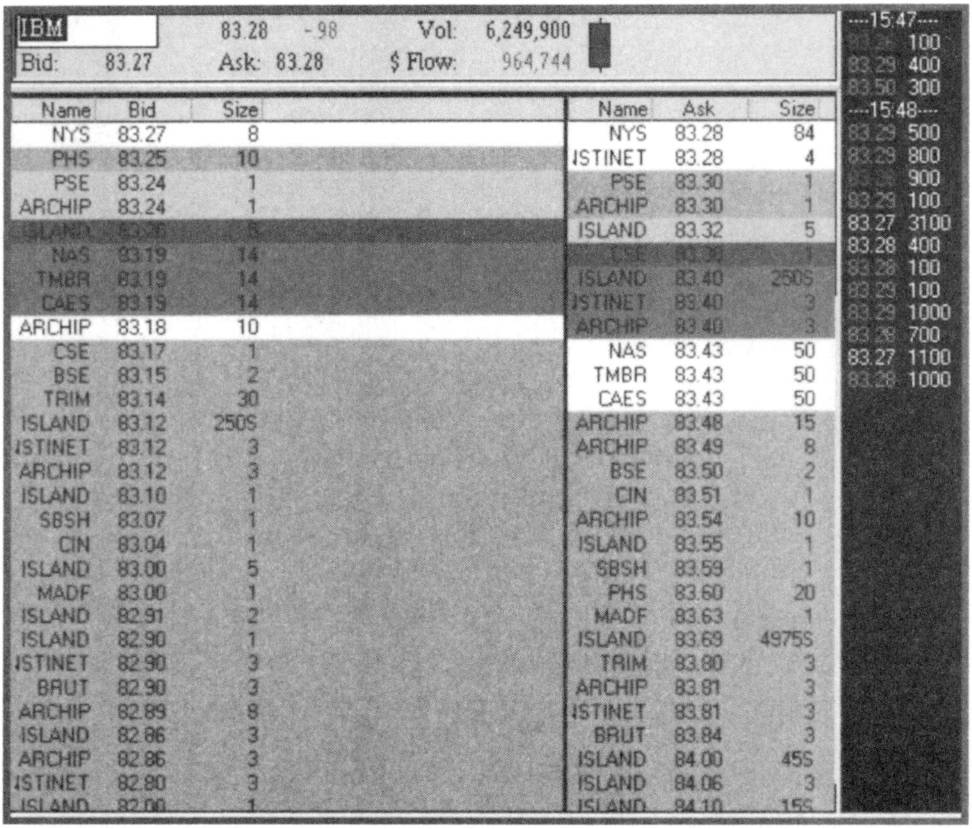

IBM Level-II-Daten

Der nächste Screenshot behandelt den Diamantenindex (DIA).

Da ein Up-Tick bei ETFs, Holdern und Indizes nicht erforderlich ist, könnte man den DIA ohne weiteres bei 83,25 Dollar shorten. Dies ist nämlich der beste Bid-Preis. Die einzige Voraussetzung für einen erfolgreichen Leerverkauf ist allerdings, dass man nicht mehr Aktien leerverkaufen will, als gerade nachgefragt werden, ansonsten droht eine teilweise Ausführung. Um dies zu vermeiden, kann man die Limit-Order dahingehend verändern, dass man auch bereit ist, zu einem geringeren Preis zu verkaufen; das erhöht die Anzahl der nachgefragten Aktien. In diesem Beispiel werden zu 83,23 Dollar weitere 10.000 Aktien nachgefragt.

Ihnen ist vielleicht aufgefallen, dass in dem Augenblick, wo der Screenshot gemacht wurde, der beste Ask-Preis bei 83,24 Dollar liegt und der beste Bid-Preis

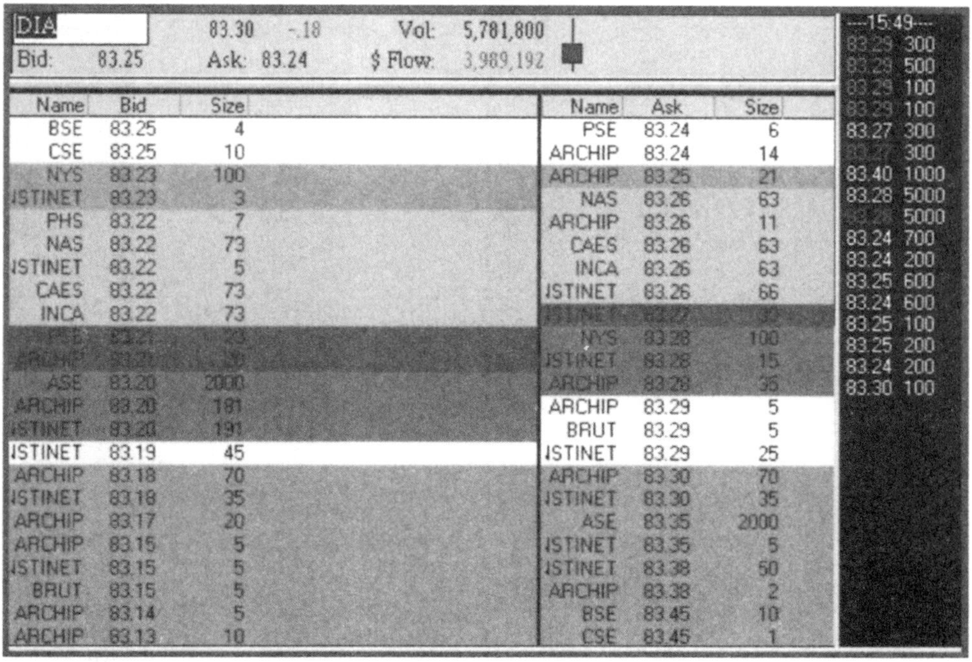

Diamantenindex (DIA)

bei 83,25 Dollar. Somit ist der Bid-Preis höher als der Ask-Preis. Dies bezeichnet man auch als einen verriegelten Markt. Für gewöhnlich ist so ein Phänomen nicht von Dauer, und die Preisdiskrepanz wird schnell behoben. Nichtsdestoweniger sollten Sie keine Probleme haben, eine Short-Position aufzubauen, solange genug Aktien nachgefragt werden.

Im nächsten Screenshot sehen Sie Level-II-Daten von eBay.

Betrachtet man nun die Daten von eBay, erkennt man schnell, dass man bei einer Limit-Order bei 90,42 Dollar kein Problem mit einer Ausführung des Leerverkaufs haben sollte, da die Order einerseits 0,03 Dollar unter dem aktuellen Bid-Preis ist und die Aktie andererseits gerade einen Up-Tick gemacht hat. Auch wenn gerade mehr Verkäufer auf der Ask-Seite sind, ist es dennoch nicht unwahrscheinlich, dass eine Order exekutiert würde. Hierzu sollte man aber einen Blick außerhalb der Inside-Preise werfen. Hier kann man nämlich erkennen, dass es fast zu einem Equilibrium an Käufern und Verkäufern kommt, wenn man sich weit genug von den Inside-Preisen entfernt. Außerdem weist die Aktie von eBay für gewöhnlich ein hohes Momentum auf, und somit sollte eine Verkaufsorder unter dem besten Bid-Preis auf jeden Fall ausgeführt werden.

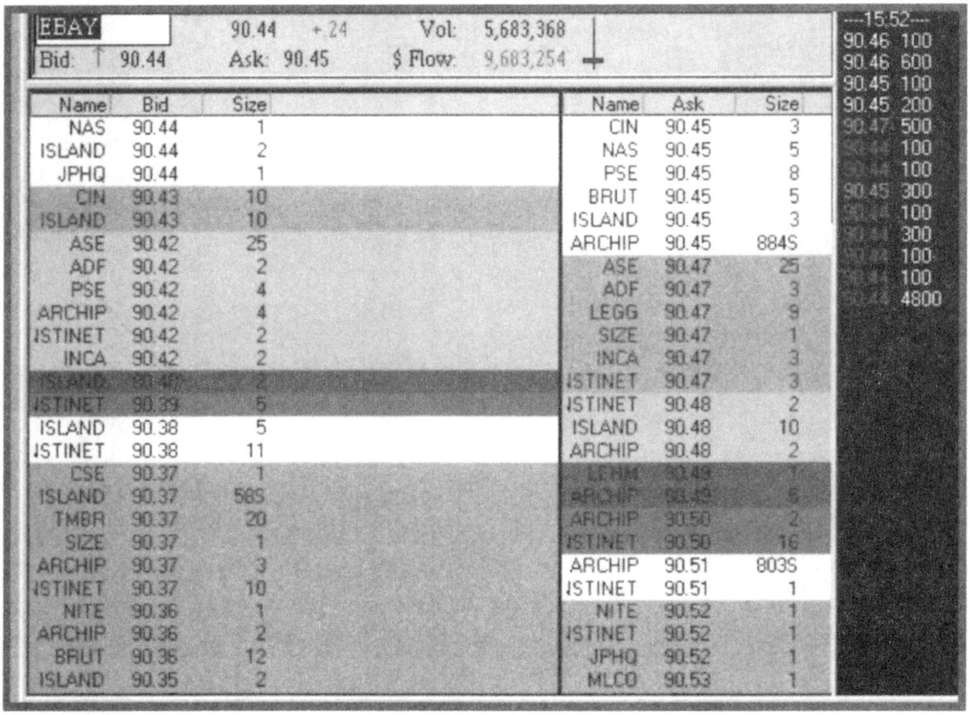

eBay Level-II-Daten

Wenn Aktien starker Liquidität, wie eBay, flach notieren beziehungsweise leicht steigen, sollte es generell zu keinen Problemen bei der Ausführung kommen. Die meisten Trader hingegen warten immer darauf, dass der große Ausverkauf beginnt, und wollen dann auf den fahrenden Zug aufspringen. Da jedoch fallende Kurse daraus resultieren, dass es mehr Verkäufer als Käufer im Markt gibt, kann es schwer werden, eine Ausführung für eine Short-Order zu erlangen. Wird die Order von diesen Tradern nun ausgeführt, kann es sein, dass die Abwärtsbewegung schon wieder vorbei ist, und ihnen bleibt nichts mehr übrig als zu hoffen, dass sie die Talfahrt fortsetzen werden. Oftmals gehen solche Trades aber gehörig daneben. Die Order wird erst bei der Bodenbildung ausgeführt, die Aktie gewinnt wieder an Kraft, Käufer kommen in den Markt, und der Leerverkauf erweist sich als sattes Verlustgeschäft.

Ich persönlich mag es, Dinge zu tun, die sonst kein anderer macht. Wenn alle Marktteilnehmer extrem bullish sind, beginnen sie, wie wild zu kaufen. Wenn nun aber die Zahl der Käufer immer mehr abnimmt, kommt es zu einer Top-Bildung, und die einzigen verbleibenden Marktteilnehmer sind Verkäufer. Somit beginnt der Kurs zu fallen. Dasselbe gilt natürlich für den umgekehrten Fall: Wenn viele Marktteilnehmer bearish eingestellt sind, beginnt der Kurs zu fallen, doch irgendwann gehen dem Markt die Verkäufer aus, und nur noch die Käufer bleiben über. Das ist der Zeitpunkt einer Bodenbildung. Da ich aber ein Trend-Trader bin, versuche ich für gewöhnlich, starke Marktbewegungen mitzumachen und Trades mit hohen Erfolgsaussichten einzugehen. Dies verbessert das Verhältnis von Chance und Risiko noch mehr.

Wie bei jedem Trade sollten Sie auch bei einem Short-Trade sofort eine Stopp-Loss-Order eingeben, nachdem Sie den Trade eingegangen sind. Wo Sie diese platzieren, hängt ganz von Ihrer Risikofreudigkeit ab. Im weiteren Verlauf des Buches werde ich noch mehrmals auf diese Thematik eingehen.

Shorten unter Mithilfe von technischer Analyse

Da eine detaillierte Beschreibung aller Werkzeuge der technischen Analyse den Rahmen dieses Buches sprengen würde, möchte ich nur ein paar von ihnen vorstellen, die Ihnen beim Eingehen von Leerverkäufen vielleicht von Nutzen sein können. Wenn Sie noch mehr über technische Analyse lernen oder erfahren möchten, rate ich Ihnen, sich Bücher zu kaufen, die sich speziell mit dieser Thematik auseinander setzen. Sie können natürlich auch gerne unsere Homepage www.trendfund.com besuchen und sich dort unsere neuesten Buchempfehlungen anschauen. Im Kapitel »Gaps traden – mit der technischen Analyse« werde ich noch ein paar zusätzliche Techniken vorstellen, die Sie ohne weiteres auch für das Leerverkaufen von Aktien heranziehen können.

Über Unterstützung und Widerstand

Unterstützungen und Widerstände können beim Festlegen von Ein- und Ausstieg bei Leerverkäufen von Nutzen sein. Für diejenigen unter Ihnen, denen diese Begriffe neu sind, werde ich kurz auf beide eingehen.

Wenn eine Aktie steigt, erreicht sie irgendwann ein Level, an dem viele Marktteilnehmer glauben, dass die Aktie nun zu teuer sei. Viele Investoren sehen daher von einem Engagement ab. Viele Inhaber der Aktien werden sich zwar über den buchmäßigen Profit freuen, den ihr Investment abgeworfen hat, sie wollen aber dennoch ihren Profit gänzlich oder teilweise realisieren und verkaufen ihre Anteile. Irgendwann hört die Aktie auf jeden Fall auf zu steigen, aus welchen Gründen auch immer. Das Level, an dem dies passiert wird auch Widerstand genannt.

Dasselbe gilt natürlich auch für Aktien, deren Preise sinken. An irgendeinem Punkt der Talfahrt erachten die Marktteilnehmer das Papier für »billig« und kaufen es. Es ist natürlich auch möglich, dass Trader ihre Short-Positionen decken wollen und die Aktie nun zum niedrigeren Preis zurückkaufen, um ihre Buchgewinne zu realisieren. Der Punkt, bei dem die Kursverluste aufhören, wird als Unterstützung bezeichnet. Der folgende Chart zeigt Beispiele von Unterstützung und Widerstand.

Den Widerstand shorten

Natürlich kann man Widerstände als Einstiegspunkte für Short-Positionen nutzen. Wenn Widerstände erreicht werden, prallt der Kurs oftmals förmlich ab. Auf dem Chart von MMM ist deutlich zu sehen, wie so etwas aussieht, auch wenn es nur von temporärer Natur sein sollte.

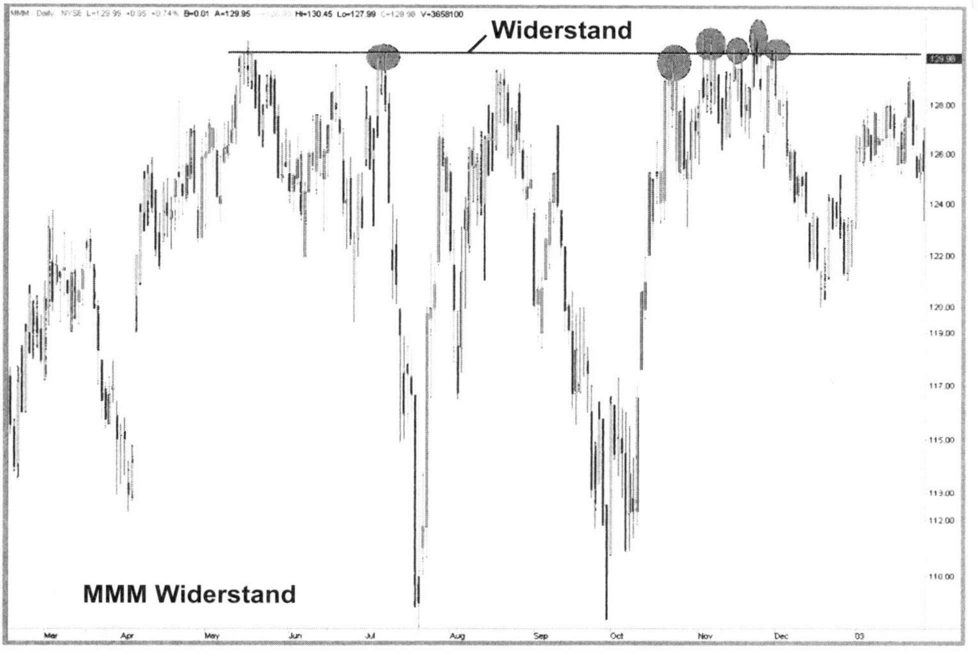

Die oben eingezeichnete Linie stellt diesen Widerstand dar. Da der Kurs von MMM immer wieder an dieser Preismarke scheiterte beziehungsweise ihn nicht deutlich brechen konnte, kann man von einem bestätigten Widerstand sprechen. Generell kann man sagen: Je öfter ein Widerstand hält, desto größer wird seine Aussagekraft.

Beachten Sie bitte, dass nach jeder Berührung des Widerstandes der Kurs eine deutliche Abwärtsbewegung antrat. Wenn Sie nun auf solch ein Bild in einem Chart treffen, können Sie diese Widerstände als Einstiegspunkte für einen Leerverkauf heranziehen. Hätten Sie dies im oben gezeigten Bild konsequent getan, hätten Sie eine Reihe hochprofitabler Trades gemacht.

Nachdem Sie nun eine Short-Order am Level des Widerstandes gesetzt haben und diese ausgeführt wurde, sollten Sie umgehend eine Stopp-Loss-Order setzen, die knapp über dem Widerstand liegt. Sollte der Widerstand nun gebrochen werden, müssen Sie sich nur über minimale Verluste ärgern. Der Bruch eines bedeutenden Widerstandes spricht immer für Stärke, und deutliche Kursanstiege sind nicht selten. Geben Sie Ihrer Order allerdings genug Luft, damit sie nicht schon bei einem kurzzeitigen Bruch des Widerstandes ausgelöst wird. Ansonsten könnte Ihnen ein sehr profitabler Trade doch noch entgehen.

Das Chance-Risiko-Profil solcher Trades ist natürlich immer äußerst attraktiv. Auf der einen Seite können Sie Ihren Stopp-Loss ziemlich nah an den Punkt der Ausführung ziehen, auf der anderen Seite befinden Sie sich auch noch auf der richtigen Seite des Trends. Ein schon mehrmals getesteter Widerstand spricht außerdem sehr stark für ein Abprallen der Kurse, was den Trade noch interessanter macht. Wie schon beschrieben, haben Widerstände, die öfter getestet wurden, eine nicht zu vernachlässigende Aussagekraft. Und auf der anderen Seite sind Ihre Verluste, selbst wenn der Widerstand gebrochen würde, sicherlich verkraftbar.

Obwohl sich dieses konkrete Beispiel um das Leerverkaufen von Aktien handelt, können Sie es natürlich auch auf das Eingehen von Long-Positionen umlegen. Nähert sich der Preis der Aktie einer Unterstützung, kann ein Investment äußerst attraktiv sein. Weiters bietet sich diese Kursmarke auch für das Glattstellen einer Short-Position an. In diesem Fall sollte man den Chartverlauf sehr aufmerksam beobachten. Denn schon oft waren Unterstützungszonen die Initialzündung für Kursanstiege. Wenn Sie noch nicht bereit sind, Ihre Position glattzustellen, rate ich Ihnen, den Stopp zumindest nachzuziehen, um Ihre Gewinne teilweise zu sichern. Vergessen Sie nicht, dass noch kein einziger Trader daran zu Grunde gegangen ist, dass er seine Profite realisiert hat.

Den Bruch einer Unterstützung shorten

Der Bruch einer Unterstützung ist ein klares Anzeichen von Schwäche. Dieser Bruch ist ein Indikator dafür, dass sich die Anzahl der Käufer reduziert beziehungsweise sich die Anzahl der Verkäufer erhöht. Somit eignen sich solche Break-outs hervorragend für den Einstieg in Short-Positionen.

Wenn Sie nun einen Blick auf den Chart werfen, wird Ihnen auffallen, dass der Abwärtstrend nach dem Bruch der Unterstützung ungebremst fortgesetzt wurde. Um solch einen Break-out zu traden, sollten Sie Ihre Order knapp unter der Unterstützung platzieren, den Stopp-Loss knapp darüber. Sollten die Kurse nämlich knapp unter der Unterstützung beginnen zu drehen, haben Sie Ihren Verlust immer noch stark begrenzt. Welchen Grund solch eine Trendumkehr unterhalb der Unterstützung auch immer haben sollte, ist egal. Denn der Trade läuft ganz einfach nicht nach Plan. Und wenn ein Trade nicht nach Plan läuft, dann ist es besser, seine Verluste auf ein Minimum zu beschränken.

Genau wie beim Shorten von Widerständen ist es auch hier notwendig, dem Stopp ein wenig Luft zum Atmen zu geben. Da Widerstände und Unterstützungen nicht immer auf dem exakt gleichen Level auftreten, sondern von Test zu Test ein wenig differieren können, sollten Sie versuchen, nicht von schwachen und wenig aussagekräftigen Kursbewegungen um die Früchte ihres Trades gebracht zu werden.

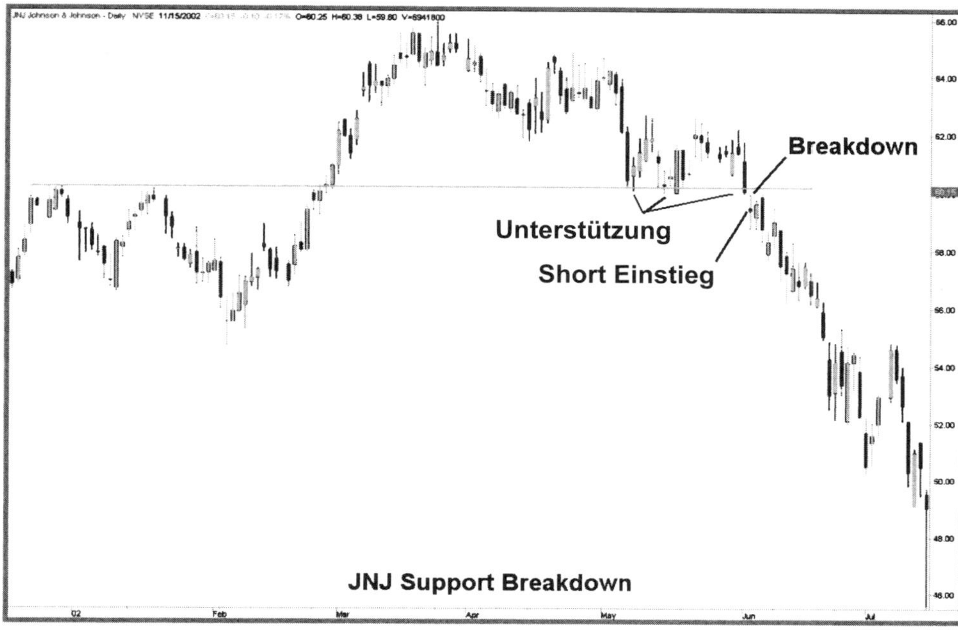

Hier sehen Sie ein weiteres Beispiel des Bruches einer Unterstützung anhand von DNA.

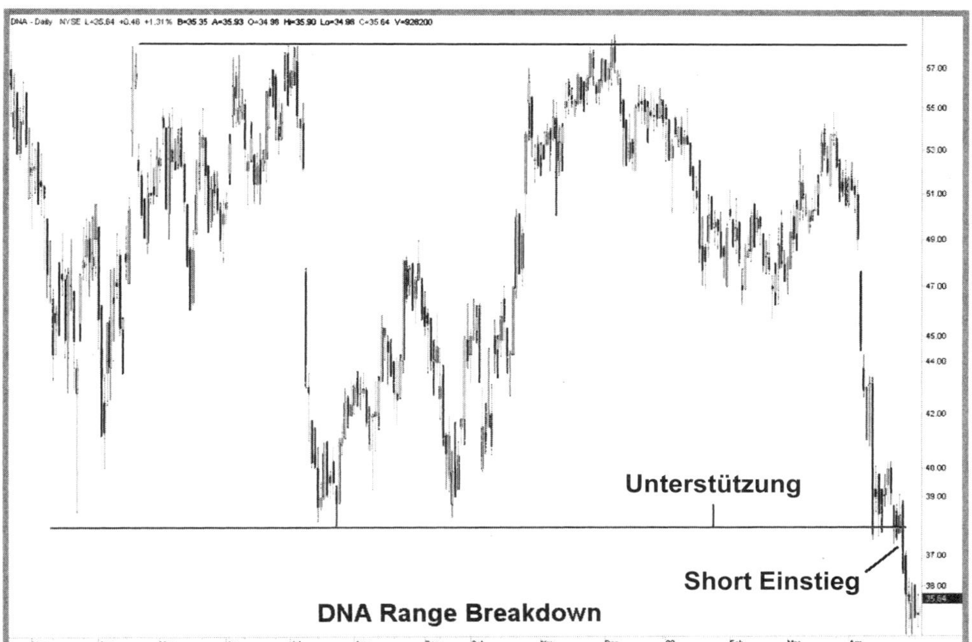

Auf diesem Chart können Sie erkennen, innerhalb welcher Grenzen sich die DNA-Aktie über ein paar Monate hinweg entwickelt hat. Hier hätten Sie ohne weiteres eine Short-Position eröffnen können, nachdem die Unterstützung gebrochen wurde. Natürlich hätten Sie auch in diesem Fall sofort eine Stopp-Loss-Order hinterherschicken müssen, um ihre potenziellen Verluste zu begrenzen, wenn sich der Preis der Aktie nicht nach Ihren Wünschen entwickelt hätte.

Genau wie bei Widerständen gilt auch bei Unterstützungen, dass ihre Aussagekraft mit jedem weiteren Test ansteigt. Genau aus diesem Grund stellen Brüche dieser Unterstützungen interessante Handlungsmöglichkeiten dar, denn wenn eine aussagekräftige Unterstützung gebrochen wird, ist das ein deutlicher Indikator für Schwäche. Auch in diesem Fall kann das Chance-Risiko-Profil äußerst attraktiv sein, wenn man bedenkt, dass man seinen Stopp-Loss knapp über der alten Unterstützung platziert.

Shorten von schwach gehandelten Aktien

Bei schwach gehandelten Aktien handelt es sich um Wertpapiere, deren tägliches Volumen nur sehr gering ist. Für gewöhnlich sind sowohl die Frequenz, mit der getradet wird, als auch die Anzahl und die Größe der Positionen, die getradet werden, eher gering. Wie schon erwähnt, können solche Aktien sehr verlockende Anlagemöglichkeiten sein, doch auch das Risiko steigt mit der wachsenden Profitchance an.

Hier ist eine Liste an Dingen, die Sie unbedingt beachten sollten, wenn Sie sich dazu entscheiden, solche Papiere zu handeln. Einige Punkte auf dieser Liste stellen Vorteile, andere Nachteile dar, und manche können einem zum Verhängnis werden, wenn man gerade auf der falschen Seite des Marktes steht.

- Die Kurse können sich äußerst schnell bewegen.
- Die Kontrolle über die Ausführung von Orders wird schwieriger.
- Es ist möglich, andere Trader und sogar den Market-Maker zu »täuschen«.
- Es können sich Schwierigkeiten beim Decken der Position ergeben.
- Spreads sind oft größer als bei gewöhnlichen Aktien.
- Short Squeezes treten häufiger auf.

Über Aktien mit niedrigem Volumen

Da das Volumen von wenig getradeten Aktien eher gering ist, können einzelne Großtransaktionen den Preis in kurzer Zeit stark beeinflussen. Sollte sich der

Kurs nach Ihren Vorstellungen entwickeln, ist dies für Sie natürlich hervorragend. Sie können innerhalb kürzester Zeit ordentliche Gewinne einheimsen. Auf der anderen Seite kann Ihnen aber auch das genaue Gegenteil widerfahren, und Sie müssen enorme Verluste hinnehmen, ehe Sie die Möglichkeit haben, Ihre Position glattzustellen. Ganz gegenteilig entwickeln sich Aktien wie MSFT. Durch das hohe Volumen, das Tag für Tag generiert wird, sind starke Kursbewegungen eher die Ausnahme (außer es werden wichtige Zahlen veröffentlicht). Wenig getradete Wertpapiere hingegen können innerhalb weniger Minuten und Stunden rasante Kursbewegungen verfolgen. Ich werde später anhand von Level-II-Daten noch näher auf diese Problematik eingehen.

Käufer beziehungsweise Verkäufer sind vielleicht nicht immer präsent, wenn es um Geschäfte mit schwach gehandelten Aktien geht. Daraus ergibt sich, dass man weniger Kontrolle über die Ausführung eines einzelnen Trades hat, als wenn man mit Aktien hoher Liquidität handelt. Wenn Sie beispielsweise eine Aktie traden wollen, deren Volumen bei rund 20.000 Stück pro Tag liegt, haben Sie vermutlich kein Problem, wenn Sie nur 100 Aktien handeln wollen. Wollen Sie allerdings mit einer Positionsgröße agieren, die jene von 100 Aktien bei weitem übertrifft (wie ich es gerne tue), dann kann Ihre einzelne Order schon ordentliche Auswirkungen auf den Kurs der Aktie haben. In diesem Fall könnten sich jedoch Probleme sowohl beim Eingehen als auch beim Schließen eines Trades ergeben.

Ein weiterer wichtiger Faktor beim Handel mit Aktien niedrigen Volumens ist der Preis-Spread. Der Unterschied zwischen dem besten Ask- und dem besten Bid-Preis kann deutlich differieren. Wenn bei stark getradeten Aktien wie MSFT oder INTC der Spread bei lediglich 0,01 oder 0,02 Dollar liegt, kann der Spread bei Aktien schwacher Liquidität schon bei 0,10 Dollar, 0,20 Dollar oder sogar noch höher liegen. Nachdem Sie eine Position eingegangen sind, können Sie schon einen deutlichen Buchverlust erlitten haben, noch bevor die Aktie den ersten Tick macht. Auf der anderen Seite kann Ihnen ebendieser Spread zu ordentlichen Gewinnen verhelfen, indem Sie die Kursdifferenz zu ihren Gunsten einstreichen.

Das folgende Beispiel zeigt Level-II-Daten von PRX, einer schwach getradeten Aktie, die an der NYSE notiert.

Anhand der abgebildeten Level-II-Daten können Sie erkennen, dass die offerierte Anzahl an Aktien sowohl auf der Ask- als auch der Bid-Seite sehr gering ist. Obwohl der momentan beste Bid-Preis bei 43,65 Dollar liegt, ist zu beachten, dass lediglich 500 Aktien zu diesem Kurs angeboten werden. Und diese Anzahl beträgt bis zum Preis von 43,01 Dollar kumuliert auch nur knapp 1.000 Aktien. Auf der anderen Seite werden nur 400 Aktien bis zu einem Preis von 43,94 Dollar angeboten. Das nächste Angebot liegt dann bei 44,49 Dollar.

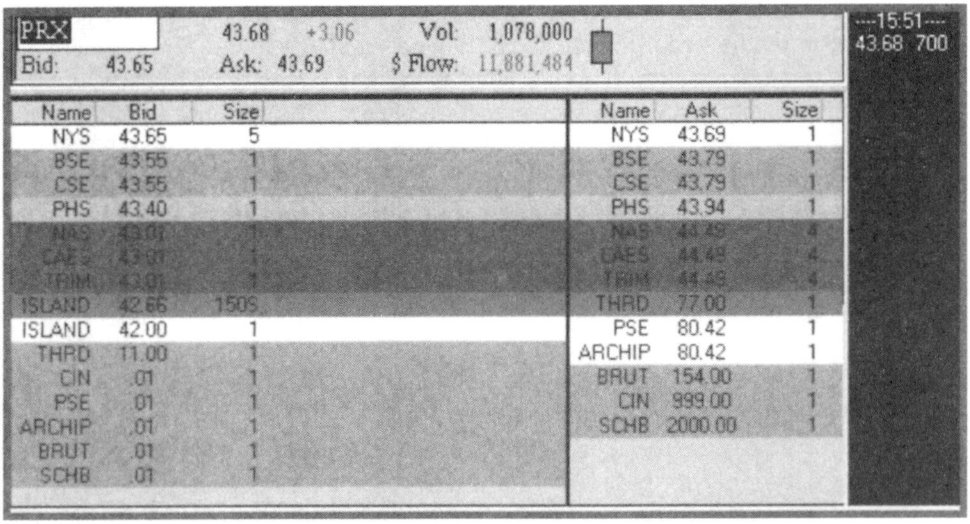

PRX | 43.68 | +3.06 | Vol: 1,078,000 | ---15:51--- 43.68 700

Bid: 43.65 | Ask: 43.69 | $ Flow: 11,881,484

Name	Bid	Size	Name	Ask	Size
NYS	43.65	5	NYS	43.69	1
BSE	43.55	1	BSE	43.79	1
CSE	43.55	1	CSE	43.79	1
PHS	43.40	1	PHS	43.94	1
NAS	43.01	1	NAS	44.49	4
CAES	43.01	1	CAES	44.49	4
TRIM	43.01	1	TRIM	44.49	4
ISLAND	42.66	150S	THRD	77.00	1
ISLAND	42.00	1	PSE	80.42	1
THRD	11.00	1	ARCHIP	80.42	1
CIN	.01	1	BRUT	154.00	1
PSE	.01	1	CIN	999.00	1
ARCHIP	.01	1	SCHB	2000.00	1
BRUT	.01	1			
SCHB	.01	1			

PRX Level-II-Daten

Nehmen Sie nun an, Sie hätten 3.000 dieser Aktien geshortet und müssten Ihre Position so schnell wie möglich glattstellen. Momentan wären bis zum Preis von 44,49 Dollar aber lediglich 1.600 Aktien verfügbar. Somit bleibt es der Phantasie überlassen, zu welchem Preis Ihre Order ausgeführt wird, wenn Sie Ihre ganze Position schließen wollen. In diesem Fall sind Sie ziemlich sicher dem Market-Maker ausgeliefert. Eine komplette Ausführung eine Order über 3.000 Aktien scheint sehr unwahrscheinlich. Sobald der Market-Maker Ihre 3.000-Aktien-Order eingehen sähe, würde er wohl umgehend den momentanen Inside-Ask-Preis nach oben revidieren, und das vermutlich auf über 44,00 Dollar. Wie Sie nun erkennen können, kann es sehr kostspielig sein, aus so einer schwach getradeten Aktienposition wieder rauszukommen. Es ist daher ratsam, nicht sofort die ganze Position glattzustellen, weil Sie damit dem Market-Maker hilflos ausgeliefert sind und zu einem sehr unvorteilhaften Preis die Ausführung Ihrer Order erlangen würden.

Auf der nächsten Seite sehen Sie ein weiteres Beispiel einer schwach gehandelten Aktie. Es handelt sich um INFY, die an der Nasdaq notiert.

Wie Sie auf dem Screenshot erkennen können, handelt es sich auch in diesem Fall um eine Aktie schwacher Liquidität. Innerhalb der Inside-Preise sind keine größeren Orders sichtbar. Auffällig ist auch der bedeutende Spread von 0,12 Dollar, welcher der Differenz zwischen dem besten Bid-Preis von 43,43 Dollar und dem besten Ask-Preis von 43,55 Dollar entspricht. Auch

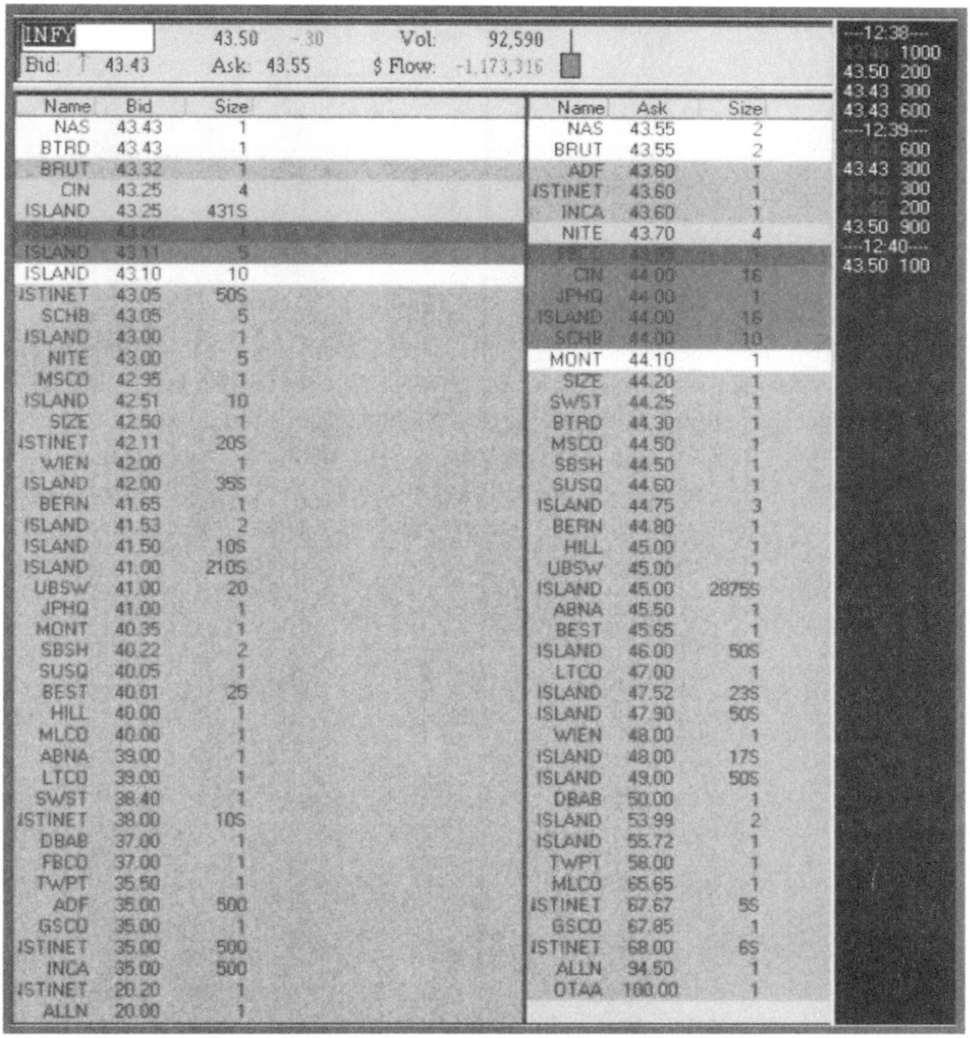

INFY 43.50 -.30 Vol: 92,590
Bid: 43.43 Ask: 43.55 $ Flow: -1,173,316

Name	Bid	Size
NAS	43.43	1
BTRD	43.43	1
BRUT	43.32	1
CIN	43.25	4
ISLAND	43.25	431S
ISLAND	[illegible]	1
ISLAND	43.11	5
ISLAND	43.10	10
ISTINET	43.05	50S
SCHB	43.05	5
ISLAND	43.00	1
NITE	43.00	5
MSCO	42.95	1
ISLAND	42.51	10
SIZE	42.50	1
ISTINET	42.11	20S
WIEN	42.00	1
ISLAND	42.00	35S
BERN	41.65	1
ISLAND	41.53	2
ISLAND	41.50	10S
ISLAND	41.00	210S
UBSW	41.00	20
JPHQ	41.00	1
MONT	40.35	1
SBSH	40.22	2
SUSQ	40.05	1
BEST	40.01	25
HILL	40.00	1
MLCO	40.00	1
ABNA	39.00	1
LTCO	39.00	1
SWST	38.40	1
ISTINET	38.00	10S
DBAB	37.00	1
FBCO	37.00	1
TWPT	35.50	1
ADF	35.00	500
GSCO	35.00	1
ISTINET	35.00	500
INCA	35.00	500
ISTINET	20.20	1
ALLN	20.00	1

Name	Ask	Size
NAS	43.55	2
BRUT	43.55	2
ADF	43.60	1
ISTINET	43.60	1
INCA	43.60	1
NITE	43.70	4
[illegible]	[illegible]	1
CIN	44.00	16
JPHQ	44.00	1
ISLAND	44.00	16
SCHB	44.00	10
MONT	44.10	1
SIZE	44.20	1
SWST	44.25	1
BTRD	44.30	1
MSCO	44.50	1
SBSH	44.50	1
SUSQ	44.60	1
ISLAND	44.75	3
BERN	44.80	1
HILL	45.00	1
UBSW	45.00	1
ISLAND	45.00	2875S
ABNA	45.50	1
BEST	45.65	1
ISLAND	46.00	50S
LTCO	47.00	1
ISLAND	47.52	23S
ISLAND	47.90	50S
WIEN	48.00	1
ISLAND	48.00	17S
ISLAND	49.00	50S
DBAB	50.00	1
ISLAND	53.99	2
ISLAND	55.72	1
TWPT	58.00	1
MLCO	65.65	1
ISTINET	67.67	5S
GSCO	67.85	1
ISTINET	68.00	6S
ALLN	94.50	1
OTAA	100.00	1

---12:38---	
[illegible]	1000
43.50	200
43.43	300
43.43	600
---12:39---	
[illegible]	600
43.43	300
[illegible]	300
[illegible]	200
43.50	900
---12:40---	
43.50	100

INFY

wenn Ihre gesamte Short-Position zum besten Bid-Preis ausgeführt werden würde, müssten Sie immer noch 0,12 Dollar verdienen, um ohne Verlust dazustehen.

Wie man aus den letzten beiden Beispielen wunderbar ableiten kann, ist es von großem Vorteil, wenn man sich gerade bei schwach gehandelten Aktien auf der richtigen Seite befindet, da sich die Kurse nicht nur äußerst stark, sondern auch äußerst schnell entwickeln können. Wenn Sie allerdings auf der falschen

Seite des Marktes stehen, kann Ihnen allein die Ausführung Ihrer Order 0,50 Dollar oder mehr je Aktie kosten.

Es hängt nun natürlich von Ihrer persönlichen Risikopräferenz ab, ob Sie tatsächlich solche Aktien handeln wollen. In diesem Fall spiegelt das Trading das Leben wider: Je höher die Chance, desto höher auch das Risiko.

Die anderen täuschen

Ein Punkt, über den ich in einem der vorigen Kapitel schrieb, betraf das Täuschen von anderen Tradern beziehungsweise Market-Makern, wenn es um den Handel mit Aktien niedrigen Volumens geht. Ein Trick, den ich »Die Presse« nenne, hat mir schon das eine oder andere Mal zu satten Profiten verholfen. Wenn Sie diesen Trick allerdings ausführen und Ihren Risiko- und Money-Management-Regeln dennoch treu bleiben wollen, brauchen Sie schon ein sehr großes Konto.

Für diejenigen von Ihnen, die es dennoch versuchen wollen, werde ich nun beschreiben, wie so eine »Presse« funktioniert. Nehmen wir noch einmal die Level-II-Daten von INFY (letztes Beispiel) unter die Lupe. Nehmen wir nun an, dass ich schon 3.000 Aktien zu einem Preis von 43,55 Dollar leerverkauft hätte, meine Position jetzt aber glattstellen will. Nun platziere ich eine weitere Verkaufsorder leicht oberhalb der Inside-Preise. Wo genau diese Order nun gesetzt werden muss, hängt natürlich von dem individuellen Trade ab, in diesem Fall würde ich aber eine Verkaufsorder über 5.000 Aktien bei 43,56 oder 43,57 Dollar platzieren. Ich suche einen leicht höheren Preis als den momentan besten Ask-Preis, der in diesem Fall genau 43,55 Dollar beträgt. Obwohl ich in diesem Fall nie die Absicht hatte, weitere 5.000 Aktien zu shorten, kann es durchaus sein, dass meine Order erfüllt wird. Aus diesem Grund ist es sehr wichtig, sich nur auf solch eine Taktik einzulassen, wenn die ungewollte Ausführung der Order nicht zu signifikanten Problemen führt. Das ist auch der Grund, warum ich vorher erwähnt habe, dass diese Technik eher etwas für Trader mit größeren Konten ist.

Der Trick bei dieser Technik besteht nunmehr darin, die anderen Marktteilnehmer glauben zu lassen, dass enormer Verkaufsdruck besteht. Es ist auch nicht ungewöhnlich, dass sich Trader meiner Order anschließen und der Verkaufsdruck somit tatsächlich steigt.

Wenn alles gut geht, dann werden die potenziellen Verkäufer durch die Daten am Level-II-Screen dermaßen verunsichert, dass sie ihre Kauforders wieder zurückziehen oder gar nicht erst setzen. Daraus resultiert natürlich ein deutlicher Kursrückgang, der mir ein Glattstellen meiner Position erleichtert. Und das noch zu einem für mich vorteilhafteren Preis.

Dieser Trick funktioniert zwar oft, allerdings nicht immer. Sie sollten somit unbedingt darauf vorbereitet sein, dass Ihre Order tatsächlich ausgeführt wird und Sie hohe Verluste einstreichen müssen. Sie müssen Ihr Auge unbedingt immer auf den besten Ask-Preis werfen, da Sie ja vermeiden wollen, dass Ihre Order ausgeführt wird. Sollte sich dieser Preis also dem Preis Ihrer Order nähern, sollten Sie bereit sein, die Order schnell zu stornieren oder auf ein höheres Preisniveau zu heben. Sollte jedoch alles nach Wunsch verlaufen, sollten Sie ebenfalls Ihre Order anpassen. Und zwar nach unten. Das erhält die Illusion des Verkaufsdrucks noch länger aufrecht. Wichtig ist auch in diesem Fall, dass man sich knapp oberhalb des Inside-Preises bewegt.

Diese Technik funktioniert vor allem in sich langsam bewegenden Märkten. Sollten sich die Kurse einer Aktie momentan sehr stark bewegen, rate ich Ihnen von dieser Technik ab. Sie dürfen natürlich nicht vergessen, dass Sie immer noch eine Position von 3.000 leerverkauften Aktien besitzen, die Sie glattstellen wollen. Nachdem Sie den Aktienkurs nun »gepresst« haben, können Sie durchaus damit rechnen, dass der Preis um die 0,50 Dollar in Ihre Richtung gelaufen ist.

Der große Squeeze

Wie schon erwähnt, können Short Squeezes jederzeit vorkommen, wenn man gerade eine Short-Position hält. Tritt so ein Squeeze allerdings bei Aktien niedrigen Volumens auf, kann man sehr schnell sein blaues Wunder erleben. Sollten Sie nämlich auf der falschen Seite des Squeezes stehen, kann das sehr schnell sehr schlimme Folgen für ihr Trading-Konto haben.

Ich habe in den letzten Kapiteln immer wieder auf die Risiken hingewiesen, die das Traden mit Aktien geringer Liquidität mit sich bringt. In diesem Fall können diese Risiken noch viel dramatischere Ausmaße annehmen. Ein Short Squeeze kann andere zum schnellen Geld bringen, allerdings auf Ihre Kosten. Der Kursverlauf könnte sich dramatisch gegen Sie richten. Ein weiteres Problem stellt das Glattstellen der Position dar. Vermutlich wird sich die Zahl der Käufer bei dramatischen Kurseinbrüchen eher reduzieren, was es für Sie noch viel schwieriger macht, Ihre Position zu decken. Stellen Sie sich nun vor, sie wären auf der anderen Seite. Nehmen Sie an, Sie hätten eine Long-Position. Warum sollten Sie verkaufen, wenn die Aktien permanent steigen? Sie würden wohl eher warten, bis es zu einer Top-Bildung kommt.

Der folgende Chart von RMBS illustriert ganz deutlich, wie sich so ein Short Squeeze grafisch äußert.

Wie Sie sehen können, kann ein Short Squeeze dramatische Kursbewegungen zur Folge haben. RMBS hat sich in letzter Zeit ein bisschen widersprüchlich verhalten. So wurde diese Aktie just zu jenem Moment stark geshortet, als positive Unternehmensnachrichten veröffentlicht wurden. Innerhalb weniger Tage konnte sich der Aktienpreis mehr als verdoppeln. Als der Preis seinen Anstieg antrat, wurden viele Trader einfach ausgestoppt oder ganz einfach gezwungen, ihre Short-Positionen glattzustellen. Dies hatte dann natürlich weitere Kursanstiege zur Folge. Jetzt sprangen auch die Letzten auf den fahrenden Zug auf und kauften auch noch Aktien, was den Preis weiter trieb.

Sollten Sie gerade eine Long-Position halten, wenn es zu einem Short Squeeze kommt, dann können Sie sich sehr glücklich schätzen. Glücklicherweise war genau dies der Fall, als es zu dieser Preisbewegung kam. So konnten wir innerhalb weniger Tage einen netten Profit realisieren. Beim Betrachten der Level-II-Daten ist mir aufgefallen, dass die Aktie sehr stark geshortet wird. Dies machte einen Short Squeeze für mich relativ wahrscheinlich, sollten die Unternehmensnachrichten positiv sein. Dass die Nachrichten dann gleich so positiv waren, war ein zusätzlicher Bonus. Wie Sie sehen können, war der Payoff bei diesem Trade wirklich großartig. Die Trader auf der anderen Seite haben hingegen eine schmerzliche Erfahrung gemacht.

In einen Short Squeeze zu geraten ist natürlich ein Worst-Case-Szenario. Nichtsdestotrotz sollten Sie immer mit solch einem Szenario kalkulieren, wenn Sie einen Short-Trade eingehen. Sollte es sich zusätzlich noch um Aktien mit niedriger Liquidität handeln, müssen Sie noch viel vorsichtiger sein, da alle Risiken des Shortens hier besonders stark und schnell zum Tragen kommen.

4

Gaps traden

Über das Traden von Gaps habe ich bereits in den Kapiteln »Intraday-Primer« und »Traden der Timeframes« erzählt. Dieses Kapitel geht nun noch näher auf die Thematik ein. In diesem Kapitel erfahren Sie, was Gaps eigentlich sind, wie sie entstehen, wann sie entstehen und vieles mehr. Beispiele, wie man sowohl Up-Gaps als auch Down-Gaps traden kann, finden Sie ebenfalls in diesem Kapitel.

Im Kapitel »Gaps traden – mit der technischen Analyse« erzähle ich Ihnen hauptsächlich darüber, wie Sie unter Mithilfe von Charts und der technischen Analyse Gaps gewinnbringend traden können. Sie werden lernen, wie man mit der technischen Analyse Kursziele festlegt und auch Einstiegs- sowie Ausstiegspunkte beim Traden von Gaps definiert.

Wie schon früher erwähnt, eignen sich Gaps, die bei Markteröffnung auftreten, hervorragend für Teilzeit-Trader. Wenn Sie lediglich ein paar Stunden am Tag traden wollen und noch dazu in den Stunden der Markteröffnung Zeit haben, dann sollten Sie dieser Technik durchaus eine Chance geben. Vollzeit-Trader sind sich des Nutzens von Gaps ohnehin bewusst. Ich kenne einige Trader, die ihren Handelstag nach einem erfolgreichen Gap-Trade bei Markteröffnung wieder beenden, weil sie den erhofften Tagesprofit schon mit dem ersten Trade erreicht haben.

Was sind Gaps?

Genau genommen gibt es nur drei Ausprägungsformen eines Aktienkurses bei Eröffnung. Entweder liegt der Kurs über, unter oder genau am Schlusskurs des Vortages.

Weicht der Preis zwischen dem letzten Schlusskurs und dem neuen Eröffnungskurs ab, dann spricht man von einem Gap. Liegt der Eröffnungspreis über dem letzten Schlusskurs, spricht man von einem Up-Gap. Liegt der Eröffnungspreis unter dem letzten Schlusskurs, ist von einem Down-Gap die Rede. Eröffnet die Aktie zu ungefähr demselben Preis, dann spricht man von einer flachen Eröffnung.

Die folgende Tabelle soll Ihnen bei der Unterscheidung behilflich sein:

Aktie	Schlusskurs	Eröffnungskurs	Differenz
INTC	24,00 $	24,62 $	0,62 $ Up-Gap
INTC	25,00 $	24,00 $	1,00 $ Down-Gap
INTC	24,20 $	24,22 $	0,02 $ Flache Eröffnung

Aktien mit beachtlicher Liquidität eröffnen kaum auf genau demselben Level des Vortages, egal ob nun stark, mittelstark oder nur leicht. Ein Gap tritt eigentlich fast immer auf. Ist die Preisdifferenz nur sehr gering, dann sollte man nicht versuchen, dieses Gap zu traden, denn es handelt sich um eine flache Eröffnung. Und bei dieser sind Preisumkehren eher unwahrscheinlich. Auf diese Problematik gehe ich später noch genauer ein.

Gaps treten natürlich nicht nur bei einzelnen Aktien auf. Auch ganze Märkte können Gaps ausbilden. Da Indizes ja eine bestimmte Ansammlung von Aktien repräsentieren, spricht ein Gap im Index dafür, dass mehrere Aktien ein Gap gebildet haben.

Der folgende Chart zeigt ein Down-Gap des Nasdaq Composite.

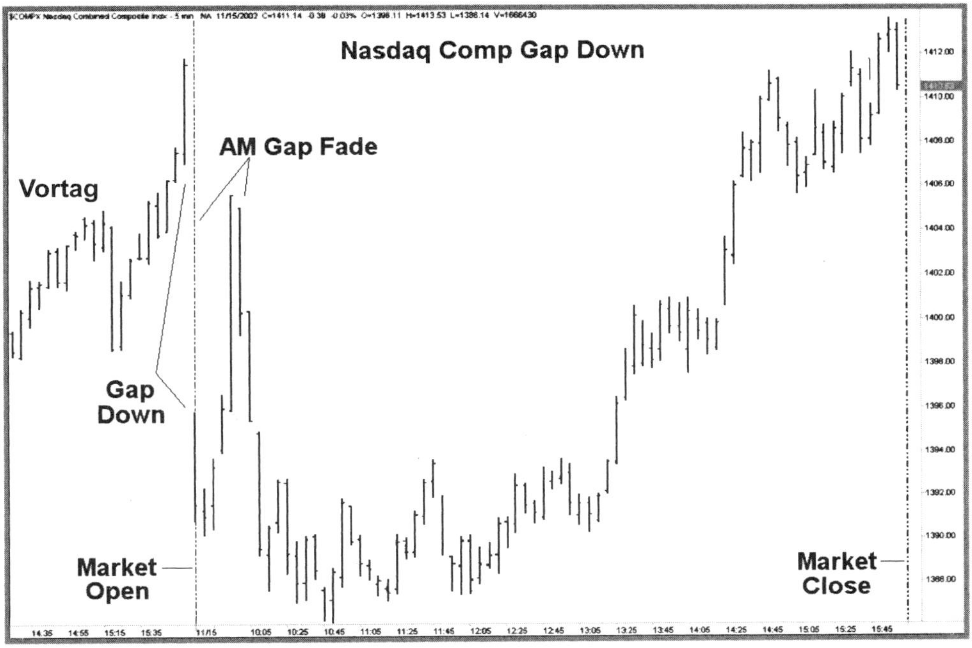

Bei diesem Chart geht es lediglich darum zu erkennen, dass der Markt deutlich niedriger eröffnet hat als zuvor. Detailliertere Analysen folgen bei den nächsten Beispielen. Was sagt dieses Down-Gap im Nasdaq nun aus? Das Down-Gap ist ein guter Inidkator dafür, dass wohl mehrere Technologiewerte an diesem Tag ebenfalls ein Down-Gap ausgebildet haben.

Wodurch entstehen Gaps?

Es gibt einige Gründe, die sich für die Bildung eines Gaps verantwortlich zeigen können. Da wären zum einen wichtige Unternehmensnachrichten, die erst nach Handelsschluss bekannt gegeben wurden, Gewinnberichte, Upgrades von Analysten, der Handel der Futures, wirtschaftliche Daten, wichtige Weltnachrichten oder ganz einfach die Differenz zwischen Angebot und Nachfrage.

Egal welcher dieser Gründe nun den Ausschlag gegeben hat: Im Endeffekt ist es immer die Abweichung zwischen Angebot und Nachfrage, die ein Gap verursachen. Dies kann bei Aktien außerhalb der regulären Marktzeiten leicht passieren, da zu dieser Zeit das Volumen eher gering ist. Somit wirken sich einzelne große Orders verhältnismäßig stark auf den Kurs einer Aktie aus. Dies gilt sowohl für große Kauforders, die einen starken Kursanstieg bewirken können, als auch für große Verkaufsorders, die einen Kurseinbruch verursachen können.

Emotionen spielen natürlich auch diesmal eine Rolle. Oftmals entstehen riesige Gaps, weil Trader auf Nachrichten überreagieren. Dies kann außerhalb der regulären Marktzeiten zu deutlichen Kurssprüngen führen, weil die Trader die Chance auf einen schnellen Profit sehen.

Wenn der Markt erst eröffnet hat, normalisiert sich der Aktienkurs für gewöhnlich, und es kommt zu einem Snapback Price Reversal. Das heißt, dass der Preis zwar eine starke Bewegung bei der Eröffnung nachvollzogen hat, die Preise aber in kurzer Zeit schon wieder normale Niveaus annehmen, da die normale Liquidität wieder eingekehrt ist. Dies ist auch auf dem Chart des Nasdaq erkennbar.

Wenn man erst einmal versteht, was sich hinter solchen Snapback Price Reversals verbirgt, bieten sich tolle Trading-Möglichkeiten. Diese Gaps zu traden bezeichnet man auch als Fading the Gap. Nachdem der Kauf- beziehungsweise Verkaufsdruck nachgelassen hat, neigt das Papier dazu, die Bewegung wieder rückgängig zu machen und wieder auf das gewohnte Kursniveau zurückzuschnalzen.

Zum Fill eines Gaps kommt es immer dann, wenn das Underlying die komplette Bewegung des Gaps in dessen Gegenrichtung nachvollzieht. Wenn eine Aktie beispielsweise bei 25,50 Dollar geschlossen hat und bei einem Kursniveau von 26,10 Dollar eröffnet, also ein Gap von 0,60 Dollar ausbildet, im Laufe einer gewissen Zeitspanne allerdings wieder auf den gestrigen Schlusskurs von 25,50 Dollar fällt, dann kommt es zu einem Gap-Fill. Viele technische Analysten gehen davon aus, dass sämtliche Gaps immer auch einen Gap-Fill erfahren. Ich persönlich denke nicht, dass wirklich allen Gaps ein Gap-Fill folgt. Dafür habe ich ganz einfach schon zu viele Beispiele gesehen, bei denen es zu keinem Gap-Fill kam. Nichtsdestotrotz ist es sehr wichtig, sich darüber im Klaren zu sein, dass eine sehr große Zahl von Gaps, vor allem im Intraday-Bereich, einen Gap-Fill erfahren. Und genau auf ihnen liegt ja unser Fokus.

Wann treten Gaps auf?

Obwohl die Größe von Gaps sehr unterschiedlich sein kein, treten Gaps beinahe täglich auf. Während eines normalen Tages treten Gaps für gewöhnlich in den ersten 30 Minuten des Tages auf. Die kurze Zeitspanne, in der die Gaps auftreten, ermöglicht es jedem Trader, auch auf Teilzeitbasis zu traden. Das Traden von Gaps kann Minuten oder gar nur Sekunden in Anspruch nehmen. Allerdings können aus Minuten auch schnell Stunden oder der ganze Handelstag werden, wenn die Aktie an Momentum gewinnt, die Gegenbewegung weiter als nur bis zum Gap-Fill führt und Sie beschließen, Ihre Position länger zu halten.

Wenn Sie auf Wochenbasis traden, dann kann ich Ihnen aus meiner persönlichen Erfahrung sagen, dass sich vor allem Montage und Freitage hervorragend für das Traden von Gaps eignen. Das soll nicht heißen, dass Sie es an anderen Tagen bleiben lassen sollten. Der Grund dafür ist die erhöhte Unsicherheit. Am Beginn einer Handelswoche ist sich noch keiner sicher, wie sich das Underlying verhalten wird. An Freitagen beherrscht die Unsicherheit über die potenziellen Ereignisse am Wochenende. Die steigende Unsicherheit führt zu erhöhter Volatilität, die wiederum größere Gaps zur Folge hat.

Obwohl es ab und zu vorkommt, dass der Handel mit einer Aktie kurzzeitig eingestellt wird, weil wichtige Neuigkeiten bevorstehen und es deshalb auch zu Gaps kommen kann, sind wir hauptsächlich an den Gaps bei Markteröffnung interessiert. Denn nur die bieten uns Tradern zuverlässige und beständige Trading-Möglichkeiten.

Den Trade planen

Obwohl die Durchführung eines Gap-Trades mitunter sehr schnell vor sich gehen kann, ist die Vorbereitung auf solche Trades unabdingbar, wenn man Erfolg haben will. Zunächst müssen Sie herausfinden, welche Aktien besonders zu Gaps neigen und wie sich diese Aktien bei der Bildung von Gaps verhalten. Um noch besser für diverse Trades gewappnet zu sein, ist es ratsam, auch die allgemeinen Neuigkeiten zu verfolgen sowie unternehmensspezifische Neuigkeiten zu lesen, die Aktivität außerhalb der normalen Handelszeiten zu beobachten, das Volumen sowie den Orderfluss zu beachten, welche Set-ups Sie vorzüglich traden wollen, wie viel Risiko Sie einzugehen bereit sind, wann Sie die Position gegebenenfalls wieder glattstellen, wie groß die Position überhaupt sein soll und Ähnliches.

Nun folgen einige generelle Tipps und Techniken, die ich persönlich anwende, wenn es zum Traden von Gaps kommt. Im Kapitel »Gaps traden – mit der technischen Analyse« gehe ich auf verschiedene Techniken und Ansätze ein, die Ihnen sowohl den Ein- als auch den Ausstieg unter Mithilfe von Charts und der technischen Analyse vorstellen.

Da es eine Vielzahl von Techniken und Werkzeugen gibt, rate ich Ihnen, beide Kapitel über das Traden von Gaps zu lesen und dann auszuwählen, welcher Ansatz Ihnen eher entspricht. Wenn der eine nicht gut für Sie funktioniert, können Sie ja immer noch auf den anderen zurückgreifen. Es kommt oft vor, dass Techniken, die für einen Trader hervorragend funktionieren, bei anderen Tradern wiederum zu keinem Erfolg führen. Doch nach einigem Herumexperimentieren und mit dem Zuwachs an Erfahrung werden Sie schnell feststellen können, welche Techniken am besten zu Ihnen passen.

Wenn Sie sich dazu entschließen sollten, die technische Analyse zu verwenden, die im nächsten Kapitel behandelt wird, dann möchte ich Ihnen dennoch dazu raten, die Informationen, die ich Ihnen in diesem Kapitel gegeben habe, ernst zu nehmen und zu verinnerlichen. Denn das folgende Kapitel stellt eine Art Ergänzung zu diesem dar.

Der tägliche Profit

Viele Trader versuchen, jeden Tag einen bestimmten Betrag zu verdienen. Ob man sich nun so ein tägliches Ziel setzt oder nicht, hängt sehr stark von der eigenen Persönlichkeit ab. Meiner Meinung nicht ist es aber nicht nur wichtig, Ziele zu haben, was das Trading betrifft, sondern auch persönliche Ziele zu verfolgen. Denn bevor Sie ihre Träume realisieren können, müssen Sie erst einmal wissen, was Ihre Ziele eigentlich sind. Danach können Sie festlegen, welche Schritte Sie zur Erreichung dieser Ziele gehen müssen. Denn kleine Zwischenziele können immer einfacher erreicht werden als das ganz große Ziel. Und bevor Sie sich's versehen, haben Sie auch schon eines Ihrer großen Ziele erreicht.

Ihre Ziele sollten auf gar keinen Fall unrealistisch sein, was nicht heißen soll, dass sie nicht schwer erreichbar sein können. Sie können sich zum Beispiel vornehmen, Multimillionär zu werden. Vielleicht werden Sie dieses Ziel nicht über Nacht erreichen können. Aber irgendwann wird es Ihnen gelingen.

Sie werden sich jetzt vielleicht fragen, warum ich über solch ein Thema spreche. Ganz einfach: Wenn Sie ein tägliches Profitziel haben, dann berührt das auch die Exit-Strategie Ihrer Gap-Trades. Nehmen wir an, Ihr tägliches Profitziel wäre 300 Dollar. Nun müssen Sie wissen, was Sie tun, wenn Sie diese Marke knacken, allerdings immer noch einige offene Position haben. An einem guten Tag könnten Sie Ihr Profitziel mit einem einzigen Gap-Trade erreichen. Wenn Sie 1.000 Aktien der XYZ AG besitzen und sich dieses Papier 0,30 Dollar in Ihre Richtung bewegt, dann hätten Sie Ihr tägliches Ziel schon erreicht. Aber was machen Sie nun? Werden Sie sofort Ihre Position glattstellen, oder werden Sie auch noch den Rest des Tages mit Trading verbringen?

Viele Trader beenden ihren Arbeitstag, wenn sie ihr Profitziel erreicht haben. Sie wollen ganz einfach nicht riskieren, den sicheren Profit wieder aus der Hand geben zu müssen. Sie schließen alle Positionen, beenden das Trading und nehmen sich den Rest des Tages frei. Andere Trader wiederum spornt ein so guter Trading-Tag an, und sie traden den ganzen Tag weiter, um noch mehr Gewinne erzielen zu können. Andere wiederum nutzen den Rest des Tages, um noch dazuzulernen und Erfahrung zu sammeln. Sie können beispielsweise neue Techniken beim Paper-Trading ausprobieren oder ganz einfach in den Demo-Modus wechseln, der Ihnen den Handel mit künstlichem Geld ermöglicht. Wenn Sie auf eine funktionierende Technik stoßen, können Sie diese dann in Ihr tatsächliches Trading aufnehmen und dies somit verbessern.

Ich möchte an dieser Stelle noch einmal erwähnen, dass die Entscheidung ganz allein von persönlichen Präferenzen abhängt und davon, wie gut Ihr persönliches Verhalten für Sie funktioniert. Wenn Sie beispielsweise in den ersten Handelsstunden ordentlich Profit machen, im Laufe des Tages jedoch die ganzen schönen Profite wieder abgeben, kann es für Sie sinnvoll sein, den Handelstag nach Erreichen Ihres Profitzieles zu beenden. Wie ich im Kapitel »Traden der Timeframes« erklärt habe, kommt es immer wieder zu »Ebben« während des Handelstages. Wenn Sie nun versuchen, diese Ebben zu traden, dann kann es sein, dass Sie sich mit kleinen oder gar keinen Gewinnen zufrieden geben müssen. Im schlimmsten Fall kommt es sogar zu Verlusten.

Wenn Sie nun darüber nachdenken, ob Sie ein tägliches Profitziel für sich definieren wollen, dann müssen Sie zunächst nachdenken, welcher Betrag sowohl vernünftig als auch realistisch ist. Dazu reicht ein Blick auf Ihr Trading-Konto. Wie Sie sich sicher vorstellen könnten, ist ein täglicher Gewinn von 50 Dollar des Trading-Kontos sehr unrealistisch. Und auch der Betrag, den jemand mit einem 5.000-Dollar-Konto erreichen will, wird von dem eines Traders mit einem 10.000-Dollar- oder 50.000-Dollar-Konto abweichen.

Da die Kontogröße eines jeden einzelnen Traders unterschiedlich groß ist, und natürlich auch die Trading-Erfahrung von Trader zu Trader variiert, ist es schwer zu sagen, welcher Betrag nun vernünftig und realistisch ist. Meiner Meinung nach sollte das tägliche Profitziel bei etwa zwei Dollar der Kontogröße liegen, besonders dann, wenn Sie es geschafft haben, die Trend-Trading-Techniken zu verinnerlichen. Wenn Sie nun im Besitz eines Trading-Kontos von 10.000 Dollar sind, wäre Ihr tägliches Profitziel 200 Dollar.

Natürlich werden Sie dieses Ziel nicht jeden Tag erreichen können. An manchen Tagen oder sogar Wochen werden Sie Geld verlieren. Wenn Sie aber auf lange Sicht erfolgreich sein wollen, dann sollten Sie in der Summe mehr Gewinn-

als Verlusttage haben. Wenn Sie Ihr tägliches Profitziel von lediglich zwei Dollar über einen langen Zeitraum oft genug erreichen, dann werden Sie staunen, wie groß ihr Trading-Konto plötzlich ist. Denn mit der Größe Ihres Trading-Kontos wächst auch die absolute Größe ihres täglichen Profitzieles.

Erwartungen und Ziele

Sowohl Ihre Erwartungen als auch Ihre Ziele haben Einfluss auf das Management Ihres einzelnen Trades und dessen Exit-Strategie. Wenn Sie angemessene Erwartungen und Ziele von Ihrem Trade haben, dann werden Sie auch eher dazu neigen, sich an Ihren vorher festgelegten Plan zu halten, als impulsive, von Emotionen getriebene Entscheidungen zu treffen. Es wird Ihnen auch dabei helfen, bessere Einstiegs- und Exit-Strategien festzulegen, Ihr Risiko zu managen und Strategien zur Gewinnmitnahme zu entwickeln.

Doch was sind nun realistische Erwartungen in einen Gap-Trade? Zunächst einmal muss man sich über mehrere Dinge im Klaren sein. Einen Gap-Trade zeichnen sowohl eine hohe Volatilität als auch ein limitierter zeitlicher Rahmen aus. Dies fordert von einem Trader natürlich die Gabe, schnell reagieren zu können. Ein Gap-Trade kann ganz schnell vorbei sein, er kann aber auch einige Stunden oder den ganzen Handelstag in Anspruch nehmen. Das hängt natürlich ganz von Ihren Zielen ab, den Zielen, die Sie sich in dem einzelnen Trade gesteckt haben. Wie viel Profit wollen Sie mit einem einzelnen Gap-Trade machen, und wie viel Ihrer Zeit darf dieser Trade in Anspruch nehmen? Gaps eröffnen Ihnen die Möglichkeit, in kürzester Zeit eine Menge Geld zu verdienen. Allerdings ist es genauso möglich, dass Sie in kürzester Zeit Geld verlieren.

Die Ziele, die Sie sich in einem einzelnen Trade stecken, beeinflussen natürlich auch den tatsächlichen Profit, den Sie mit dem Trade machen werden. Wollen Sie Ihr Trading einstellen, wenn Ihr tägliches Profitziel erreicht ist, oder halten Sie die Position noch so lange, wie es Ihnen sinnvoll erscheint? Haben Sie den ganzen Vormittag Zeit zu traden? Oder den ganzen Tag? Oder vielleicht nur eine einzige Stunde und müssen dann wieder einem anderen Job nachgehen? Haben Sie Profitziele, die Sie erreichen wollen, oder versuchen Sie, aus jedem Trade das Maximum rauszuholen? Natürlich ist das Stecken von Profitzielen ein sehr wichtiger Bestandteil des Tradings. Aber was tun Sie, wenn die Kurse gegen Sie laufen und Sie Verluste hinnehmen müssen? Es ist äußerst wichtig, dass man auch im Fall von Verlusten einen genauen Plan hat, an den man sich auch diszipliniert hält.

Dies sind nur einige Fragen, die auftreten, wenn man sich nicht im Klaren darüber ist, was eigentlich die Erwartungen und Ziele in einen einzelnen Trade sind. Und genau diese Fragen beeinflussen dann auch den tatsächlichen Profit. Doch wenn Sie sich vor einem Trade kurz Gedanken machen und Antworten auf die wichtigsten Fragen finden, dann müssen Sie später keine impulsiven oder emotionalen Entscheidungen mehr treffen. Wie man das genau tut, wird sowohl in diesem als auch im folgenden Kapitel behandelt.

Die Nachrichten verfolgen

Die Nachrichten können sowohl beim Planen als auch beim Verfolgen eines Trades von Bedeutung sein. Schon bevor die Märkte eröffnen, suche ich nach Aktien, die ein Gap ohne guten Grund aufweisen. Das heißt, dass diesem Gap keine öffentliche Nachricht vorausgegangen ist. Je größer nun das Gap, desto besser für den potenziellen Trade.

Da wir nach Aktien suchen, die ohne guten Grund gappen, ist es notwendig, sich noch einmal die Nachrichten durchzulesen beziehungsweise die Nachrichten zu verfolgen, während Sie einen Trade planen. Denn wenn Aktien ohne jede veröffentlichte Nachricht ein großes Gap ausbilden, dann ist es sehr wahrscheinlich, dass die Aktie wieder auf einen vernünftigen Aktienkurs zurückkehren wird. Sie sollten Ihre Augen besonders auf Nachrichten lenken, die den Gesamtmarkt, die spezifische Aktie und natürlich auch den Sektor, in dem sich die Aktie befindet, betreffen.

Sollten wichtige Nachrichten den Gesamtmarkt in die eine oder andere Richtung treiben, kann es ratsam sein, die Bestätigung eines Gap Reversal abzuwarten, bevor man den Trade endgültig eingeht. Sollte eine Aktie aufgrund eines Analysten-Upgrades oder wegen veröffentlichter Gewinnzahlen ein Up-Gap ausbilden, kann es sehr riskant sein, sich gegen diese Richtung zu stellen. Warum sollten Sie short gehen? Solch positive Nachrichten sind nicht der optimale Nährboden für einen Leerverkauf, eher das Gegenteil ist der Fall. Ein weiterer Kursanstieg scheint wahrscheinlich.

Sie sollten sich eher auf jene Aktien konzentrieren, die ein Gap ausbilden, ohne dass jegliche positive oder negative Nachricht in den Medien sich dafür verantwortlich zeigt. Vorzugsweise eine schwächelnde Aktie in einem schwächelnden Sektor, die Ihnen überkauft erscheint. Wenn Sie hingegen eine Long-Position nach einem Down-Gap aufbauen wollen, ist es ratsam, nach starken Aktien in starken Sektoren zu suchen. Vermeiden Sie Aktien zu traden, die gerade von schlechten Nachrichten gebeutelt wurden, beziehungsweise jene Aktien, über deren Sektor gerade negative Neuigkeiten bekannt wurden.

Die besten Trading-Möglichkeiten eröffnen sich, wenn Aktien innerhalb eines bestimmten Sektors ein Gap ausbilden, die anderen Aktien innerhalb dieses Sektors jedoch noch nicht. Sollten die anderen Aktien nun aufgrund der Nachrichten des einen Unternehmens nachziehen und ebenfalls ein Gap ausbilden, ist ein Reversal sehr wahrscheinlich, denn die Nachrichten betreffen nur das eine Unternehmen und nicht den ganzen Sektor. Schauen Sie sich also nach Aktien um, die von den Nachrichten anderer Unternehmen abhängig sind. Diese bieten oft hervorragende Trading-Möglichkeiten.

Alle ausgestrahlten Nachrichten werden von ihren Empfängern interpretiert. Somit hört nicht jeder Marktteilnehmer dasselbe, wenn eine Botschaft an die Öffentlichkeit gelangt. Sie sollten deshalb unbedingt nur auf Ihre eigene innere Stimme hören und sich nicht von anderen Marktteilnehmern beeinflussen lassen. Versuchen Sie herauszufinden, wie die spezifische Aktie in letzter Zeit reagiert hat, wenn es zu ähnlichen Situationen gekommen ist. Große Gaps neigen für gewöhnlich dazu, ein Reversal auszubilden, auch wenn veröffentlichte Nachrichten der ausschlaggebende Faktor dafür waren. Vor allem dann, wenn Gaps die Aktien noch stärker in einen überkauften beziehungsweise überverkauften Bereich drängen. Im Laufe der Zeit werden Sie ein Gefühl dafür entwickeln, welche Nachrichten tatsächlich für das Traden von Gaps ausschlaggebend sind. Und auch ein gewisses Maß an Instinkt kann nicht schaden, um die Reaktion der Aktie schon im Voraus zu erkennen.

Die Gaps finden

Auch beim Finden von Gaps gibt es eine Vielzahl an Methoden und Werkzeugen. Eine Methode ist natürlich, die Daten Ihres Brokers beziehungsweise Ihres Daten-Providers heranzuziehen. Es gibt Software, die einem ganz einfach und unkompliziert illustriert, welche Aktien in der vorbörslichen Zeit am aktivsten waren. Sie können ganz einfach nachvollziehen, welche Aktien nun die größten Gewinner und Verlierer der außerbörslichen Zeit waren oder welche am aktivsten waren.

Sie können aber auch einzelne Indizes, wie den Nasdaq Composite, den Nasdaq 100 Stock Index Futures oder den S&P 500 Stock Index Futures, beobachten. Wenn beispielsweise der Nasdaq ein Down-Gap ausbildet, der S&P-500 hingegen leicht stärker eröffnet, dann können Sie sich auf Technologiewerte konzentrieren. Denn diese scheinen an diesem Tag besonders schwach zu eröffnen.

Wie schon erwähnt, können einem auch die Nachrichten hervorragende Ideen für das Traden von Gaps liefern. Oftmals kommt es durch positive oder negative Berichterstattung zur Bildung von Gaps. Aktien desselben Sektors ziehen dann oft mit, ohne dass tatsächlich positive unternehmensspezifische Nachrichten veröffentlich wurden. Diese Aktien eignen sich dann hervorragend für einen Trade.

Für gewöhnlich konzentriere ich mich auf Aktien, die ein starkes Momentum zeigen. Denn diese Aktien neigen zu dramatischeren Gaps, was wiederum interessantere Trading-Möglichkeiten für Reversals bietet. Ganz abhängig von den Umständen trade ich natürlich auch Aktien, die am S&P-500 notieren. Es ist eigentlich ganz simpel. Suchen Sie Aktien, die Ihnen das beste Preis-Leistungs-Verhältnis bieten. Ich würde eher ein 1,50-Dollar-Down-Gap von eBay traden als ein 0,3-Dollar-Down-Gap von Citicorp. Da das Gap von eBay in absoluten Zahlen ganz einfach wesentlich größer ist als jenes von Citicorp, bietet es auch mehr Spielraum für eine Umkehrbewegung. Dies wiederum spricht für einen höheren potenziellen Gewinn.

Ein weiterer wichtiger Vorteil von Momentum-Aktien besteht darin, dass die Liquidität so groß ist, dass es einem leicht fällt, Positionen aufzubauen oder zu schließen. Der zeitliche Rahmen, innerhalb dessen eine Position aufgebaut beziehungsweise wieder geschlossen werden kann, ist von größter Wichtigkeit für Trader. Die meisten (aber natürlich nicht alle) Aktien mit großem Momentum befinden sich in den Sektoren Technologie und Biotechnologie, die an der Nasdaq notieren. Diese Aktien sind durch ein Kürzel charakterisiert, das vier Buchstaben umfasst. Beispiele hierfür wären INTC, CSCO oder AMGN. Bitte beachten Sie, dass ich ihnen mit dieser Aufzählung nur Beispiele für solche Aktien geben will. Diese Aktien sollen keine Empfehlungen für Gap-Trades darstellen. Doch es gibt einige Momentum-Aktien, die man unbedingt im Auge haben sollte. Welche genau man nun zum Traden von Gaps heranziehen soll, ändert sich täglich und hängt von mehreren Faktoren ab. Ich möchte auch festhalten, dass ich nicht ausschließlich an der Nasdaq aktiv bin, sondern auch andere Indizes für mein Trading heranziehe.

Wenn ich erst einmal eine Aktie ausgewählt haben, dann kommt sie auf meine Watchlist, und ich warte auf potenzielle Trades.

Den Order-Fluss beobachten

Wie ich schon des Öfteren erwähnt habe, ist die Zeitspanne für einen Gap-Trade eher eng. Somit kann die Preisänderung sehr schnell und volatil nachvollzogen werden. Obwohl ein Gap-Trade Minuten, Stunden oder gar den ganzen Tag dauern kann, darf man nicht vergessen, dass manchmal nur ein paar Sekunden vergehen, bis man einen Trade wieder beendet. Somit ist auch die Geschwindigkeit der Exekution ein wichtiger Faktor für das Endresultat.

Aus diesem Grund rate ich Ihnen, sich ein äußerst schnelles Programm für das Ausführen Ihrer Orders zu besorgen. Natürlich ist auch der Zugang zu Level-II-Daten unabdingbar. Wie ich schon im Kapitel über das Shorten beschrieben habe, ist es für das Traden von Gaps mehr als ratsam, einen Direktbroker zu haben. Sie können sich auf www.trendfund.com gerne unsere Empfehlungen durchlesen.

Kurz gesagt kann man behaupten, dass Onlinebroker ganz einfach zu langsam für das Traden von Gaps sind, auch wenn manche eine Orderausführung innerhalb von zehn Sekunden garantieren. Denn zehn Sekunden können eine Ewigkeit sein, wenn man darauf wartet, dass eine Order ausgeführt wird, vor allem wenn man gerade Gaps tradet. Dies kann einen Gewinn-Trade schnell in einen Verlust-Trade verwandeln. Außerdem unterliegt jedes System hin und wieder technischen Problemen oder Überlastungen. Wenn Sie allerdings einen guten Direktbroker haben und Ihnen eine Breitbandinternetverbindung zur Verfügung steht, sollte die Ausführung Ihrer Order nur den Bruchteil einer Sekunde dauern.

Wenn Sie erst einmal einen guten Broker gefunden haben, sollten Sie natürlich auch die Level-II-Daten auf Ihrem Bildschirm beobachten. Sie können somit sowohl die Preisänderung als auch den Orderfluss jeder einzelner Aktie beobachten, die Sie wollen.

Wenn ich auf meine Level-II-Daten schaue, dann mache ich mir zunächst ein Bild darüber, wer eigentlich die Aktien meines Interesses kauft beziehungsweise verkauft. Weiters konzentriere ich mich auf allgemeinen Kauf- beziehungsweise Verkaufsdruck, bevor ich die Position eröffne. Ich warte auf jenen Zeitpunkt, bei dem der Kaufdruck (Up-Gaps) beziehungsweise der Verkaufsdruck (Down-Gaps) beginnt, sich immer weiter abzuschwächen. Um dies festzustellen, behalte ich sowohl das Volumen als auch den Orderfluss und die Größe einzelner Orders. Wenn sich der Orderfluss nun stabilisiert oder auf der Kaufseite (Up-Gaps) beziehungsweise Verkaufsseite (Down-Gaps) verebbt, dann eröffne ich eine Position. Sollte dies hingegen nicht der Fall sein, dann lenke ich meine Geschicke auf andere Aktien und halte mich nicht zu lange mit den alten auf. Somit vermeide ich, auf der falschen Seite des Marktes zu stehen. Denn wenn der Kauf- beziehungsweise Verkaufsdruck nicht nachlässt, ist nicht mit einem Reversal zu rechnen. Und ich möchte kein unnötiges Risiko eingehen.

Wenn ich ein Gap shorte, dann agiere ich meist schon früher, als wenn ich eine Long-Position aufbaue. Vor allem dann, wenn mir das Gap stark übertrieben vorkommt. Da man ja immer in Stärke hineinshorten sollte, darf man nicht zu lange warten, denn die Up-Tick-Regel vereitelt einem sonst den Einstieg zu einem guten Preis. Das ist auch der Grund, warum ich Down-Gaps bevorzuge. Es ist ganz einfach leichter, sie zu traden. Sei können länger auf die Bestätigung des Reversals warten, und auch das Eröffnen einer Position erweist sich als wesentlich einfacher. Da das Chance-Risiko-Verhältnis allerdings sehr attraktiv ist, sollten Sie auch hier nicht zu lange mit dem Aufbau einer Position warten.

Ich habe bereits im Kapitel »Shorting« ausführlich über Level-II-Daten erzählt. Sollten Sie dieses Kapitel noch nicht gelesen haben, dann können Sie zurückblättern und sich die Informationen abrufen. In diesem Kapitel wurde anhand von Screenshots detailliert erklärt, welche Daten ein Level-II-Screen offeriert, und es wurden einige Beispiele zum Shorten von Aktien erläutert.

Risiko managen

Da dem Managen von Risiko ein derart hoher Stellenwert beim Traden zukommt, werde ich während dem gesamten Verlaufs des Buches immer wieder darauf zurückkommen. Auch wenn es lediglich um das disziplinierte Einhalten von Stopp-Loss-Orders geht. Wenn man beim Trading über das Managen von Risiko spricht, spricht man gleichzeitig auch über eine Art Exit-Strategie. Es geht nämlich darum, was Sie tun werden, wenn sich der Trade gegen Sie entwickelt. Es ist wichtig, dass Sie dieses Szenario schon durchspielen, bevor es tatsächlich eintritt. Natürlich sollten Sie auch wissen, wann es Zeit ist, Gewinne zu realisieren, wenn der Trade in Ihre Richtung läuft. Diese Problematik werde ich aber im nächsten Kapitel »Profite mitnehmen« behandeln.

Eine schöne Eigenschaft von Gap-Trades ist, dass Sie unlimitiertes Aufwärtspotenzial haben, das Verlustpoteztial jedoch limitiert ist. Warum das Verlustpotenzial limitiert ist? Ganz einfach deswegen, weil Sie schon vorher festlegen können, wie viel Risiko Sie einzugehen bereit sind. Dazu brauchen Sie allerdings Stopp-Loss-Orders. Wenn sich der Kurs nun in Ihre Richtung bewegt, können Sie die Order nachziehen beziehungsweise eine Trailing-Stopp-Loss-Order setzen, die sich dann automatisch nachjustiert, und den Trade laufen lassen. Natürlich dürfen Sie auch hierbei nie Ihren ursprünglichen Plan aus den Augen verlieren.

Ein guter Ansatz ist, einen bestimmten Teil Ihrer Position glattzustellen, wenn das Kursziel erreicht ist. Dann können Sie eine Trailing-Stopp-Loss-Order setzen, die auf einem Level gesetzt werden sollte, das Ihnen auch mit der kleineren Position zumindest einen Break-even ermöglicht. Dies wiederum stellt sicher, dass der Trade auf jeden Fall ein Gewinn-Trade bleibt. Somit können Sie von weiteren Kursanstiegen profitieren, wenn auch in einem geringeren Ausmaß. Fallende Kurse hingegen tun Ihnen nicht mehr besonders weh, da Sie sich an einem Punkt ausstoppen lassen, bei dem Sie einen Teil der Profite schon ins Trockene geholt haben. Auf diesen Punkt gehe ich in weiterer Folge noch genauer ein.

Auch wenn es bei Gap-Trades oft zu sehr großen prozentuellen Bewegungen kommt, sollte man besonders achtsam sein. Auch in diesem Fall tritt eine gewisse Regel der Märkte in Kraft. Es gibt keine Garantien. Es gibt eben Tage, an denen der Markt einen Riesen-Gap ausbildet und diese Richtung beibehält, ohne zurückzuschauen. Hierbei kommt die 10:00-Uhr-Regel zum Tragen. Wie man dann genau vorgehen sollte, wird im nächsten Kapitel ausführlich beschrieben. An anderen Tagen kommt es nur zur Bildung von sehr bescheidenen Gaps; dies macht die Sache natürlich umso riskanter. In diesem Fall wird sich der Markt wohl eher flach verhalten, und man sollte darauf warten, dass neue Signale generiert werden, und nicht um des Tradens willen traden.

Da Gaps allerdings von Zeit zu Zeit derart große Prozent-Trades darstellen, gehe ich oft Trades ein, auch wenn ich mir noch nicht sicher bin. Wenn eine Aktie beispielsweise ein riesiges Down-Gap gebildet hat, jedoch keine Nachrichten dafür den Ausschlag gegeben haben, dann ist das Risiko, dass die Aktie noch weiter fallen wird, eher gering. Da Gap-Trades sich meist innerhalb kürzester Zeit abspielen, reduziert sich das Risiko noch weiter. Denn auch das Risiko, das der Zeit unterliegt, darf nicht unterschätzt werden. Da der Kurs allerdings auch nach einem starken Down-Gap weiter fallen kann, möchte ich Sie noch einmal dazu anhalten, unbedingt Stopp-Loss-Orders zu setzen und diese auch diszipliniert einzuhalten. Somit können Sie ihren maximalen Verlust schon vorher genau definieren.

Um das maximale Risiko für eine einzelne Position zu berechnen, lege ich Ihnen die Zwei-Prozent-Regel ans Herz. Diese Regel besagt, dass Sie keine Position mehr Geld kosten darf als zwei Prozent Ihres Trading-Kontos, wenn Sie ausgestoppt wurden. Wenn Sie nun also ein Trading-Konto von 10.000 Dollar haben, sollte Sie kein Trade mehr als 200 Dollar kosten. Das heißt natürlich nicht, dass Sie diese Regel für alle ihre Trades anwenden müssen. Die zwei Prozent stellen lediglich den maximalen Verlust dar. Engere Stopp-Losses sind durchaus vernünftig, wenn das Set-up des Trades dafür spricht.

Wenn Sie Ihren maximalen Verlust nun also mit 200 Dollar definiert haben und im Besitz von 200 Aktien sind, dann darf der Trade nicht weiter als genau 1,00 Dollar gegen Sie laufen, bevor Sie ausgestoppt werden. Wenn Sie sich nun die Volatilität und den absoluten Wert der gehandelten Aktie anschauen, werden Sie feststellen, dass ein Stopp-Loss von 1,00 Dollar je Aktie zu weit beziehungsweise zu eng sein kann. Ich möchte Ihnen das anhand eines weiteren Beispiels erklären.

Nehmen wir an, Sie wären nun im Besitz von 1.000 Aktien. Ihr Stopp-Loss ist nun nur noch 0,20 Dollar vom aktuellen Kurs entfernt. Wenn es nun zu einem Gap kommt, das sich entgegen Ihrer Erwartung bildet, dann ist es sehr wahrscheinlich, dass Sie ausgestoppt werden, weil Ihr Stopp-Loss sehr eng ist. Somit ist es sehr wichtig ,die Positionsgröße an den maximalen Verlust anzupassen. Es ist jedoch unabdingbar, dass Sie sich immer an ihre selbst festgelegten Risikoregeln halten.

Wie man Stopp-Losses mit Hilfe der technischen Analyse definiert, werde ich im nächsten Kapitel behandeln. Grundsätzlich kann man aber sagen, dass Sie, sollten Sie sich nicht der technischen Analyse bedienen wollen, ihren Stopp-Loss bei einem Down-Gap immer knapp unterhalb des Tagestiefs legen sollten. Wenn Sie hingegen ein Up-Gap traden, dann sollten Sie gleich nach Positionseröffnung ihren Stopp-Loss knapp oberhalb des Tageshochs setzen. Sollten diese Marken im Konflikt zu ihrem Risikomanagement stehen, dann sollten Sie entweder die Positionsgröße ändern oder den Stopp-Loss nachadjustieren.

Da bei Gap-Trades die Volatilität besonders groß ist, ist es ratsam, die Stopp-Losses nicht zu eng zu setzen. Sonst kann der ärgerliche Fall eintreten, dass Sie ausgestoppt werden und kurz darauf der Kurs in Ihre Richtung läuft. Es kommt nämlich vor, dass der Kurs das Tagestief beziehungsweise Tageshoch noch ein weiteres Mal testet oder knapp darüber hinausschießt, bevor er zur Gegenbewegung ansetzt. Es ist ganz wichtig, dass man den Kursen ein wenig Platz zum Atmen lässt, man darf jedoch auf keinen Fall vergessen, seine Verluste klein zu halten, wenn der eingeschlagene Weg weitergegangen wird.

Wie ich eben erwähnt habe, ist es auch möglich, das Risiko durch eine Verkleinerung der einzelnen Position zu reduzieren. Wenn es immer wieder vorkommt, dass Ihre Stopps ausgelöst werden, der Kurs dann jedoch in Ihre Richtung läuft, sollten Sie unbedingt in Erwägung ziehen, Ihre Positionsgröße in einem Maß zu verkleinern, dass dies seltener geschieht. Durch kleinere Positionsgrößen können Sie die Stopps weiter setzen.

Gewinne mitnehmen

Genauso wichtig wie das Management von Risiko ist es auch, das Mitnehmen von Gewinnen zu managen. Sie haben vielleicht schon mal das Sprichwort »Schweine werden geschlachtet – und noch niemand ist an der Mitnahme von Gewinnen zugrunde gegangen« gehört. Wenn Sie gierig werden und zu lange mit der Mitnahme Ihrer Gewinne warten, können sich diese sehr schnell in Luft auflösen. Somit kann sich ein Gewinn-Trade noch in einen Verlust-Trade verwandeln. Da dies ein derart wichtiger Bestandteil des Tradings ist, werde ich im weiteren Verlauf immer wieder auf diese Problematik hinweisen.

Wie schon erwähnt, ist das Mitnehmen von Profiten eine Art vordefinierte Exit-Strategie. Man kann es als Exit-Strategie für Trades, die in Ihre gewünschte

Richtung laufen, bezeichnen. Ich werde Ihnen nun einen Ansatz vorstellen, den ich persönlich sehr gerne verfolge. Im nächsten Kapitel »Gaps traden – mit der technischen Analyse« werde ich noch weitere Methoden vorstellen. Hierbei werde ich vor allem auf Einstiegs- und Ausstiegsstrategien eingehen. Es gibt natürlich eine Vielzahl an Strategien, wenn es um das Mitnehmen von Profiten geht. Doch auch hier gibt es keinen Heiligen Gral. Wie immer sind die Rahmenbedingungen eines einzelnen Trades ausschlaggebend für die Strategie.

Viele Trader setzen ganz harte und schnelle Kursziele, um ihre Profite abzusichern und zu realisieren. Wenn diese Kursziele erreicht werden, stellen sie ihre Position sofort glatt. Auch ich mache das ganz gerne, für gewöhnlich schließe ich aber nur einen Teil meiner Position und lasse den Rest noch einige Zeit weiterlaufen. Es kommt natürlich ganz auf die spezifische Situation an.

Wenn ich beispielsweise 1.000 Aktien halte, die jeweils 50 Dollar wert sind, und wenn der Preis nun auf 50,50 Dollar durchbricht, dann verkaufe ich meine halbe Position (die tatsächliche Menge hängt natürlich von der Situation ab), also 500 Aktien, und ziehe meinen Stopp-Loss auf Einstand nach. In diesem Fall würde ich den Stopp-Loss sogar auf 50,06 Dollar ziehen, damit ich auch noch die Kommissionen abgedeckt habe. Das sichert mir nicht nur einen Teil meiner Gewinne ab, sondern versichert mir auch noch, dass aus meinem Trade kein Verlust-Trade wird. Es ist somit nicht möglich, dass ein Gewinn-Trade sich in einen Verlust-Trade verwandelt. Wenn Sie es schaffen, dass sich keiner Ihrer Gewinn-Trades in Verlust-Trades verwandelt, dann werden Sie über kurz oder lang ein sehr erfolgreicher Trader werden. Dies ist natürlich nur äußerst schwer zu bewerkstelligen.

Um wieder auf das angefangene Beispiel zurückzukommen: Was mache ich nun mit dem Rest meiner Position? Das kommt ganz darauf an, welche Gefühle ich für den Trade entwickelt habe. Wenn ich das Gefühl habe, dass die Kurse nicht mehr weiter steigen werden, dann werde ich die Position wohl komplett glattstellen. Wenn ich allerdings das Gefühl habe, dass der Kurs auch weiterhin in meine Richtung laufen wird und er das auch schon einige Zeit getan hat, dann werde ich vielleicht ein weiteres Mal meine Position halbieren. Natürlich werde ich auch in diesem Fall meinen Stopp-Loss nachadjustieren, also nachziehen. Von nun an beobachte ich den Kurs weiter und werde im schlimmsten Fall ganz einfach ausgestoppt.

Welche Strategie sich nun als die beste erweist, hängt natürlich von verschiedenen Faktoren ab. Auf der einen Seite ist der absolute Wert einer einzelnen Aktie wichtig, auf der anderen Seite natürlich auch die Positionsgröße. Wenn ich beispielsweise eine sehr große Position halte, die sich zu meinen Gunsten entwickelt, dann werde ich auf der einen Seite die Position eher langsam reduzieren und nicht 50 Prozent der Position auf einmal glattstellen. Das ermöglicht es mir, mit einer größeren Anzahl an Aktien an den Kursanstiegen zu profitieren. Wenn auf der anderen Seite eine extrem starke Bewegung zu meinen Gunsten stattgefunden hat (Veröffentlichung von positiven unternehmensspezifischen Nachrichten), dann werde ich unter Umständen sofort meine ganze Position glattstellen. Meiner Meinung nach sollten Sie unerwartet hohe Gewinne sofort realisieren, das Geld nehmen und weglaufen. Natürlich kann es sein, dass positive Nachrichten veröffentlicht wurden, von denen Sie nichts gehört haben, und Sie versäumen dann weitere Kursanstiege. Es ist allerdings schon sehr oft vorgekommen, dass der Kurs schnell wieder umdreht. Daher sollten Sie bei unerwartet hohen Gewinnen zumindest einen Teil Ihrer Position schließen. Sie dürfen nicht vergessen, dass Sie ein Trader sind. Und wenn Sie Geld verdient haben, dann haben Sie ihren Job gut gemacht, egal was nach dem Schließen einer Position passiert ist. Und Sie können ja später immer noch eine Position aufbauen, wenn die Umstände dafür sprechen.

Wie schon erwähnt, gibt es eine Vielzahl an Variablen, die man berücksichtigen muss, wenn es um Gewinnmitnahmen geht. Die genaue Anzahl an Aktien sowie deren Wert differieren von Trade zu Trade. Die Werte des vorangegangenen Beispiels dienten nur Illustrationszwecken. Denn wenn Sie eine 2,00-Dollar-Aktie gehalten hätten, hätten Sie wohl kaum einen Kursanstieg von 0,50 Dollar abgewartet. Auf der anderen Seite werden Sie wohl nur bei wenigen Trades genau 1.000 Aktien halten. Die Zahl an Aktien wird eher darunter oder darüber liegen. Daher sollten Sie unbedingt genau auf die spezifischen Umstände achten, wenn es zu einem Trade kommt, bei dem Sie über Gewinnmitnahmen nachdenken.

Es gibt zwei Dinge, die Sie unbedingt beachten sollten. Wenn es zu starken Gewinnen kommt, dann zögern Sie nicht, diese zumindest teilweise zu realisieren. Und lassen Sie es nicht zu, dass Gewinn-Trades sich in Verlust-Trades verwandeln. Wenn der Kurs erst einmal in einem gewissen Maß in Ihre Richtung gelaufen ist, dann sollten Sie den Stopp-Loss zumindest auf Break-even nachziehen. Wenn der Kurs nun wieder zurückfällt, kann es ihnen egal sein, denn Sie werden keinen Verlust einfahren. Es ist immer besser, ohne Profit ausgestoppt zu werden, als mit Verlust. Denn wenn man mit Verlust ausgestoppt wurde, tut eine Kursumkehr gleich doppelt weh.

Wie Sie auf den letzten Seiten sicherlich mitbekommen haben, sind das Setzen von Stopp-Loss-Orders sowie das Mitnehmen von Gewinnen bedeutende Bestandteile einer Exit-Strategie. Es gibt allerdings noch eine Vielzahl anderer Exit-Strategien. Im Kapitel »Gaps traden – mit der technischen Analyse« beschreibe ich weitere Techniken zur Festlegung von Einstiegs- und Ausstiegspunkten sowie zur Bestimmung von Stopp-Loss-Orders.

An den Trend glauben

Um beim Traden von Gaps erfolgreich zu sein, ist es wichtig, dass man Herr über seine Emotionen bleibt, auch wenn man sich genau gegen die allgemeine Marktmeinung stellt. Daher sollten Sie unbedingt die Marktpsychologie nachvollziehen können und an Trends glauben.

Es ist nicht wichtig, welche Nachricht ein Gap verursacht. Wenn ein Gap erst mal eine bestimmte Größe angenommen hat, dann liegt das daran, dass die Marktteilnehmer glauben, eine gute Trading-Möglichkeit zu verpassen. Sie kaufen sehr impulsiv, und das Gap wird immer größer. Die Enttäuschung ist natürlich riesig, wenn es zu einem Snapback Reversal kommt und man die Position mit einem saftigen Verlust wieder glattstellen muss. Auf der anderen Seite verfallen die Markteilnehmer sofort in Panik, wenn es zu einem starken Down-Gap kommt, und verkaufen ihre Aktien, anstatt abzuwarten, ob sich der Kurs nicht wieder schnell stabilisiert.

Das Traden von Gaps fordert von Ihnen, dass Sie auch mal Aktien leerverkaufen, wenn alle anderen Marktteilnehmer gerade kaufen, beziehungsweise Aktien kaufen, wenn alle anderen gerade verkaufen. In diesem Fall müssen Sie Ihre Emotionen auf ein Minimum reduzieren und sich auf den Trend und die Richtigkeit ihrer Entscheidung verlassen.

Da der Trend bei ein Gap nie 100-prozentig ist (das ist kein Trend), ist es dennoch wahrscheinlicher, dass der Kurs bei einem großen Gap die Gegenbewegung antritt (zumindest kurzzeitig), als dass er es nicht tut. Daher sollten Sie große Up-Gaps shorten und bei großen Down-Gaps Long-Positionen aufbauen. Bei kleineren Gaps sollten Sie noch stärker auf die Begleitumstände achten und sehr vorsichtig mit dem Aufbau von Position sein.

Ich möchte Ihnen davon abraten, nach großen Up-Gaps weitere Aktien zu kaufen beziehungsweise Aktien zu shorten, wenn es schon zu einem großen Down-Gap gekommen ist. Machen Sie eher Gegenteiliges oder beachten Sie die 10:00-Uhr-Regel. Wenn Sie vielleicht schon vergessen haben sollten, worum es bei der 10:00-Uhr-Regel eigentlich geht, wiederhole ich sie hier noch einmal gerne für Sie. Näheres finden Sie in den nächsten Kapiteln und unter »Intraday-Timeframes«.

Wenn eine Aktie ein Up-Gap ausbildet, dann sollten Sie auf der einen Seite von einer Long-Position absehen, außer es kommt nach 10:00 Uhr noch zu einem neuen Tageshoch. Auf der anderen Seite sollten Sie nach einem Down-Gap keine Leerverkäufe tätigen. Es sei denn, dass nach 10:00 Uhr weitere Tagestiefs erreicht werden.

Bewahren Sie Ruhe

Selten, aber doch kommt es vor, dass man genau am Hoch verkauft oder genau am Tief kauft. Auf einer regelmäßigen Basis ist dies jedoch nicht möglich, und daher sollte man auch nicht zwanghaft danach trachten, dies zu erreichen.

Daher sollten Sie damit rechnen, dass Ihr Trade zunächst ein wenig gegen Sie laufen könnte. Wenn Sie eine vernünftige Positionsgröße gewählt haben und ein Stopp-Loss Sie vor allzu großen Verlusten schützt, dann werden Sie wohl mit einem gewissen Gefühl der Sicherheit in den Trade gehen. Denn eines ist klar: Der Verlust erreicht maximal jenes Level, das Sie ihm schon vorher zugestanden haben. Dies wiederum gewährleistet, dass Sie einen kühlen Kopf bewahren und auch in schwierigen Situationen die richtigen Entscheidungen fällen. Es ist von äußerster Wichtigkeit, dass Sie sich an Ihren Plan halten.

Wie ich bereits unter »Risiko managen« beschrieben habe, ist es wichtig, seinen Stopp-Losses genug Luft zum Atmen zu geben. Denn bei Gaps kommt es oft vor, dass noch ein wenig »Rest-Druck« auf der Kauf- oder Verkaufsseite übrig ist. Dies lässt die Kurse noch ein Stück weiter steigen beziehungsweise fallen. Daher sollte man darüber nachdenken, ob es nicht mehr Sinn macht, eine kleinere Position zu eröffnen, dafür aber dem Stopp-Loss mehr Platz zu lassen.

Wenn ein Trade einmal gegen Sie laufen sollte und Sie ausgestoppt werden, dann nehmen Sie das nicht allzu persönlich. Denn wenn es Verlust-Trades gibt, gibt es auch Gewinn-Trades. Wenn das Chance-Risiko-Verhältnis gestimmt hat und Sie sich an Ihren Plan gehalten haben, dann haben Sie sich nichts vorzuwerfen. Denken Sie einfach daran, dass Ihnen Ihr Stopp-Loss ermöglicht hat, auch weiterhin zu traden.

Ich behaupte oft, dass das Trading einem Marathon gleichkommt und mit einem Sprint nur wenig zu tun hat. Somit ist es sehr wichtig, dass man sich die Möglichkeit zu handeln so lange wie möglich offen hält.

Down-Gaps traden

Wie schon erwähnt, tritt ein Down-Gap dann auf, wenn der Eröffnungskurs unter dem Schlusskurs des letzten Handelstages liegt. Der folgende Chat zeigt ein Down-Gap von NVLS.

Wie man auf dem Chart erkennen kann, hat NVLS ein Down-Gap ausbildet. Der Kurs notierte um 1,52 Dollar unter dem letzten Schlusskurs. Wenn man sich nun den weiteren Verlauf im Chart ansieht, sieht man, dass die ganze Bewegung des Down-Gaps wieder nachvollzogen wurde, und zwar in die Gegenrichtung. Dieses Beispiel illustriert hervorragend, wie profitabel so ein Gap-Trade sein kann.

Um dieses Set-up zu traden, kaufen Sie ganz einfach eine bestimmte Anzahl an Aktien, sobald der Verkaufsdruck nachlässt. Nachdem Ihre Long-Position aufgebaut wurde, sollten Sie umgehend Ihren Stopp-Loss platzieren. Und zwar knapp unterhalb des ausbildeten Tagestiefs. In erster Linie muss der Stopp-Loss aber Ihren Risikoansprüchen gerecht werden, damit Sie auch vor weiteren Kursrückgängen gefeit sind.

Im nächsten Kapitel »Gaps traden – mit der technischen Analyse« gehe ich darauf ein, wie man unter Mithilfe der technischen Analyse Einstiegs- und Ausstiegspunkte definiert.

Down-Gaps repräsentieren wunderschöne hochprozentige Trades. Im Laufe der vergangenen Jahre hat sich vor allem das Traden von Down-Gaps als ein sehr verlässliches Instrument erwiesen. Kaum ein anderes Set-up hat einen derart starken Trend gebildet, was Verlässlichkeit und Profitchancen betrifft.

Up-Gaps stellen natürlich auch gute Trading-Möglichkeiten dar. Wenn ich mich allerdings zwischen dem Traden von Down-Gaps und Up-Gaps entscheiden müsste, würde ich mich klar zum Trading von Down-Gaps entscheiden. Warum ich diese Wahl treffen würde? Ganz einfach: Wenn man ein Up-Gap tradet, muss man immer in Stärke hinein verkaufen, weil einem sonst die Up-Tick-Regel einen Strich durch die Rechnung macht. Somit ist es möglich, dass man die gewünschte Anzahl an Aktien nicht zum gewünschten Kurs verkaufen kann. Wenn man hingegen Down-Gaps tradet, kann man die Bestätigung des Signals abwarten und muss nicht befürchten, zu einem wesentlich schlechteren Kurs ausgeführt zu werden. Abgesehen davon sind Verkäufer nach Down-Gaps so gut wie immer noch im Markt, was einem die Ausführung der Order noch weiter erleichtert.

Hier sehen Sie ein weiteres Beispiel eines Down-Gaps. In diesem Fall handelt es sich um den Chart von QLGC.

Obwohl das Down-Gap auf diesem Chart nicht dasselbe Ausmaß annimmt wie jenes auf dem vorangegangenen, stellt auch dieses Set-up eine hervorragende Möglichkeit dar, in kürzester Zeit Geld zu verdienen.

Wie schon im letzten Beispiel erwähnt, warten Sie auch in diesem Fall ab, bis der Verkaufsdruck nachlässt, um Ihre Long-Position aufzubauen. Danach setzen

Sie Ihren Stopp-Loss knapp unterhalb des Tagestiefs. Wo genau Sie ihn setzen, müssen Sie mit ihrem Risikoempfinden vereinbaren.

Wenn man den Chart nun genau betrachtet, dann sieht man, dass die Aktie nicht nur die ganze Bewegung des Gaps egalisiert hat, sondern darüber hinaus angestiegen ist. Tatsächlich hat die Aktie sogar mehr als 2,00 Dollar zum Eröffnungstief gutgemacht.

Eine Möglichkeit der Profitmitnahme ist in diesem Fall, die halbe Position glattzustellen, sobald das Gap geschlossen wurde (mehr dazu im nächsten Kapitel). Danach sollten Sie Ihren Stopp-Loss nachziehen, sobald der Kurs noch weiter in Ihre Richtung läuft. Solange der Kurs sich zu Ihren Gunsten verhält, können Sie immer wieder den Stopp-Loss nachziehen. Wenn der Kurs nun wieder zurückfällt, werden Sie ausgestoppt und haben einen Großteil der Profite mitgenommen.

Up-Gaps traden

Ein Up-Gap tritt immer dann auf, wenn der Eröffnungskurs einer Aktie über dem Schlusskurs des vorhergehenden Tages liegt.

Der nachfolgende Chart zeigt ein Up-Gap im Chart von EBAY. Wie Sie erkennen können, hat EBAY am Vortag bei 89,21 Dollar geschlossen, am nächsten Tag aber bei 89,79 Dollar eröffnet. Das Up-Gap betrug in diesem Fall 0,58 Dollar.

Wie man auf dem Chart erkennen kann, hat der Kurs schon sehr bald nach Eröffnung seine Richtung geändert. Und die Abwärtsbewegung endete nicht etwa beim Schlusskurs des letzten Tages, sondern setzte sich noch weiter fort. Hätte man nun versucht, das Gap zu faden, hätte man innerhalb kürzester Zeit eine Menge Geld verdient.

Um ein Up-Gap zu traden, sollte man warten, bis der Kaufdruck allmählich nachlässt, und dann eine Short-Order setzen. Sobald diese ausgeführt wird, ist es sehr wichtig, einen Stopp-Loss knapp oberhalb des Tageshochs zu setzen. Wie viel Luft Sie dem Stopp-Loss geben, hängt ganz von Ihrem persönlichen Risikoempfinden ab. Nun sind Sie auf jeden Fall gegen weiterhin steigende Kurse abgesichert.

Eine Richtungsumkehr im Chart passiert für gewöhnlich innerhalb der ersten 30 Minuten des Handelstages. Nichtsdestotrotz kann es vorkommen, dass einige Käufer weiterhin im Markt sind. Diese Marktteilnehmer wollen den Beginn einer möglichen Rallye nicht versäumen. Daher sollten Sie beim Setzen ihrer Stopp-Loss-Order besonders gut nachdenken, wo Sie sie setzen. Ein bisschen Luft nach oben kann auf keinen Fall schaden.

Wie schon mehrmals erwähnt, ist es beim Shorten von Aktien notwendig, sich an die Up-Tick-Regel zu halten. Dies wiederum erfordert es, dass man die Leerverkäufe in Stärke hinein tätigt. Wenn Sie darauf warten, dass das große Shorten beginnt, kann es passieren, dass Ihre Order nicht oder zu einem nicht zufrieden stellenden Kurs exekutiert wird. Somit lege ich Ihnen ans Herz, Ihre Short-Position schon relativ früh aufzubauen. Wichtig hierbei ist natürlich, dass es sich um ein besonders großes Gap handelt. Die Betonung liegt hier wirklich auf dem Wort groß. Das Management der Stopp-Losses wird in diesem Fall zwar erschwert, die potenziellen Gewinne gleichen diesen Nachteil allerdings mehr als aus.

Wenn es zu kleinen Gaps kommt, müssen Sie sehr vorsichtig agieren, denn ein Preis-Reversal ist unwahrscheinlicher als bei großen Gaps. Sie sollten darüber nachdenken, engere Stopp-Losses zu verwenden oder kleinere Positionsgrößen zu traden. Wenn Sie sich nicht sicher sind, ob Sie einen Trade nun eingehen sollen oder nicht, ist es ratsam, sich an die 10:00-Uhr-Regel zu halten.

Am nächsten Chart sehen Sie den Kursverlauf von IBM. Auch hier kam es zu einem Up-Gap.

Wie Sie auf dem Chart nachvollziehen können, hat IBM trotz des Up-Gaps von immerhin 1,05 Dollar weiterhin Stärke gezeigt, und die Kurse stiegen weiterhin. Kurz darauf ging die Zahl der Käufer allerdings sehr stark zurück, und die Gegenbewegung setzte ein. Diese Bewegung machte das Up-Gap mehr als wett.

An diesem Beispiel ist deutlich ersichtlich, warum man seinen Up-Gap-Trades immer ein wenig Luft lassen sollte. Vielleicht bedeutet das, dass Sie Ihre Positionsgröße reduzieren müssen (damit der Stopp-Loss weiter gesetzt werden kann). Wie man auf dem Chart erkennen kann, hat die Aktie auch nach dem starken Up-Gap noch weitere Hochs erzielen können, ehe die Gegenbewegung eingesetzt hat. Hätten Sie nun sofort bei Markteröffnung eine Short-Order eingegeben und einen sehr engen Stopp-Loss verwendet, wären Sie wohl ausgestoppt worden, obwohl ihre Überlegung grundsätzlich richtig war.

Daher ist es wichtig, dass man immer abwartet, bis der Kaufdruck abnimmt, bevor man seine Verkaufsorder platziert. Danach setzt man seine Stopp-Loss-Order knapp oberhalb des Tageshochs beziehungsweise entsprechend seinem persönlichen Risikoempfinden.

5

Gaps traden – mit der technischen Analyse

Dieses Kapitel stellt eine Ergänzung zum vorangegangenen Kapitel »Gaps traden« dar. In diesem Kapitel gehe ich darauf ein, wie man auf der Grundlage der technischen Analyse und von Charts Einstiegs- und Ausstiegspunkte festlegen kann, wenn es um das Traden von Gaps geht. Doch bevor ich auf die einzelnen Techniken eingehe, möchte ich festhalten, dass ich nicht alle meine Gap-Trades anhand der technischen Analyse durchführe.

Kommt es nämlich zu einem ausgeprägten Down-Gap, dann warte ich nicht auf eine technische Bestätigung, sondern handle so schnell wie möglich. Bei Up-Gaps hingegen kommt es schon mal vor, dass ich meine Short-Orders schon vor der eigentlichen Markteröffnung eingebe.

Da es sich bei Gap-Trades meist um sehr hochprozentige Trades handelt, deren Set-ups sehr verlässlich sind, warte ich eine technische Bestätigung nur sehr selten ab. Viele Trader hingegen vertrauen ausschließlich der technischen Analyse. Für diese Trader werde ich einige Techniken vorstellen, die ihnen vielleicht nützlich sein können.

Die folgenden Strategien geben zwar exakten Aufschluss darüber, wann man eine Position eröffnen und wann man sie schließen sollte, aber welche Technik Sie schlussendlich wählen, bleibt ganz Ihnen überlassen und hängt von Ihrem persönlichen Stil ab. Sie werden merken, dass Sie im Laufe der Zeit selbst auf Tricks oder Eselsbrücken treffen, die ihr Trading verbessern werden.

Reversal-Bars

Bei Umkehr-Bars beziehungsweise Umkehrkerzen handelt es sich eine von vielen Candlestick-Formationen. Diese Formationen sind ein Instrument der technischen Analyse und werden vielfach angewendet. Diese Formation deutet auf einen baldigen Trendwechsel hin. Da wir in weiterer Folge Umkehr-Bars zur Bestimmung von Ein- und Ausstieg brauchen, werde ich Ihnen nun kurz erklären, worum es dabei eigentlich geht.

Vergessen Sie bitte nicht, dass sowohl die technische Analyse als auch Candlesticks eine eigene Wissenschaft darstellen, die schon ganze Bücher gefüllt haben. Es ist mir in diesem Buch nur möglich, auf Teile davon einzugehen. Wenn Sie sich für eines der beiden Themen interessieren sollten, dann besuchen Sie einfach unsere Homepage www.trendfund.com und lesen Sie sich unsere Empfehlung durch.

Doji

Bei einem Doji liegen sowohl der Eröffnungskurs als auch der Schlusskurs auf etwa demselben Preislevel innerhalb einer bestimmten Zeitspanne (ich bevorzuge Fünf-Minuten-Charts beim Trading von Gaps). Somit sind Bullen und Bären in etwa gleichstark.

Wenn sich am Chart ein deutlicher Trend gebildet hat, dann ist ein Doji nicht selten ein Indikator dafür, dass eine Trendwende eintreten könnte.

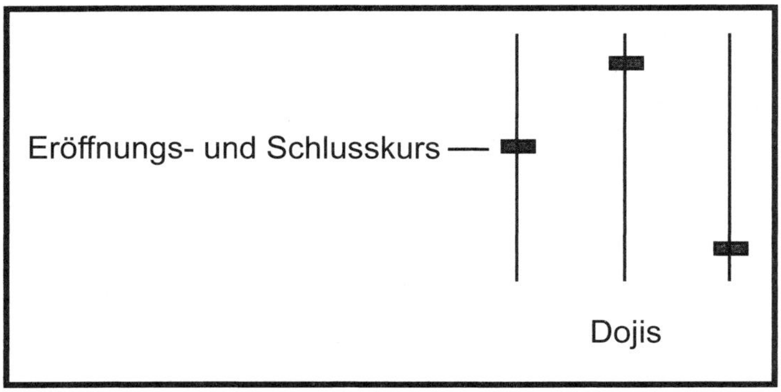

Dojis sind sehr aussagekräftige Indikatoren. Wenn Sie einen sehen, sollten bei Ihnen die Alarmglocken schrillen. Viele Trader gehen gar eine Position gegen den aktuellen Trend ein oder ziehen ihren Stopp nach, wenn sie einen Doji sehen.

Hammer

Ein Hammer ist durch einen eher kleinen Körper gekennzeichnet. Der obere Schatten (die dünne Linie oberhalb des Körpers) ist in diesem Fall sehr klein, der untere Schatten sehr lange. Der Körper befindet sich somit am oberen Ende der Kerze.

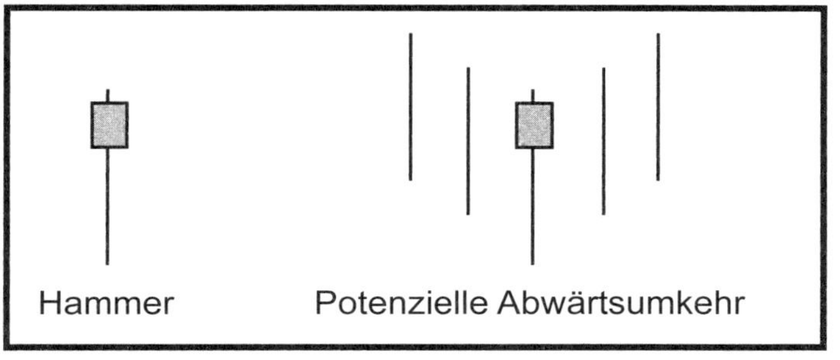

Auch der Hammer ist ein Indikator für eine Bodenbildung. Oftmals läutet er das Ende einer langfristigen Abwärtsbewegung ein. Bestätigung erfährt der Hammer, wenn die nächste Kerze einen Ausbruch über das obere Ende des Hammers bildet.

In einer Seitwärtsphase ist ein Hammer nicht ein so zuverlässiges Hilfsmittel wie am Ende eines Abwärtstrends. Tritt ein Hammer am Ende eines Abwärtstrends auf, dann bieten sich tolle hochprozentige Trading-Möglichkeiten mit überschaubarem Risiko. Tritt ein Hammer in der Nähe einer Unterstützung auf, ist das Chance-Risiko-Verhältnis sogar noch besser. Sie können nun ganz einfach eine Long-Position aufbauen, indem Sie den Ausbruch über dem Top des Hammers kaufen und Ihren Stopp-Loss knapp unterhalb des Tiefs des Hammers festlegen.

Shooting Star

Ein Shooting Star sieht aus wie ein auf den Kopf gestellter Hammer. Er hat einen langen oberen, aber nur einen sehr kurzen unteren Schatten.

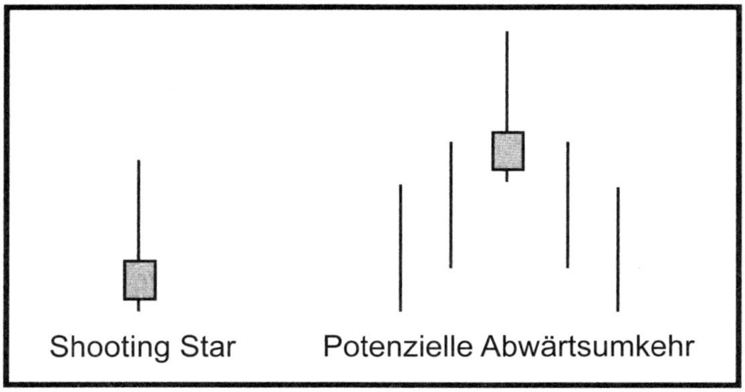

Ein Shooting Star ist ein sehr bearisher Indikator und ein sehr verlässliches Instrument, wenn es darum geht, die Trendumkehr bei einem Aufwärtstrend auszumachen.

Einstiegsstrategien

Es folgen nun einige Strategien, die sich als sehr nützlich für Sie herausstellen könnten, wenn es darum geht, Ihre Einstiege in Positionen richtig zu timen. Nachdem wir die Einstiegsstrategien beim Traden von Gaps gewidmet haben, nehmen wir natürlich auch die Exit-Strategien unter die Lupe.

Einstieg anhand des Hochs/Tiefs des ersten Bars

Es gibt eine Einstiegstechnik, bei der der erste Intraday-Bar des Tages für die Festlegung des Einstieges herangezogen wird. Das Hoch des ersten Bars wird für den Einstieg bei Dow-Gaps genutzt, das Tief für den Einstieg bei Up-Gaps.

Obwohl mittlerweile viele Trader auf Ein-Minuten- oder Drei-Minuten-Basis traden, bin ich immer noch auf Fünf-Minuten-Basis (alle fünf Minuten wird ein neuer Bar generiert) am erfolgreichsten, wenn es um das Traden von Gaps geht. Deshalb benutze ich auch einen Fünf-Minuten-Chart. Das nächste Beispiel zeigt einen Fünf-Minuten-Chart von MXIM. Hier ist ein Down-Gap zu sehen.

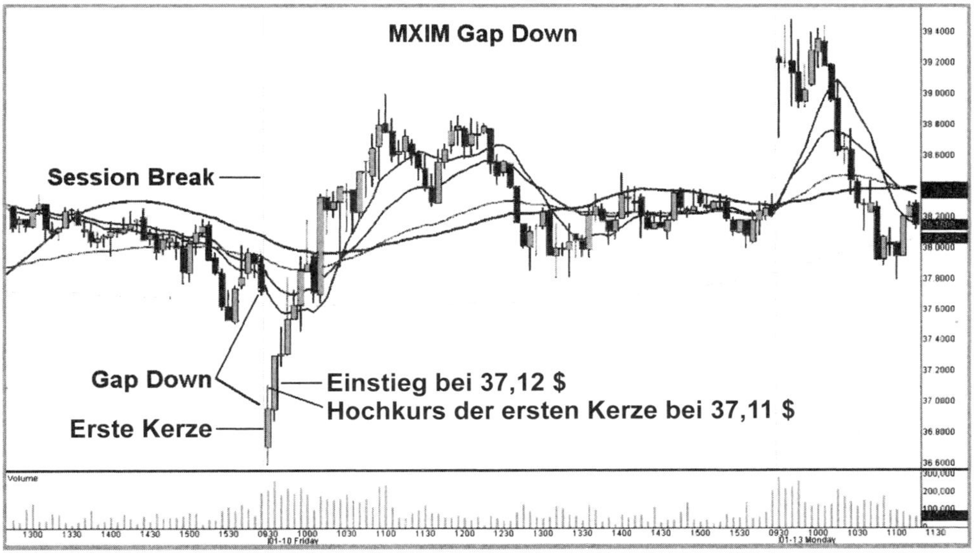

Beachten Sie bitte, dass der höchste Kurs des ersten Bars nach dem Gap bei genau 37,11 Dollar liegt. (Das nächste Bild zeigt das Set-up noch detaillierter.) Wenn der Kurs nun die Marke von 37,11 Dollar übersteigt, dann ist das ein Zeichen von Stärke. Es ist durchaus denkbar, dass das Gap gefüllt und somit die ganze Abwärtsbewegung wieder egalisiert wird (was in diesem Fall auch passiert ist). Eine Kauforder bei 37,12 Dollar bietet sich in diesem Fall an.

Hier sehen wir den vorherigen Chart noch einmal in Nahaufnahme. (Es wird somit nicht erwähnt, dass es sich um eine Nahaufnahme eines bestimmten Chartmusters handeln muss.)

Wenn Sie nun bei einem Kurs von 37,12 Dollar die Aktie gekauft haben, besteht der nächste Schritt darin, eine Stopp-Loss-Order zu setzen. Diese sollte knapp unterhalb des Tiefs des ersten Bars (nach dem Gap) liegen. Dieses Tief repräsentiert normalerweise auch das Tagestief.

Das nächste Beispiel zeigt ein weiteres Kaufsignal nach einem Down-Gap, das sich am MSFT-Chart gebildet hat.

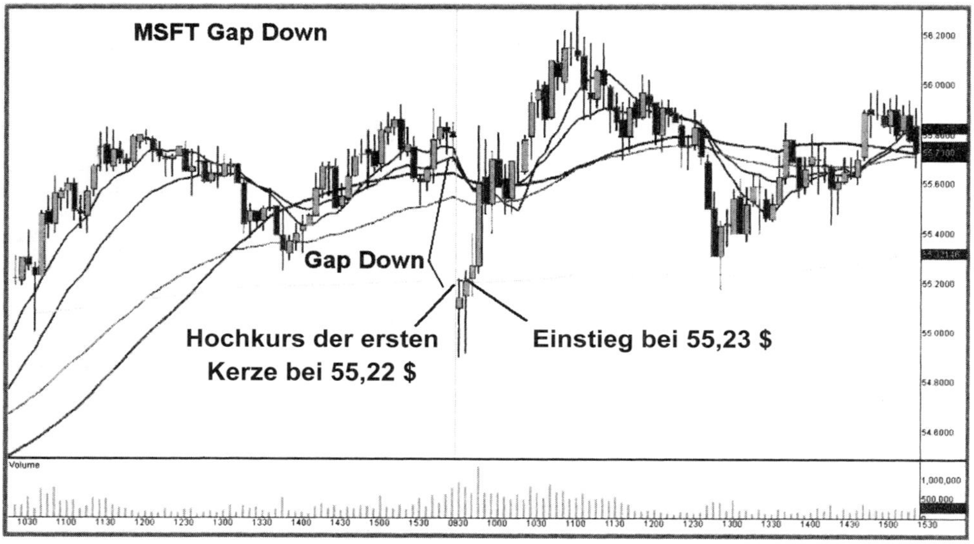

Auch bei diesem Chart suchen wir zunächst den Höchstwert des ersten Bars nach dem Down-Gap. In diesem Fall liegt dieser Wert bei 55,22 Dollar. Daher legen wir die Kauforder bei 55,23 Dollar fest. Gleich nach Ausführung dieser Order ist es wichtig, die Stopp-Loss-Order in Auftrag zu geben, und zwar knapp unterhalb des Tiefs des ersten Bars nach dem Gap.

Natürlich kann diese Technik auch bei Up-Gaps angewandt werden. In diesem Fall suchen Sie den Tiefstkurs des ersten Bars nach dem Up-Gap und setzen Ihre Verkaufsorder knapp unterhalb dieses Kurses. Danach wird naturgemäßg ein Stopp-Loss gesetzt, und zwar knapp oberhalb des Höchstkurses des ersten Bars nach dem Up-Gap.

Inside-Bar-Einstieg

Die nächste Technik zur Bestimmung des Einstiegspreises beschäftigt sich mit Inside-Bars. Ein Inside-Bar kommt immer dann vor, wenn das Hoch des aktuellen

Bars niedriger ist als das Hoch des vorangegangenen Bars und das Tief des aktuellen Bars höher ist als jenes des vorangegangenen. Die Preisspanne des aktuellen Bars ist somit innerhalb derer des vorangegangenen Bars. Die folgende Abbildung illustriert hervorragend, worum es sich bei einem Inside-Bar handelt.

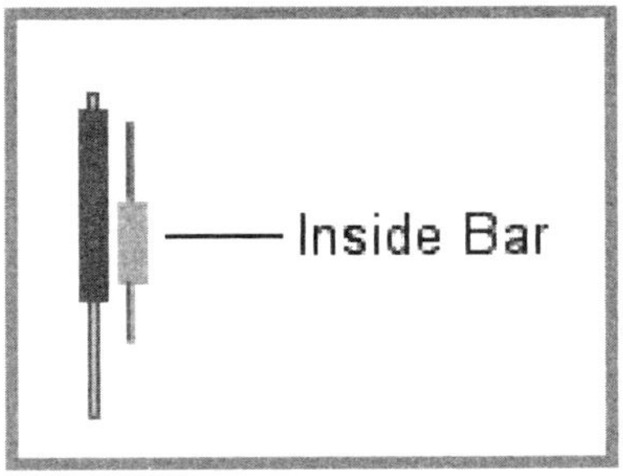

Ein Inside-Bar ist ein deutliches Anzeichen von sinkender Volatilität. Dies wiederum bedeutet, dass der Verkaufsdruck langsam, aber sicher schwächer wird. Wie ich schon des Öfteren erwähnt habe, ist das Verkaufen von Aktien oft eine sehr emotionale Angelegenheit. Ein Inside-Bar verkörpert die Beruhigung der Verkäufer.

Wie man so einen Inside-Bar nun für das Festlegen eines Einstiegskurses nach einem Down-Gap verwendet, sieht man am nachfolgenden Chart von MERQ.

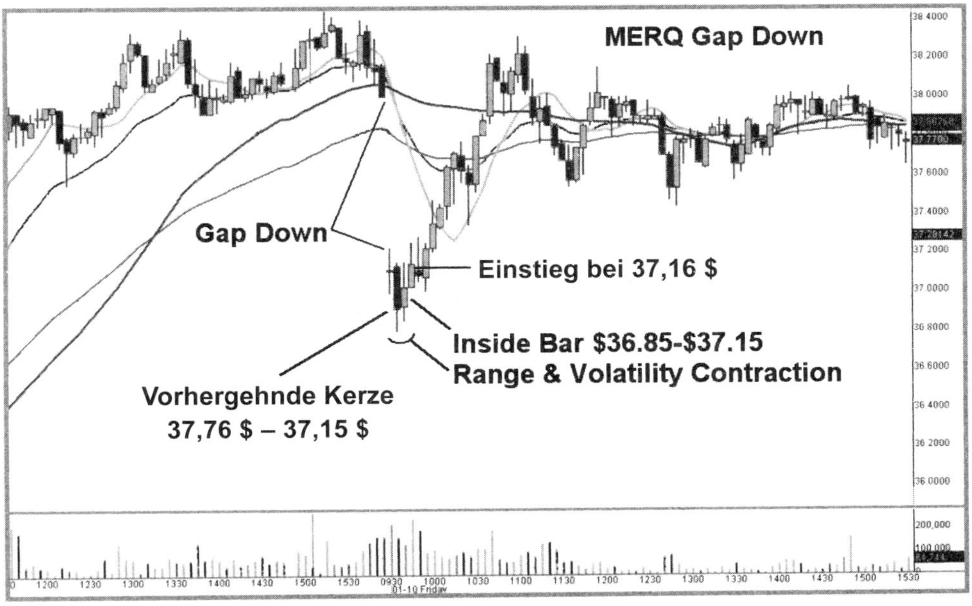

Hier sehen wir den vorherigen Chart noch einmal in Nahaufnahme. (Es wird somit nicht erwähnt, dass es sich um eine Nahaufnahme eines bestimmten Chartmusters handeln muss.)

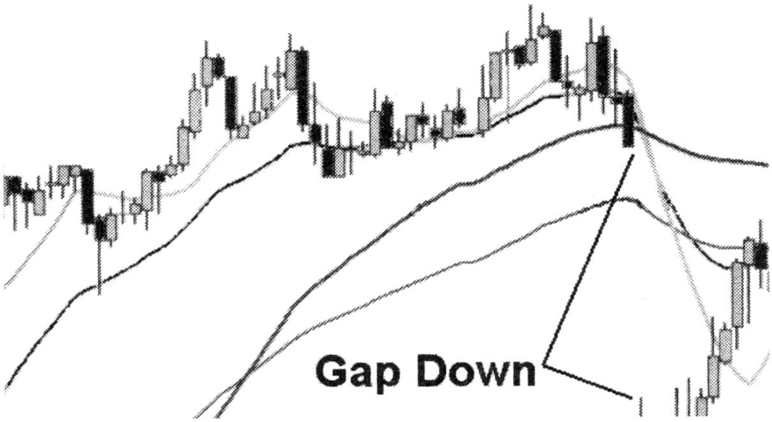

Wenn ich Einstiegspunkte im Zusammenhang mit Gaps anhand der technischen Analyse festlege, dann arbeite ich äußerst gerne mit Inside-Bars. Vor allem dann, wenn der Bar vor dem Inside-Bar noch in den allgemeinen Trend fortsetzt – im Falle eines Down-Gaps also den Down-Trend. Inside-Bars sind in ihrer Aussagekraft für gewöhnlich so stark, dass ich meistens gar keine anderen technischen Bestätigungen mehr abwarte (was ich beim Brechen des Hochkurses des ersten Bars nach einem Down-Gap übrigens auch nicht tue).

Sie können Ihre Kauforder nun knapp oberhalb des Hochkurses des Inside Bars setzen. Im vorigen Beispiel betrug die Range zwischen Hoch- und Tiefkurs zwischen 36,85 und 37,15 Dollar. Ihre Kauforder hätten Sie somit bei 37,16 Dollar setzen können. Um sich gegen das Risiko fallender Kurse abzusichern, sollten Sie in jedem Fall wieder einen Stopp-Loss setzen, in diesem Fall knapp unterhalb des Tiefkurses des Inside-Bars. Sollte der Tiefkurs des Inside-Bars allerdings so nah am aktuellen Kurs sein, dass die Order wohl keinen Sinn machen würde, können Sie auch in Erwägung ziehen, den Tiefkurs des vorhergehenden Bars zu verwenden. Wenn auch das nicht sinnvoll erscheint, dann wählen Sie das Tagestief als Stopp-Loss-Marke aus. Im Kapitel »Stopps verwenden« werde ich noch näher auf die Thematik des Setzens von Stopp-Loss-Orders eingehen.

Natürlich können Inside-Bars auch bei Up-Gaps von Nutzen sein. Der nächste Chart zeigt ein Up-Gap von GNSS.

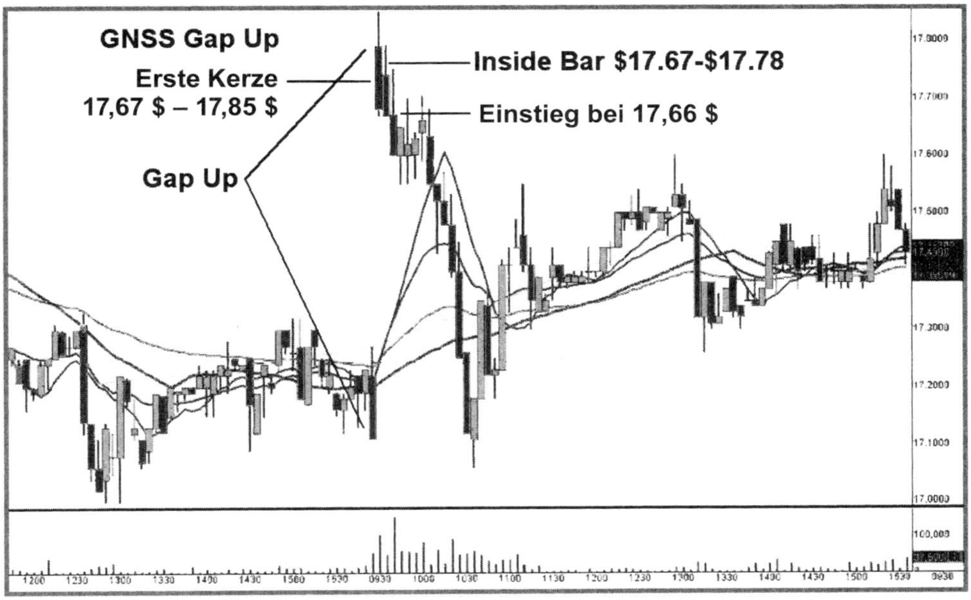

Beachten Sie bitte, dass der Preis des ersten Bars sich zwischen 17,67 und 17,85 Dollar bewegt hat, jener des zweiten Bars hingegen nur noch zwischen 17,67 und 17,78 Dollar. Somit hat sich ein Inside-Bar gebildet. Da es sich in diesem Falle um ein Up-Gap handelt, liegt der Preis, zu dem man verkaufen sollte, bei 17,66 Dollar. In diesem Fall entspricht der Tiefkurs des Inside-Bars sogar dem Tiefkurs des vorangegangenen Bars. Nachdem Ihre Order bei 17,66 Dollar ausgeführt wurde, sollten Sie umgehend einen Stopp-Loss knapp oberhalb des Hochkurses des Inside-Bars setzen. Sollte dieser allerdings zu nah sein, dann suchen Sie nach vernünftigen Widerständen, die sich oberhalb des Hochkurses befinden.

Reversal-Bar-Einstieg

Die nächste Technik zum Einstieg ist eine etwas aggressivere. Es handelt sich hierbei um das Nutzen von Reversal-Bars. Wenn Sie sich vielleicht nicht mehr ganz im Klaren darüber sein sollten, was ein Reversal-Bar ist, dann lesen Sie bitte in der Sektion »Reversal-Bars« nach. Im weiteren Verlauf werde ich noch auf eine andere Stärke von Reversal-Bars eingehen. Denn sie eignen sich auch als Warnsignale beim Glattstellen von Trades.

Auf dem nächsten Chart von KLAC kann man einen Shooting-Star-Reversal-Bar erkennen, der sich unmittelbar nach einem Up-Gap gebildet hat.

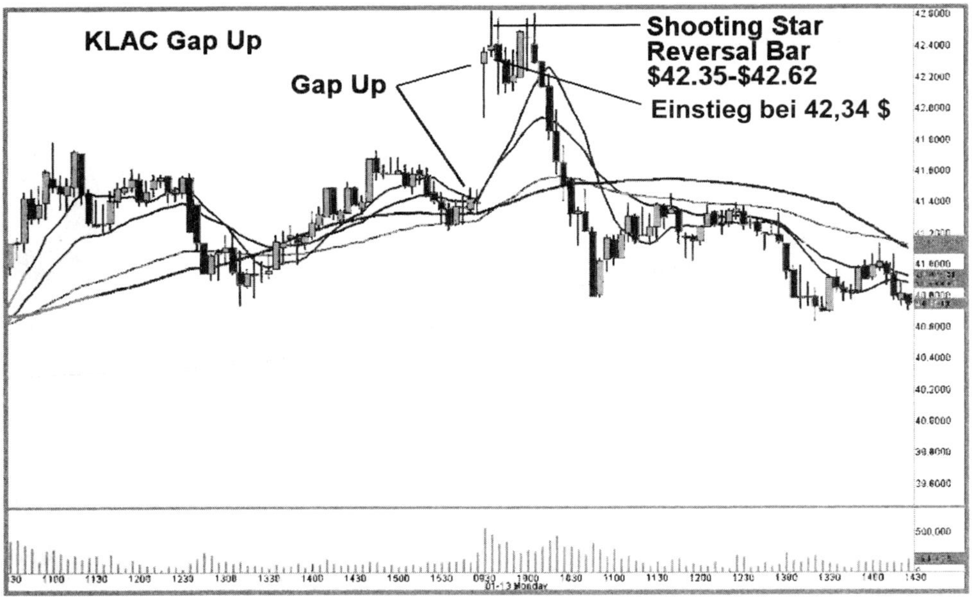

Dieses Bild zeigt den Shooting-Star-Reversal-Bar noch einmal in Nahaufnahme.

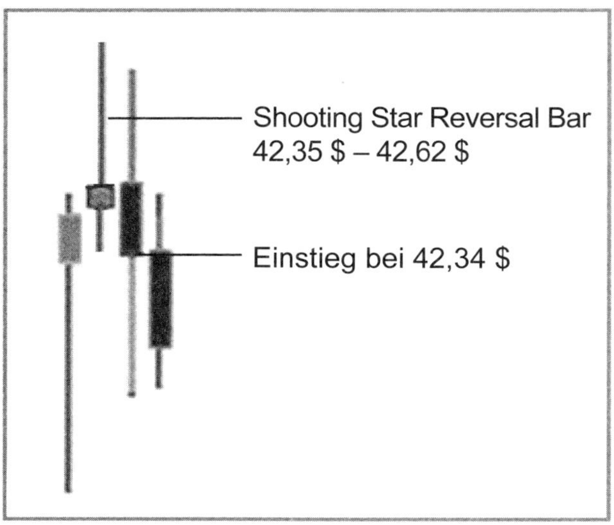

Ein Shooting Star signalisiert oftmals das Ende eines Aufwärtstrends oder in diesem Fall sogar das Ende eines Trends nach einem Gap. Wie Sie auf dem Chart erkennen können, wurde mehr als die ganze Gap-Distanz wieder zurückgelegt, nachdem der Shooting Star sich gebildet hatte.

Wenn Sie einen Shooting Star nach einem Up-Gap sehen, dann können Sie eine Verkaufsorder knapp unterhalb des Tiefkurses des Shooting Stars setzen. Im aktuellen Beispiel liegt die Preisspanne des Shooting Stars zwischen 42,35 und 42,62 Dollar. Der Einstiegspreis wäre in diesem Fall also 42,34 Dollar. Nachdem Ihr Leerverkauf getätigt wurde, setzen Sie eine Stopp-Loss-Order knapp oberhalb des Hochkurses bei 42,62 Dollar.

Wenn man sich Reversal-Bars zu Nutze macht, dann ist es ratsam, die Stopp-Loss-Orders relativ eng zu halten. Wird der Trend nämlich in Richtung des Gaps fortgesetzt, dann sollten Sie Ihre Verluste gering halten. Doch dies ist noch kein Grund zur Sorge. Oftmals ermöglicht das Auslösen einer Stopp-Loss-Marke das Eingehen einer neuen Position – nämlich in die andere Richtung.

Wie ich später noch in den Kapiteln »Laggards traden« und »Nachrichten traden« besprechen werde, kommt es oftmals vor, dass Aktien, die sich in derselben Branche beziehungsweise im selben Sektor befinden, eine ähnliche Entwicklung nachvollziehen. Der nächste Chart von EXPE verdeutlicht diese Aussage. Es kam nämlich zu schlechten Nachrichten für ROOM, die sich im selben Sektor wie EXPE befinden. Und nicht nur bei ROOM kam es zu einem Down-Gap, sondern auch bei EXPE. EXPE schloss am Freitag bei 70,85 Dollar, eröffnete am Montag hingegen bei 63,28 Dollar. Das Gap nahm ein Ausmaß von 7,57 Dollar an, was ohne weiteres als Riesen-Gap bezeichnet werden kann. Auf dem Chart kann man weiters sehen, wie einem ein Hammer-Reversal-Bar bei der Bestimmung des Einstiegs helfen kann.

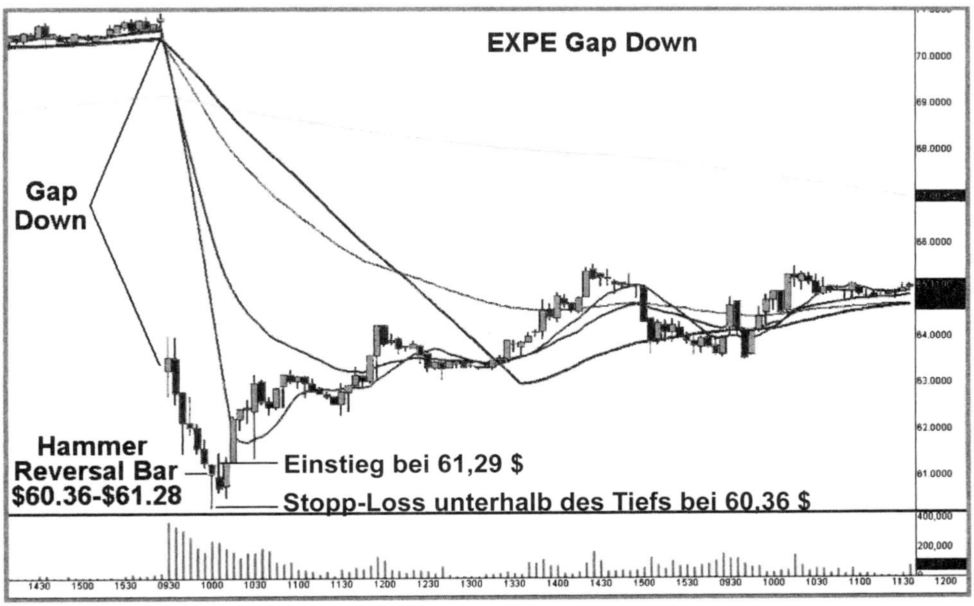

Hier sehen Sie eine Nahaufnahme des Hammer-Reversal-Bars.

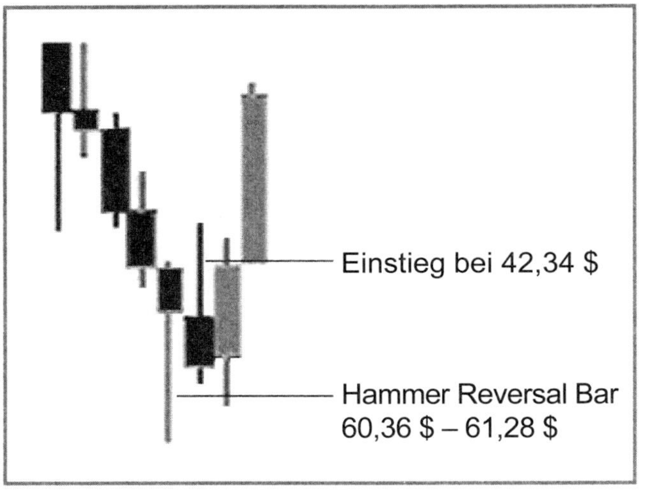

Wie schon vorher besprochen, signalisiert ein Hammer oftmals das Ende eines Abwärtstrends. Auf dem Chart kann man ganz eindeutig sehen, dass die Aktie die begonnene Talfahrt nach dem Down-Gap ungebremst fortgesetzt hat, bis es zur Bildung des Hammers kam, der das Ende das Abwärtstrends einleitete.

Die Preisspanne des Hammers lag hierbei zwischen 60,36 und 61,28 Dollar. Der potenzielle Einstiegskurs lag somit bei 61,29 Dollar beziehungsweise knapp über dem Hochkurs des Hammers. Sollte dieser Hochkurs tatsächlich durchbrochen werden, sind die Chancen, dass eine Trendumkehr eingeleitet wird, groß. Natürlich dürfen Sie auch in diesem Fall nicht vergessen, eine Stopp-Loss-Order zu setzen, und zwar knapp unterhalb des Tiefkurses des Hammers. Sollte der Abwärtstrend nämlich fortgesetzt werden, beschränkt das Ihren Verlust auf ein vorher kalkuliertes Maß.

Der Uups-Einstieg

Der Begriff Uups wurde von Larry Williams geprägt. Larry Williams handelt vorzüglich mit Rohstoffen und macht sich auch den Systemhandel zu Nutze. Das Uups-Set-up gibt es mittlerweile schon seit den 70er-Jahren, und die Technik wird in vielen Variationen angewandt. Ich werde in diesem Buch nicht auf alle Techniken eingehen. Bei dieser Technik geht es schlicht darum, dass viele Trader beginnen, wie wild Aktien kaufen, wenn es zu einem Up-Gap kommt. Wenn die Preise nun aber zu purzeln beginnen, realisieren diese Marktteilnehmer plötzlich ihren Fehler und sagen »Uups«. So viel zur – kreativen – Namensgebung dieser Strategie.

Von einem Uups-Set-up spricht man in jenen Fällen, in denen der Eröffnungskurs des neuen Handelstages nicht über dem Schlusskurs des letzten Tages liegt, sondern sogar über dessen Hochkurs. Bei einem Down-Gap funktioniert es natürlich genau umgekehrt. Wenn die Aktie an einem Handelstag unter dem Tiefkurs des Vortages eröffnet (nicht nur unter dem Schlusskurs), spricht man ebenfalls von einem Uups-Set-up.

Wenn man von Gaps in rein technischer Hinsicht spricht, dann gilt wohl überhaupt die eben genannte Definition. Wenn der Eröffnungskurs also über dem Hochkurs des letzten Tages liegt, dann spricht man von einem Up-Gap. Und von einem Down-Gap spricht man, wenn der Eröffnungskurs unter dem Tiefkurs des Vortages liegt. Wenn der Eröffnungskurs lediglich über beziehungsweise unter dem Schlusskurs des Vortages notiert, dann spricht man in Fachkreisen auch von einem Lap. Die meisten Trader (mich eingeschlossen) neigen aber dazu, beide Szenarien als Gap zu bezeichnen, also sowohl tatsächliche Gaps als auch Laps. Da wir aber gerade das Uups-Set-up behandeln, ist es notwendig, dass wir diese Unterscheidung anstellen.

Der Uups-Einstiegspreis liegt somit im Falle eines Up-Gaps dort, wo der Hochkurs des Vortages gebrochen wird. Bei Down-Gaps liegt der Einstiegskurs dort, wo der Tiefkurs des Vortages gebrochen wird. Der folgende Chart von QLGC zeigt sowohl ein Uups-Up-Gap, das gleich zwei potenzielle Einstiegskurse anbietet, als auch einen Inside-Bar-Einstieg und einen Uups-Einstieg.

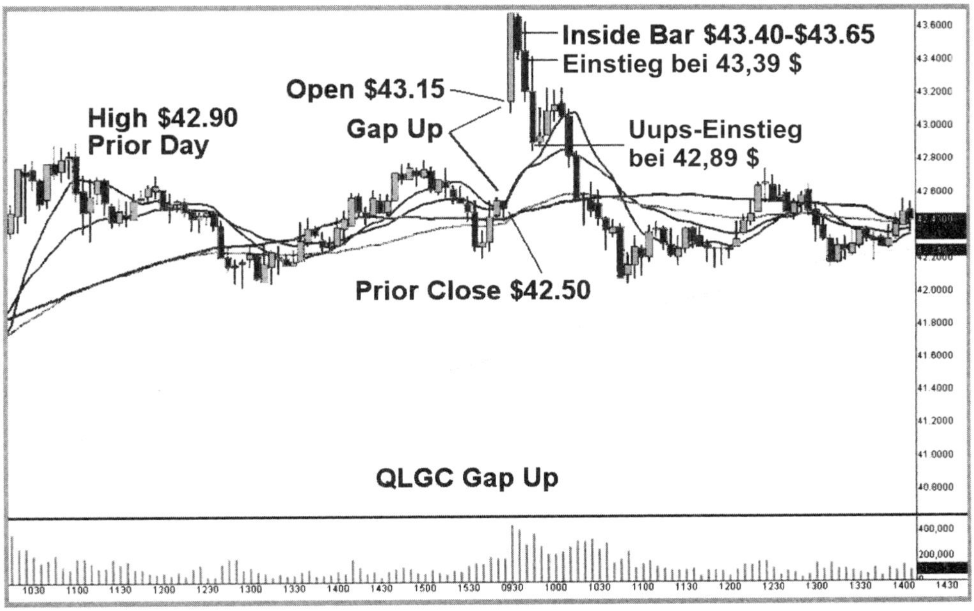

Das nächste Bild zeigt das Set-up in Nahaufnahme. Gleich zwei potenzielle Einstiegspunkte des letzten Charts werden hier näher erläutert.

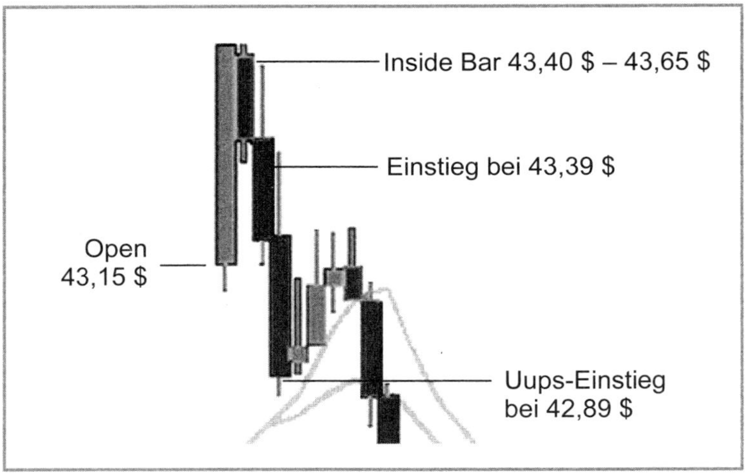

Schauen wir uns nun wieder den vorherigen Chart an. Wie Sie sehen können, liegt der Hochkurs des vorangegangenen Handelstages bei 42,90 Dollar. Am nächsten Tag eröffnete QLGC bei 43,15 Dollar, was eindeutig über dem Hochkurs des Vortages liegt. Somit ergibt sich eine Uups-Trading-Möglichkeit. Der Einstiegskurs liegt in diesem Fall genau unter dem Tageshoch des Vortages, und zwar bei 42,89 Dollar.

Abgesehen davon kann man einen Inside-Bar ausmachen, der ebenfalls ein Signal für eine Trendwende darstellt. Obwohl Sie noch die Bestätigung des Uups-Set-ups abwarten könnten, könnten Sie dennoch schon aufgrund des Inside-Bars eine Position eröffnen. Wie vorher erwähnt, liegt der Einstiegskurs bei Inside-Bars (bei Up-Gaps) knapp unterhalb des Tiefkurses des Inside-Bars. Da die Preisspanne des Inside-Bars zwischen 43,40 und 43,65 Dollar liegt, wäre der potenzielle Kurs für einen Leerverkauf bei 43,39 Dollar. Danach sollten Sie sofort eine Stopp-Loss-Order setzen, die knapp oberhalb des Hochs des Inside-Bars liegt. Sollte dieser Punkt allerdings zu nahe am aktuellen Kurs liegen, können Sie auch nach anderen Widerständen Ausschau halten, die für Sie Sinn machen, beispielsweise die Hochkurse von vorangegangen Bars. Sollten Sie jedoch die Bestätigung des Uups-Set-ups abwarten wollen, dann läge ihr Einstiegskurs bei 42,89 Dollar.

Der offizielle Kurs für eine Stopp-Loss-Order beim Traden von Uups-Set-ups liegt am Tageshoch. Da dieser Kurs aber schon sehr weit weg vom aktuellen Kurs liegen könnte, bin ich nicht gerade ein großer Fan dieser offiziellen Regel. Meiner

Meinung nach sollten in diesem Fall das Risikoempfinden des einzelnen Traders sowie das gesamte Set-up mit allen Begleiterscheinungen Ausschlag darüber geben, wo der Stopp-Loss nun gesetzt wird. Sollte die Preisspanne allerdings nicht zu groß sein, kann man sich durchaus an die offizielle Empfehlung halten und seine Order knapp über dem Tageshochkurs platzieren. Sollte dies nicht der Fall sein, würde ich versuchen, einen anderen vernünftigen Ort für meine Order zu finden, und mögliche Gewinne so schnell wie möglich realisieren, um nicht einen Gewinn-Trade in einen Verlust-Trade zu verwandeln.

Wenn Sie sich allerdings unbedingt an die offizielle Empfehlung des Uups-Set-ups halten wollen, können Sie einfach an der Positionsgröße Änderungen vornehmen. Kleinere Positionen erlauben es Ihnen, weitere Stopps zu setzen, ohne Ihren Money-Management-Regeln untreu zu werden. Welche Entscheidung auch immer Sie treffen, vergessen Sie nie, dass der Erhalt des Kapitals essentiell für jeden Trader ist. Treffen Sie keine unvernünftigen Entscheidungen. Wenn der Trade keinen Sinn macht, dann macht er eben keinen Sinn. Konzentrieren Sie sich auf den nächsten. Das ist langfristig der Weg zum Erfolg.

Wenn es zu einem Down-Gap im Zusammenhang mit einem Uups-Set-up kommt, gelten natürlich dieselben Regeln wie bei einem Up-Gap, nur eben umgekehrt. In diesem Fall liegt Ihr Einstiegskurs knapp über dem Tiefkurs des Vortages, und Ihre Stopp-Loss-Marke liegt knapp unterhalb des Tagestiefs. Sollte das Tagestief jedoch so weit weg vom aktuellen Kurs liegen, dass sich der Trade nicht mit Ihrem Money-Management vereinbaren lässt, dann suchen Sie nach anderen Unterstützungen oder ändern Sie die Positionsgröße.

Gap-and-Go-Einstieg

Obwohl es, vor allem nach sehr großen Gaps, oft vorkommt, dass der Kurs durch ein Snapback-Reversal wieder auf sein ursprüngliches Niveau zurückfällt, kann es auch vorkommen, dass sich der Kurs auch nach einem Gap in dieselbe Richtung weiterbewegt. Ich nenne das dann Gap-and-Go.

Aber was soll man an solchen Gap-and-Go-Tagen nun machen? An manchen Tagen ist es ausreichend, sich an die 10:00-Uhr-Regel, die ich im Kapitel »Intraday Timeframes« behandelt habe, zu halten. Um die Regel wieder in Erinnerung zu rufen, werde ich sie hier noch einmal erwähnen.

Wenn es zu einem Up-Gap kommt, sollte man so lange von einem Kauf dieser Aktie absehen, bis die Aktie nach 10:00 Uhr ein neues Tageshoch ausbildet. Kommt es hingegen zu einem Down-Gap, sollte man so lange mit einem Leerverkauf warten, bis es zu neuen Tiefkursen nach 10:00 Uhr kommt.

Hält man sich nun an diese Regel, kauft man eine Aktie, wenn sie nach einem Up-Gap ein neues Hoch bildet und 10:00 Uhr bereits vorbei ist. Am folgenden Chart von QLGC sehen Sie genau so ein Beispiel.

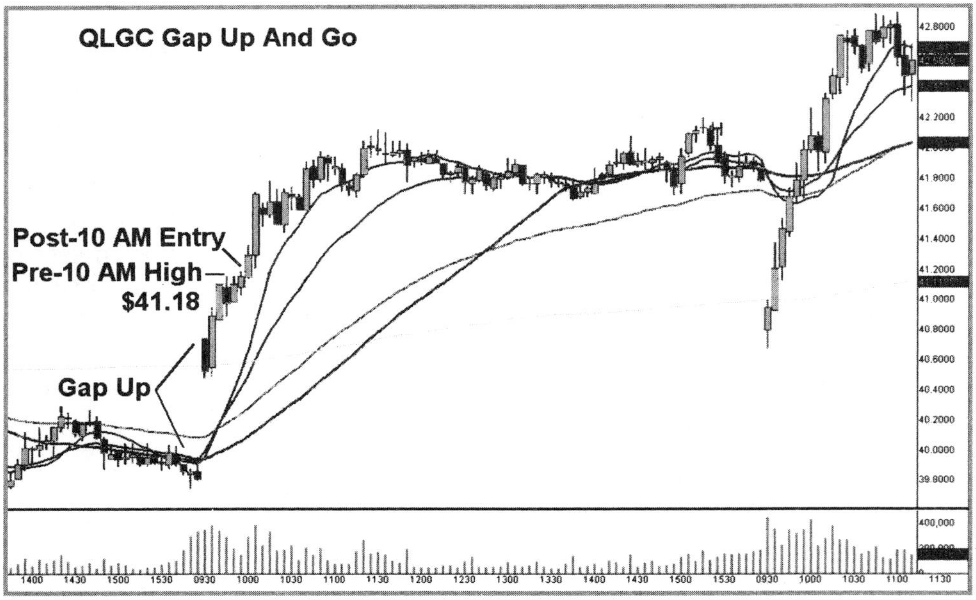

Wie Sie auf dem Chart erkennen könne, ist es nach dem Up-Gap nicht zu einem Snapback-Reversal gekommen. Die Kurse stiegen weiterhin an. Das ist ein eindeutiges Zeichen dafür, dass die Käufer weiterhin die Oberhand im Markt halten konnten beziehungsweise dass der Verkaufsdruck immer mehr nachgelassen hat.

Der Hochkurs vor 10:00 Uhr betrug 41,18 Dollar. Sobald der Kurs nach 10:00 Uhr nun über jener Marke (zum Beispiel 41,19 Dollar) notiert, kann man eine Long-Position eröffnen. Danach wird natürlich wieder ein Stopp-Loss gesetzt, und zwar knapp unterhalb des Tiefkurses, der vor 10:00 Uhr erreicht wurde. Sollte dieser Punkt zu weit vom aktuellen Kurs abweichen und deshalb nicht mit Ihrem Risikoempfinden einhergehen, dann sollten Sie entweder nach anderen Unterstützungen suchen, die dem aktuellen Kurs näher sind, oder ganz einfach die Positionsgröße reduzieren. Das Handhaben von Stopps wird im Kapitel »Stopps verwenden« näher behandelt.

Wie Sie auf dem vorigen Chart erkennen können, hätte die eben genannte Strategie zu ordentliche Profiten geführt. Nun sehen Sie ein weiteres Beispiel für ein Gap-and-Go.

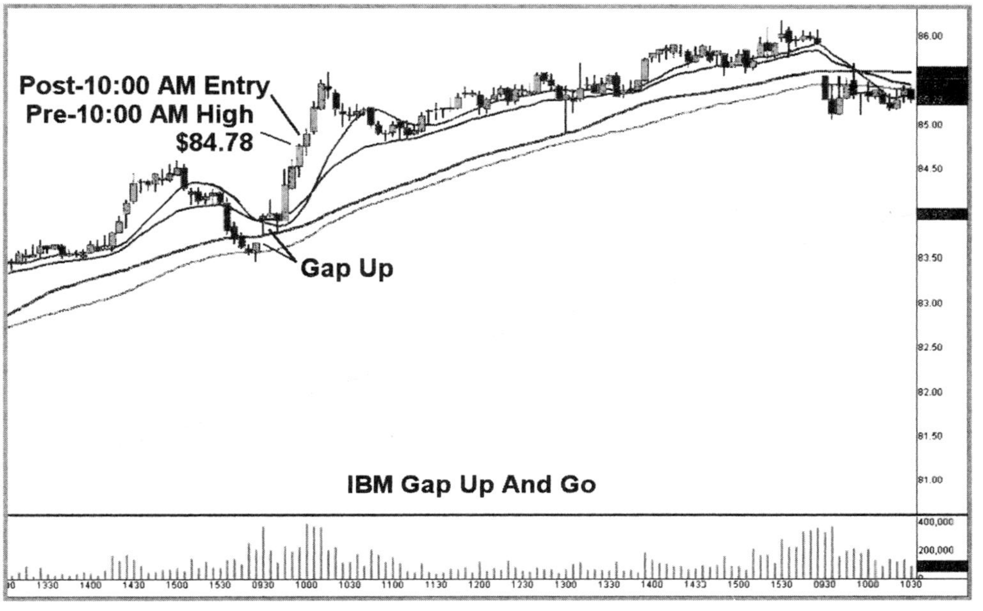

Auch auf diesem Chart ist unverkennbar, dass der Kaufdruck auch nach 10:00 Uhr weiter anhält. IBM kann den Impuls des Up-Gaps auch bis nach 10:00 Uhr mitnehmen. Nachdem der Kurs von 84,78 Dollar (was den Hochkurs bis 10:00 Uhr repräsentiert) durchbrochen wird, bietet sich ein Kauf der Aktie an. Gleich danach wird natürlich wieder ein Stopp-Loss gesetzt, der unter dem Tiefkurs der vor 10:00 Uhr gebildeten Bars liegt. Macht der Stopp-Loss auf diesem Niveau keinen Sinn, muss man sich nach anderen Marken umsehen beziehungsweise die Positionsgröße anpassen.

Vermutlich haben Sie mit dem, was jetzt kommt, schon gerechnet. Denn wenn es zu einem Down-Gap kommt, lässt sich die 10:00-Uhr-Regel natürlich ebenfalls anwenden: nach einem Down-Gap ganz einfach auf einen neuen Tiefkurs nach 10:00 warten und eine Short-Position eröffnen.

Der nächste Chart zeigt ebenfalls ein Gap-and-Go-Set-up, das sich nach einem Down-Gap bei KLAC gebildet hat.

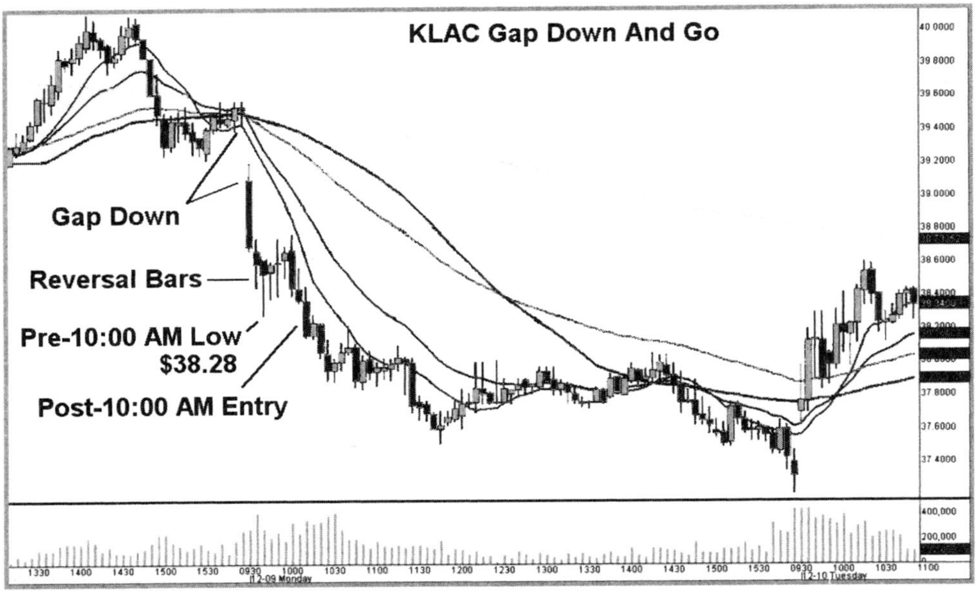

Wenn man nur einen kurzen Blick auf den obigen Chart wirft, dann sieht man, dass es durchaus möglich gewesen wäre, hier eine Long-Position zu eröffnen. Die Reversal-Bars sprechen dafür. Obwohl dieser Trade in diesem Fall ausgestoppt worden wäre, wäre es nicht falsch gewesen, eine Position zu eröffnen. Im späteren Kapitel »Das gewisse Etwas« werden wichtige Indikatoren vorgestellt, die Ihnen behilflich sein werden, solche »falschen« Entscheidungen zu vermeiden. Der gesetzte Stopp-Loss hätte den Schaden jedoch ohnehin begrenzt. Wie ich schon erwähnt habe, können Fehlsignale von Reversal-Bars durchaus starke Signale sein. Und zwar in genau die andere Richtung, was sich in diesem Bereich als lukrativ erwiesen hätte.

Egal ob Ihre Long-Position nun ausgestoppt worden wäre oder nicht: Nachdem nach 10:00 Uhr noch weitere Tiefkurse gebildet wurden, hätte sich ein Short-Engagement ohnehin angeboten. Danach hätten Sie wieder einen Stopp-Loss knapp über dem Hochkurs von vor 10:00 Uhr gesetzt. Wie schon mehrmals erwähnt, ist es nicht notwendig, sich eisern an die Regel zu halten, wenn der Stop-Loss zu weit vom aktuellen Kurs entfernt wäre. Suchen Sie ganz einfach nach anderen Widerständen.

Auch auf diesem Chart von ADTN sehen Sie ein Down-Gap.

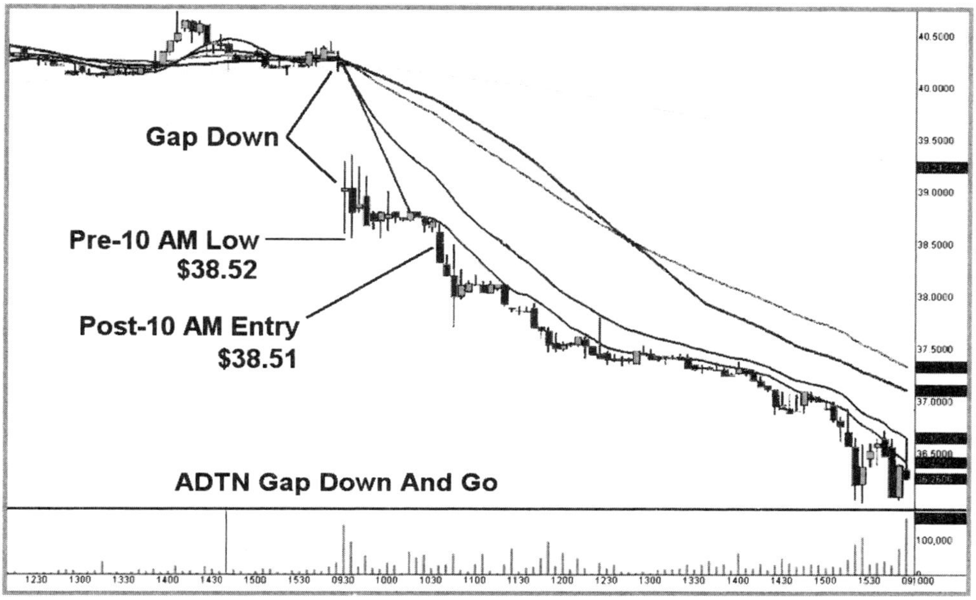

Auch auf diesem Chart ist von einem Snapback-Reversal nichts zu sehen. Nachdem sich der Preis kurz konsolidierte, setzte er seine Talfahrt fort. Der Tiefkurs vor 10:00 Uhr betrug exakt 38,51 Dollar. Nachdem dieser Kurs nach unten hin verletzt wurde, eröffnen Sie eine Short-Position und setzen den Stopp-Loss knapp oberhalb des Hochkurses von vor 10:00 Uhr.

Wenn Sie ein Gap-and-Go-Set-up traden, sollten Sie versuchen, Ihren Stopp-Loss nachzuziehen, sobald die Kurse einigermaßen in Ihre Richtung gelaufen sind. Nähere Informationen zu dieser Thematik finden Sie unter »Profite mitnehmen« und »Stopps verwenden« unter »Exit-Strategien« später in diesem Kapitel.

Flacher Start und kleine Gaps

An Tagen, an denen eine Aktie flach (also entweder auf dem Level des Schlusskurses des Vortages oder knapp darunter beziehungsweise darüber) eröffnet oder sich nur ein minimales Gap bildet, sollten Sie den Markt arbeiten lassen. Lassen Sie es erst zu einem Trend kommen, bevor Sie eine Position eingehen.

Auch hierbei ist natürlich die 10:00-Uhr-Regel anwendbar. Wenn der Markt beziehungsweise eine Aktie nach 10:00 Uhr einen neuen Hochkurs bildet, dann gehen Sie eine Long-Position ein. Sollte es zu einem neuen Tiefkurs kommen, dann eröffnen Sie eine Short-Position.

Exit-Strategien

Da Sie nun gelernt haben, wie man mit Hilfe der technische Analyse Einstiegspunkte festlegt, wenn es um Gap-Trades geht, wollen Sie natürlich auch wissen, wie man Preisziele anhand der technischen Analyse festlegt. In diesem Teil des Buches geht es um genau diese Frage.

Sie dürfen natürlich nie vergessen, dass Sie beim Traden auch noch andere Faktoren als die technische Analyse berücksichtigen müssen. Auf der einen Seite ist natürlich die Hauptursache für den Trade wichtig, nämlich Ihre ursprünglichen Erwartungen in das Set-up. Ein weiterer Einflussfaktor beim Schließen einer Position kann außerdem das Erreichen des täglichen Profitzieles darstellen.

Andere Faktoren wiederum betreffen den individuellen Kursverlauf der einzelnen Aktie sowie das Verhalten des Gesamtmarktes. Auch die individuelle Strategie der Gewinnmitnahme kann von Bedeutung sein. Für eher längerfristige Trades muss natürlich auch die 10:00-Uhr-Regel berücksichtigt werden.

Wenn ein Trade gegen Sie läuft, dann bestimmt ohnehin die Stopp-Loss-Order den Ausstieg. Bei Trailing-Stopp-Orders kommt es darauf an, wo genau der Stopp ausgeführt wird. Das wissen Sie nämlich im Gegensatz zur klassischen Stopp-Loss-Variante noch nicht im Voraus.

Wenn es gerne mit technischen Indikatoren arbeiten, dann werden Sie vor allem ein Auge auf Chartformationen werfen, die Sie für potenzielle Exit-Strategien verwenden können, beziehungsweise jene, die Sie zur Vorsicht mahnen.

Auf den nächsten Seiten werde ich verschiedene Techniken vorstellen, die mir persönlich dabei helfen, Preisziele zu definieren, die mir dann beim Glattstellen der Position und bei der Mitnahme von Profiten dienen. Ich werde des Weiteren auf Beispiele eingehen, die technische Signale liefern, die ein sich abschwächendes Momentum beziehungsweise eine Trendumkehr signalisieren.

Exit beim Gap-Fill

Wenn ein es zu einem Gap-Fill kommt, bilden sich immer wieder wichtige Zonen von Unterstützung und Widerstand. Und zwar dann, wenn der Kurs der Aktie jenen Preis erreicht, zu dem am Vortag geschlossen wurde.

Somit ist der Schlusskurs des Vortages ein Preisziel, an dem Sie die Möglichkeit der (teilweisen) Positionsglattstellung beziehungsweise eine Gewinnmitnahme bedenken sollten. Auf jeden Fall aber sollten Sie an diesem Punkt ihren Stopp-Loss auf den Einstandspreis nachziehen, damit ihr Gewinn-Trade kein Verlierer wird. Da jedoch viele Trader darauf warten, dass es zu einem Gap-Fill kommt, und sich an diesen Stellen auch Widerstände (nach einem Down-Gap) beziehungsweise Unterstützungen (nach einem Up-Gap) bilden, kann es klug sein, seine Position schon ein wenig vorher (teilweise) glattzustellen. Man muss nicht unbedingt den Gap-Fill abwarten.

Wenn ein es zu einem Gap-Fill kommt und das Gap ein gewisses Ausmaß erreicht beziehungsweise übersteigt, dann stelle ich meine Position immer zumindest teilweise glatt. Wenn ein eher kleines Gap (zum Beispiel 0,40 Dollar) gefüllt wird, dann ziehe ich lediglich meinen Stopp-Loss nach oder stelle meine Position teilweise glatt. Was auch immer ich tue: Ist das Gap erst einmal gefüllt, erlaube ich dem Trade nicht mehr, noch ein Verlust-Trade zu werden.

Auf dem folgenden Chart von MSFT können Sie erkennen, wie so ein Widerstand nach einem Down-Gap aussehen kann. In diesem Fall kam es nach dem Gap-Fill zu einem Widerstand (wenn auch nur für ein paar Bars).

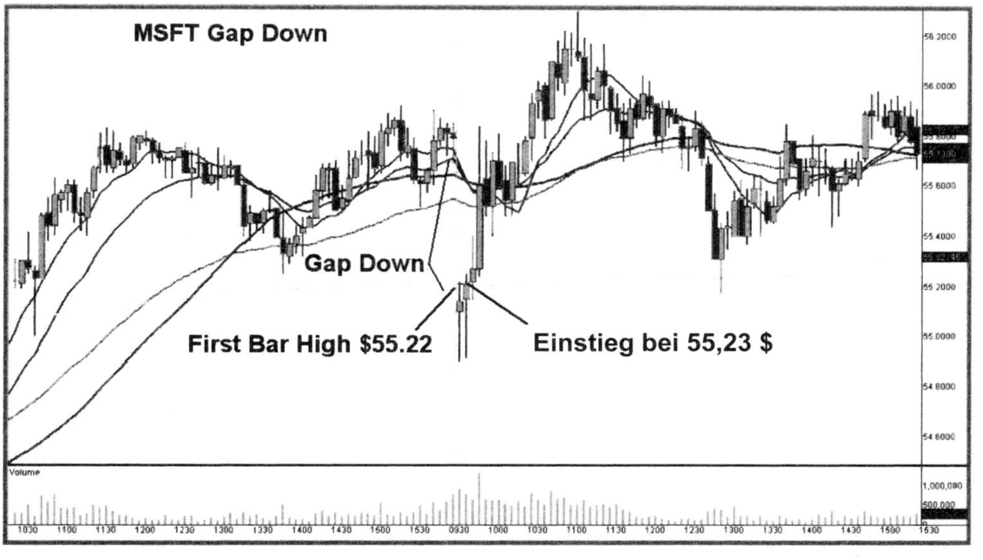

Ein klarer Bruch des Schlusskurses vor der Gap-Bildung spricht normalerweise für ein starkes Momentum. Auch in diesem Fall erwies sich diese Theorie als richtig, denn die Kurse stiegen weiter. Eine weitere wichtige Information, die man anhand des Charts einfach nachweisen kann, ist die, dass Widerstände, nachdem sie gebrochen wurden, oftmals später als Unterstützung dienen.

Reversal-Bar-Exit

Wichtige Warnsignale liefern auch so genannte Candlestick-Reversal-Bars. Um eine generelle Ahnung von Reversal-Bars zu bekommen, lesen Sie bitte das gleichnamige Kapitel weiter vorne im Buch.

Zu Candlestick-Reversal-Bars kommt es oft, wenn einer Bewegung langsam, aber sicher die Kraft ausgeht. Ein gutes Beispiel liefert eine Nahaufnahme eines Teiles des vorangegangenen MSFT-Charts. Wie Sie sehen können, begannen die Kurse kurz nach der Bildung des Reversal-Bars zu fallen.

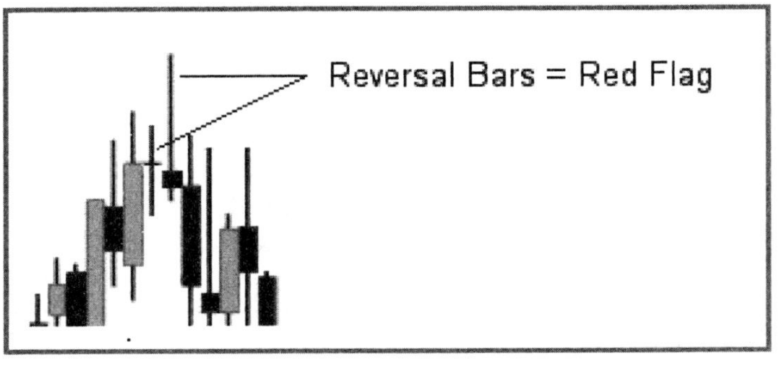

Der erste Reversal-Bar beziehungsweise die erste Kerze in der Abbildung zeigt einen Doji. Man sollte dies als rote Flagge ansehen, da sowohl Eröffnungs- als auch Schlusskurs des Bars sehr nahe beieinander liegen. Die nächsten Kerze wird als Shooting Star (beziehungsweise Inverted Hammer) bezeichnet. Diese Kerzen sprechen für das Ende eines Aufwärtstrends, was auch in diesem Fall zutreffend war.

Bei Reversal-Bars handelt es sich um sehr beliebte Instrumente der technischen Analyse. Obwohl es mir in diesem Buch leider nicht möglich ist, allzu genau auf Candlesticks allgemein und die Vielzahl an Kerzenformationen im Speziellen einzugehen, möchte ich Ihnen dennoch unsere Homepage www.trendfund.com ans Herz legen. Hier können Sie unsere aktuellen Empfehlungen bezüglich vertiefender Literatur in diesem Fachgebiet einsehen.

Natürlich können Reversal-Bars auch das Ende eines Abwärtstrends indizieren. Ein Beispiel hierfür ist der Chart von GNSS, bei dem es zu einem Up-Gap kam.

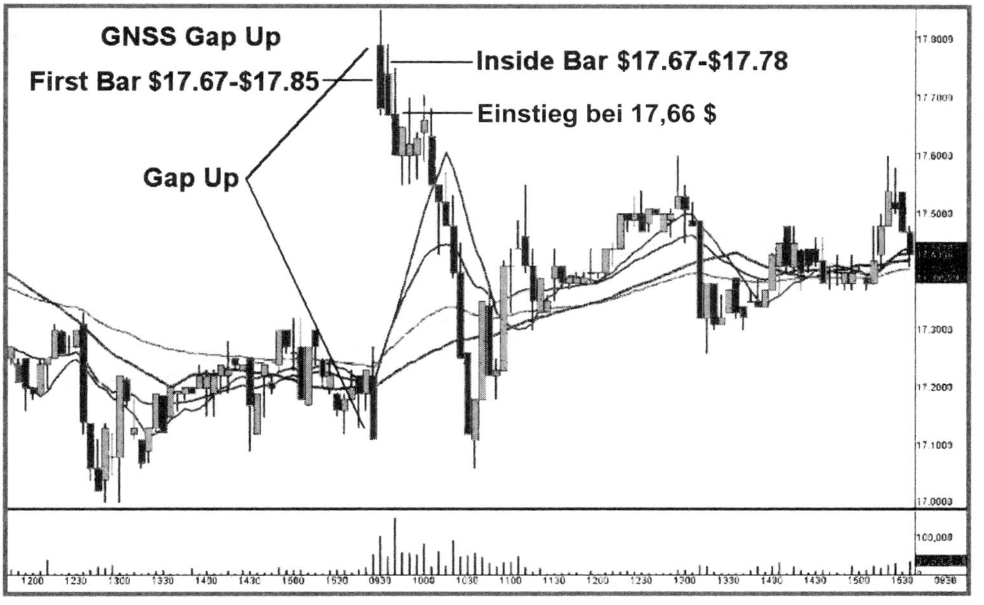

Wenn Sie nun einen Blick auf den Chart werfen, wird Ihnen sofort der Hammer ins Auge stechen, der sich nach der Füllung des Gaps gebildet hat. Kurz darauf war der Abwärtstrend beendet, und die Kurse begannen wieder zu steigen. Ein Hammer zeigt sehr oft das Ende eines Abwärtstrends an. Auf der nächsten Abbildung können Sie den Hammer noch einmal in Nahaufnahme betrachten.

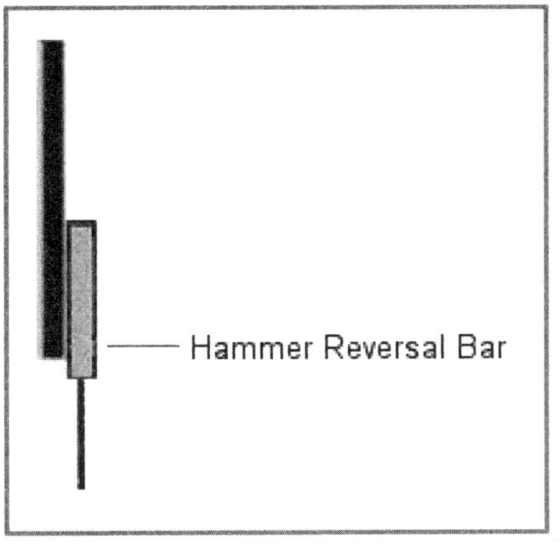

Obwohl ich meine Entscheidungen nicht unbedingt an das Erscheinen von Reversal-Bars knüpfe, unterschätze ich dennoch ihre Aussagekraft nicht, sondern erhöhe meine Aufmerksamkeit. Manchmal stelle ich dann meine Positionen teilweise glatt oder ziehe den Stopp nach. Nachdem ich den Trade dann einige Zeit konzentriert beobachtet habe, kann es sein, dass ich meine ganze Position schließe.

Gewinne mitnehmen

Bereits im letzten Kapitel habe ich darauf hingewiesen, wie wichtig es ist, buchmäßige Gewinne zu realisieren. Bei der Mitnahme von Profiten verfolgt man automatisch eine Exit-Strategie. Da es in diesem Kapitel jedoch um technische Analyse geht, werde ich auch auf technische Indikatoren eingehen.

Zunächst ist es wichtig festzustellen, dass Trades, die ihr Kursziel erreicht haben und somit Gewinn-Trades darstellen, auf keinen Fall noch zu Verlierern werden dürfen. Hierzu ist es ratsam, seine Position beim Erreichen einer gewissen Kursmarke zumindest teilweise glattzustellen. Um einen Verlust-Trade zu vermeiden, sollte man den Stopp-Loss mit Erreichen des Kursziels auf den Einstandskurs nachziehen. Wenn man es vermeidet, Gewinner zu Verlierern werden zu lassen, hat dies zweierlei Vorteile. Auf der einen Seite schützt es Ihr Kapital, und auf der anderen Seite vermeiden Sie die psychologische Belastung, die solch ein Szenario mit sich bringt. Daher sollten Sie sich diesen Satz zur Regel für Ihr Trading machen. Lassen Sie Gewinn-Trades unter keinen Umständen noch zu Verlust-Trades werden.

Wie schon erwähnt, versuche ich immer, Gewinne zu realisieren, wenn ein Trade in meine Richtung läuft. Ich versuche meistens, Profite mitzunehmen, wenn sich der Kurs dem ersten starken Widerstand nähert. Beim Traden von Gaps befindet sich dieser meist dort, wo das Gap gefüllt wird. Wenn sich ein Trade jedoch schon sehr stark im Profit befindet, neige ich dazu, meine Position teilweise glattzustellen, noch bevor sich der Kurs dem ersten bedeutenden Widerstand nähert. Warum sollte ich auch riskieren, die Früchte meiner Arbeit nicht zu ernten? Wichtige Einflussfaktoren sind hierbei jedenfalls die Größe des Gaps beziehungsweise der Umfang meines buchmäßigen Gewinnes. Daher ist mein tatsächliches Verhalten sehr stark von der jeweiligen Situation abhängig.

Für gewöhnlich stelle ich meine Position jedoch zu 50 Prozent glatt, wenn das Gap gefüllt wird. Je nachdem, wie stark und überzeugend das Set-up noch auf mich wirkt, kommt es auch vor, dass ich einen noch größeren Teil meiner Position oder die ganze Position glattstelle. Wenn ich jedoch das Gefühl habe, dass die Kurse weiterhin in meine Richtung laufen, dann stelle ich die Hälfte meiner Position glatt und ziehe den Stopp-Loss auf meinen Einstandskurs nach. Hierbei suche ich nach jenem Kurs, der auch meine Transaktionskosten noch abdeckt. Wenn es jedoch Sinn macht, dann lege ich den neuen Stopp-Loss auch schon mal in der Gewinnzone fest. Manchmal straffe ich dann noch zusätzlich meinen Trailing-Stopp. Nehmen Sie an, dass mein Trailing-Stopp zu Beginn des Trades bei 0,75 Dollar liegen würde. Wenn ich nun meine halbe Position glattgestellt habe, dann ziehe ich meinen Trailing-Stopp auf etwa 0,30 oder 0,40 Dollar nach.

Wenn ich nun mit meinen verbleibenden Aktien beachtliche Gewinne erzielen kann, dann versuche ich, auch diese zu realisieren. Eventuell verkaufe ich ein weiteres Mal meine halbe Position. Danach lasse ich die Position so lange laufen, bis mein Trailing-Stopp ausgelöst wird und ich ausgestoppt werde. Wenn ich jedoch auf Reversal-Bars treffe, dann wird ein Glattstellen meiner Position sehr wahrscheinlich. Zumindest ziehe ich meinen Stopp-Loss nach.

Wie Sie schon bemerkt haben werden, gibt es eine Vielzahl von Strategien, wie man Profite mitnehmen kann. Vor allem, wenn man bedenkt, dass jeder Trader ein anderes Risikoempfinden hat. Viele Trader stellen ihre gesamte Position glatt, sobald die Gewinne ein gewisses Level erreicht haben, andere wiederum warten die Füllung des Gaps ab. Ich persönlich nehme meine Profite gerne auf Raten mit, damit gebe ich dem Trade die Chance, noch profitabler zu werden. Welche Strategie Sie nun wählen, obliegt aber natürlich ganz allein Ihnen.

Die Quintessenz ist jedoch ganz banal. Realisieren Sie Gewinne! Lassen Sie Gewinn-Trades nicht zu Verlierern werden, nur weil Sie gerne einen größeren Gewinn mit einem Trade gemacht hätten. Denn das wird auf lange Sicht nicht gut gehen. Wenn Sie mit einem Trade Geld verdient haben, dann war es ein guter Trade. Sie haben vielleicht schon einmal von dem Sprichwort gehört, dass noch kein Trader bankrott gegangen ist, weil er Profite mitgenommen hat. Diese Weisheit gilt natürlich auch für das Traden von Gaps.

Begeben Sie sich auch nicht auf die Jagd nach dem perfekten Trade. Es ist nicht möglich, konstant Top und Bottoms zu erahnen. Halten Sie sich einfach an Ihren Plan. Das wird Ihnen auf lange Sicht einen Vorteil bringen. Sie werden zwar das eine oder andere Mal ausgestoppt werden, jedoch auch viele Gewinner dabeihaben, die Sie sonst versäumt hätten. Der Erhalt des Trading-Kapitals steht im Vordergrund, vergessen Sie die perfekten Trades. Versuchen Sie, aus Erfahrung zu lernen. Dann können Sie auch Ihren Trading-Plan adaptieren. Und dann gehen Sie wieder einen Trade ein.

Stopps verwenden

In diesem Teil des Buches geht es vorwiegend um die Verwendung von Stopp-Loss-Orders. Es ist sehr wichtig, dass Sie sich schon vor dem Eingehen eines Trades bewusst sind, wie groß der maximale Verlust bei diesem Trade sein darf. Haben Sie diesen festgelegt, können Sie ganz einfach die Stopp-Loss-Marke bestimmen.

Da die Volatilität beim Traden von Gaps mitunter sehr hoch sein kann, bevorzuge ich es, weitere Stopp zu setzen, wenn ich trade. Der genaue Punkt ist jedoch auch hier wieder von verschiedenen Einflussfaktoren abhängig, die in die Entscheidung einfließen. Deshalb rate ich Ihnen, die folgenden Empfehlungen auch als solche zu sehen und nicht als strikte Regeln. Wie Sie sie dann anwenden, unterliegt natürlich dem verschiedenen Umständen des Trades und ihrem eigenen Risikoempfinden.

Initial-Stopp

Bevor ich einen Gap-Trade eingehe, überlege ich mir zuerst, wie hoch mein maximaler Verlust bei diesem Trade ausfallen darf. Da jedoch die Umstände, wie Volatilität, die Gap-Größe oder die Marktmeinungen, bei jedem Trade verschieden sind, muss ich auch meine Stopp-Losses immer wieder anpassen. Natürlich berücksichtige ich hierbei auch die spezifische Gap-Größe, den Aktienkurs und die historische Trading-Range.

Ich würde beispielsweise bei einer Aktie, die bei 50,00 Dollar notiert, einen weiteren Stopp wählen als bei einer, die bei 2,00 Dollar notiert. Denn Aktien, die zu einem höheren Kurs notieren, weisen für gewöhnlich auch größere Trading-Ranges auf. Bewegungen von zwei oder drei Dollar sind bei solchen Aktien nicht ungewöhnlich. Eine Zwei-Dollar-Aktie hingegen bewegt sich eher in einer Bandbreite von 0,05, 0,10 oder 0,20 Dollar. Es ist somit vollkommen logisch, dass Faktoren wie der Aktienkurs und die Trading-Range in die Festlegung des Stopps einfließen müssen.

Wenn eine Aktie um 0,50 oder 0,60 Dollar ein Gap ausbildet, dann verwende ich für gewöhnlich einen Stopp zwischen 0,40 und 0,50 Dollar. Wenn ich nun einen Trade bei 50, 30 Dollar eingehe, dann liegt mein Stopp in etwa bei 49,90 Dollar (50,30 – 0,40 = 49,90). Oftmals spielen runde Zahlen in der Trading-Psychologie eine große Rolle, wenn auch nur sehr kurzfristig. So liegen Widerstände und Unterstützungen oftmals bei Levels von beispielsweise 49,00 , 50,00 oder 51,00 Dollar. Daher versuche ich beim Setzen meiner Stopps auf diesen Umstand Rücksicht zu nehmen und platziere sie dementsprechend knapp darüber oder darunter. Allerdings nur, wenn der Stopp auf diesem Level weiterhin Sinn macht.

Je nachdem, wie groß das Gap nun tatsächlich ist, würde ich meine Stopps natürlich anpassen und nicht willkürlich über den Abstand des Stopps zum Einstandskurs entscheiden. Mein maximaler Stopp würde bei hochgepreisten Aktien somit in etwa einen Dollar ausmachen, wenn das Gap groß genug war. Weiter würde ich einen Trade wohl nicht gegen mich laufen lassen. Eine gute Strategie hierbei ist zu untersuchen, wie sich die Aktien in der Vergangenheit bei der Eröffnung verhalten haben. Aktien verhalten sich normalerweise in Mustern (Trends), somit lassen sich vernünftige Stopps schon im Voraus bestimmen.

Tageshochs beziehungsweise Tagestiefs eignen sich auch hervorragend für das Setzen von Initial-Stopps. Da Hoch- beziehungsweise Tiefkurse eines Tages oftmals Unterstützungen beziehungsweise Widerstandszonen darstellen, kann ein Bruch eben dieser bedeuten, dass eine Aktie nach einem Gap ihren Kurs nicht umdreht. In diesem Fall möchte ich natürlich ausgestoppt werden. Sollten diese Hoch- beziehungsweise Tiefpunkte jedoch keinen Sinn machen, da sie einerseits zu nah am oder zu weit vom Einstiegskurs entfernt sind, muss man den Stopp natürlich anpassen und auf ein vernünftiges Level bringen.

Auch Fibonacci-Levels und wichtige Durchschnitte können bei der Bestimmung von Widerstands- und Unterstützungszonen und somit zur Ermittlung von Stopp-Losses helfen. Die wichtigsten Durchschnitte sind in diesem Zusammenhang wohl jene bei zehn, 20, 50 und 200 Tagen. Wenn Sie zur Bestimmung Ihrer Stopp-Losses von der technischen Analyse Gebrauch machen, dann sollten Sie Ihre Stopps knapp unterhalb (beziehungsweise oberhalb) der erwarteten Kursziele festlegen. Denn immer wieder kommt es in diesen Bereichen zu kurzfristigen »Flase-Brakes«. Die Festlegung von Stopps nach technischen Gesichtspunkten kann dann von Vorteil sein, wenn jener Fall eintritt, den wir zuvor bereits besprochen haben, nämlich dass das Setzen von Stopps in bestimmten Situationen nach gewissen Regeln einfach keinen Sinn macht. Grundsätzlich kann man sagen, dass Unterstützungen beziehungsweise Widerstände dann aussagekräftiger sind, wenn mehrere technische Indikatoren dafür sprechen. Sollte beispielsweise der Fall eintreten, dass ein Hochkurs, ein 200-Tage-Durchschnitt und ein Gap-Fill gleichzeitig auftreten, hat das in der Regel mehr Signifikanz, als wenn lediglich einer dieser Fälle eintritt.

Beim Verwenden der technischen Analyse ist es ratsam, seine Stopps so zu platzieren, dass man genau dann ausgestoppt wird, wenn das Chartmuster endgültig als fehlgeschlagen interpretiert werden kann.

Natürlich kann man seine Stopp-Losses auch an dem absoluten Betrag orientieren, den man bei einem einzelnen Trade zu verlieren bereit ist. Wenn Sie beispielsweise pro Trade einen Verlust von 500 Dollar in Kauf nehmen und die Positionsgröße 1.000 Aktien umfasst, dann sollte Ihr Stopp-Loss nicht weiter vom Einstiegspreis entfernt sein als 0,50 Dollar (500 Dollar / 1.000 Aktien = 0,50 Dollar). Natürlich darf man hierbei nicht die prozentuelle Veränderung der Aktie und die absolute Positionsgröße aus den Augen verlieren. Ein Stopp von 500 Dollar macht bei einem Aktienengagement von 1.000 Aktien à 1,00 Dollar, also 1.000 Dollar, absolut keinen Sinn. Der Stopp würde hierbei weiterhin 0,50 Dollar pro Aktie betragen, und somit würden Sie die Hälfte Ihres Geldes verlieren, bevor Ihre Position ausgestoppt würde. Dieses Beispiel dient natürlich nur Illustrationszwecken und würde in der Praxis wohl nicht vorkommen. Wenn es um Gaps geht, dann traden wir nur Aktien, die über 10,00 Dollar notieren. Das liegt daran, dass auf Aktien, deren Wert unter 10,00 Dollar liegt, diese Regel (wie viele anderen auch) meist nicht anwendbar ist. Je höher der absolute Wert einer Aktie ist, desto verlässlicher lassen sich Gaps in der Regel traden. Außerdem sind hoch notierende Aktien meistens auch volatiler als solche mit niedrigem Wert. Haben Sie keine Angst davor, 100 Stücke einer Aktie zu traden, die gerade bei 70,00 Dollar notiert. Im Laufe der Zeit werden Sie bemerken, dass solche Engagements attraktiver sein können als eine größere Anzahl von Aktien, die bei 7,00 Dollar notieren.

10:00-Uhr-Stopp

Im Zeitverlauf beziehungsweise nach signifikanten Bewegungen im Kurs Ihrer gekauften Aktien müssen Sie Ihren Stopp natürlich anpassen. Der letzte Zeitpunkt, um zumindest die Sinnhaftigkeit ihres Initial-Stopps zu überdenken, ist 10:00 Uhr vormittags. Zu diesem Zeitpunkt können Sie die 10:00-Uhr-Regel zur Bestimmung eines etwaigen neuen Stopps heranziehen. Die 10:00-Uhr-Regel wurde im Laufe dieses Buches bereits besprochen. Um Sie uns wieder in Erinnerung zu rufen, werde ich ihren Inhalt dennoch noch einmal wiederholen:

Wenn eine Aktie ein Up-Gap ausbildet, dann sollte man so lange mit einem Long-Engagement warten, bis sie nach 10:00 Uhr noch neue Hochkurse bildet. Dasselbe gilt natürlich auch für Down-Gaps. Man sollte somit ein Short-Engagement vermeiden, bevor nicht nach 10:00 Uhr ein neuer Tiefkurs gebildet wurde.

Um die 10:00-Uhr-Regel tatsächlich anzuwenden, können Sie Ihre Stopps an den Hoch- beziehungsweise Tiefkursen orientieren, die vor 10:00 Uhr aufgetreten sind.

Wenn der Markt beispielsweise ein Down-Gap bildet, Sie eine Long-Position eingehen und es 10:00 Uhr wird, dann ziehen Sie Ihren Stopp auf Levels ein wenig unterhalb des Tiefkurses von vor 10:00 Uhr. Sollte der Markt hingegen ein Up-Gap ausbilden und Sie eine Short-Position eröffnen, dann sollten Sie nach 10:00 Uhr den Stopp auf Levels knapp über den Hochkurs von vor 10:00 Uhr ziehen.

Sie wundern sich vielleicht, warum ich Ihnen gerade die 10:00-Uhr-Regel beim Setzen von Stopp-Losses ans Herz lege. Das liegt vor allem an der Verhaltensweise von Market-Makern und Specialists, wenn es um den Orderfluss geht. Wenn die ersten Orders nämlich vor der eigentlichen Markteröffnung eintreffen, wenn das Volumen noch gering ist, dann kann es vorkommen, dass ein Mangel an Käufern beziehungsweise Verkäufern vorliegt. Market-Makers und Specialists sind in diesem Fall dazu verpflichtet, einen Kurs zu bilden, auch wenn sie dazu die Gegenposition mit eigenen Wertpapieren eingehen müssen. Da auch sie dazu verpflichtet sind, Geld zu verdienen (zumindest wenn sie ihren Job behalten wollen), werden sie die Kurse nach oben beziehungsweise unten korrigieren, je nachdem, von wo der Orderdruck kommt. Nachdem der Markt nun eröffnet hat, herrscht für etwa 30 Minuten große Unsicherheit und Fluktuation, da Market-Maker ihren eigenen Bestand an Wertpapieren nachjustieren müssen. Daraus resultieren einerseits Gaps und andererseits eine hohe anfängliche Volatilität. Wenn die Market-Maker wieder Gleichgewicht in ihren Wertpapierbestand gebracht und Geld verdient haben, beginnt sich der tatsächliche Tagestrend aufgrund der Kauf- und Verkaufsorders zu entwickeln. Deshalb ist es wichtig, seine Stopps immer im Auge zu behalten und sie gegebenenfalls an die Marktrichtung anzupassen.

Trailing-Stopp

Bei einem Trailing-Stopp handelt es sich um einen Stopp, der sich automatisch anpasst, sobald sich der Kurs des gehandelten Underlyings verändert, beziehungsweise um einen Stopp, der manuell angepasst wird, wenn es zu Preisveränderungen kommt. Man kann Trailing-Stopps nun einerseits dazu verwenden, den Stopp bei steigenden Kursen einer Long-Positions nach oben hin nachzuziehen, oder andererseits den Stopp bei fallenden Kursen einer Short-Position nach unten hin nachzuziehen.

Viele der heute üblichen Trading-Plattformen bieten ihren Kunden das Setzen von Stopps an, die sich automatisch an den Kursverlauf anpassen. Wenn Ihr Broker Ihnen diesen Service nicht anbieten sollte oder Sie gerne die absolute Kontrolle über Ihre Trades behalten wollen, können Sie Ihre Stopps natürlich auch manuell anpassen oder nachziehen.

Ich möchte Ihnen nun anhand eines Beispiels erklären, wie solche Trailing-Stopps funktionieren beziehungsweise arbeiten. Nehmen wir an, dass Sie eine Long-Position bei 50,00 Dollar eröffnen. Ihr Initial-Stopp liegt in diesem Fall 0,50 Dollar unter Ihrem Einstiegskurs und repräsentiert den maximalen Betrag, den Sie pro Aktie zu verlieren bereit sind. Sie wollen allerdings lieber mit einem Trailing-Stopp arbeiten als mit einem unbeweglichen Stopp, da Sie vermeintliche Buchgewinne zumindest teilweise absichern wollen.

Nachdem Sie ihre Position nun bei 50,00 Dollar eröffnet haben, setzen Sie umgehend einen Trailing-Stopp bei 49,50 Dollar. Wenn der Kurs nun sofort gegen Sie läuft und unter 49,50 Dollar fällt, werden Sie mit einem Verlust von 0,50 Dollar ausgestoppt. Sollte Ihre Position jedoch zwischenzeitlich 0,25 Dollar in Ihre Richtung laufen, hätte sich auch Ihr Stopp um 0,25 Dollar nach oben korrigiert. Würden Sie nun ausgestoppt, dann mit einem Verlust von lediglich 0,25 Dollar, wenn der Preis auf 49,75 Dollar fallen würde. Dasselbe gilt natürlich auch dann, wenn der Preis auf 51,00 Dollar gestiegen wäre. In diesem Fäll läge ihr Stopp nun bei 50,50 Dollar, und Sie würden bei diesem Level mit einem Gewinn von 0,50 Dollar ausgestoppt. Wie Sie ganz einfach erkennen können, vollzieht ein Trailing-Stopp so lange die steigenden Kurse um 0,50 Dollar versetzt nach, bis die Kurse wieder um 0,50 Dollar fallen. Bei fallenden Kursen verändert sich der Stopp-Loss-Kurs jedoch nicht. Entweder man wird ausgestoppt, oder der Stopp wird weiter nachgezogen, sobald der Kurs sich wieder weiter als 0,50 Dollar entfernt. Das schließt natürlich nicht aus, dass Sie Ihre Position jederzeit glattstellen könnten. Im vorangegangenen Beispiel wäre es ratsam gewesen, Profitmitnahmen zu tätigen, als auf das Ausstoppen zu warten. Daher sollten Trailing-Stopps eher dafür genutzt werden, Ihre Risken zu limitieren beziehungsweise Ihre Gewinne abzusichern, denn als ultimative Profitmitnahmetaktik herzuhalten.

Ein sehr großer Vorteil bei automatischen Trailing-Stopps liegt darin, dass Sie einen großen Teil Ihrer Verantwortung bezüglich Stopp-Losses Ihrer Trading-Plattform überlassen können, was sehr hilfreich sein kann, wenn Sie mehrere Trades auf einmal betreuen. Auf der anderen Seite nehmen automatische Stopps absolut keine Rücksicht auf unerwartete Umstände, die während eines Trades durchaus auftreten können. Es kann nämlich durchaus vorkommen, dass Sie mit einer Position bereits erhebliche Buchgewinne verzeichnen konnten und daher einen Pullback von 0,55 beziehungsweise 0,60 Dollar gerne in Kauf nehmen. Ihr Trailing-Stopp würde jedoch dennoch bei einem Pullback von 0,50 Dollar ausgelöst, und Ihre Position wäre geschlossen. Es könnte sich beispielsweise eine signifikante Unterstützung um 0,10 Dollar unterhalb jenes Kurses befinden, bei dem Ihr Trailing-Stopp getriggert, also ausgelöst, würde. Wenn Sie Ihren Trailing-Stopp nun nicht schnell genug nachjustieren beziehungsweise einen fixen Stopp platzieren, kann es sein, dass Sie aus einem Trade mit hervorragendem Set-up ausgestoppt werden und Ihnen somit potenzielle Gewinne entgehen.

Wenn Sie mit fixen Stopps arbeiten, dann liegt alle Verantwortung bei Ihnen, wenn es darum geht, den Stopp nachzuadjustieren. Wenn Ihre Position nun ordentlich in den Gewinn gelaufen ist, liegt es an Ihnen, den Stopp nachzuziehen und somit einen Teil Ihrer Gewinne zu sichern. Wie das rein technisch funktioniert, ist von Trading-Plattform zu Trading-Plattform verschieden. Einige lassen es zu, dass man den alten Stopp aktualisiert und somit nicht den alten entfernen muss, bei anderen Plattformen muss man den alten Stopp jedoch manuell entfernen und dann einen neuen setzen. Wie auch immer Ihr persönlicher Broker diese Thematik handhabt, es liegt ausschließlich an Ihnen, Ihre früheren Stopps anzupassen.

Welchen Typ man nun auswählt, bleibt einzig und allein der persönlichen Präferenz überlassen. Wenn Sie beispielsweise ein Gap traden, können Sie ja zunächst mit fixen Stopps arbeiten, diese aber nach einer gewissen Zeit anpassen. Sie können aber auch von Beginn an mit automatischen Trailing-Stopps arbeiten. Sie können natürlich auch mit einem fixen Stopp beginnen, anschließend aber zu automatischen Trailings-Stopps wechseln. Egal, welche Taktik Sie nun schlussendlich wählen, vergessen Sie nicht, ihre Gap-Trades zu verfolgen, wenn es zu einem Gap-Fill kommt oder wenn sich der Kurs alten Hoch- beziehungsweise Tiefkursen nähert. Und wie schon oft beschrieben, kann es auch hier kein Fehler sein, seine halbe Position glattzustellen und den Stopp auf den Einstandskurs nachzuziehen.

Stopp vs. Limit-Stopp

Bevor wir nun das Thema Stopp-Loss-Orders hinter uns lassen, möchte ich noch auf eine Frage eingehen, die mir im Laufe meiner Karriere immer wieder gestellt wurde, nämlich jene, welche Stopp-Loss-Order nun die bessere sei: eine Stopp-Limit-Order oder eine Standard Stopp-Loss-Order. Viele Trading-Plattformen lassen eine Unterscheidung gar nicht erst zu, und somit bleibt Ihnen oft nichts weiter übrig, als mit Standard-Stopp-Loss-Orders zu arbeiten.

Da Standard-Stop-Loss-Orders als Market-Orders ausgeführt werden, kann es sein, dass Sie in sich schnell bewegenden Märkten zu einem schlechteren Kurs ausgestoppt werden, als Sie das ursprünglich geplant und gehofft hatten. Es gibt tatsächlich nichts, was Sie dagegen tun könnten. Sie können zwar eine Stopp-Limit-Order setzten, die nur ausgeführt wird, wenn der Limit-Preis erreicht wird, dies führt Sie aber nur zu zusätzlichem Risiko. Wird nämlich eben jener festgelegte Kurs in einem sich schnell bewegenden Markt nicht erreicht, sondern übersprungen, wird Ihre Order nicht ausgeführt.

Wenn Sie beispielsweise eine Long-Position halten und sowohl Ihr Stopp-Kurs als auch Ihr Limit-Kurs bei 25,35 Dollar liegen, dann wird Ihr Stopp ausgelöst, und Ihre Order wird ausgeführt, sobald der Kurs der Aktie auf 25,35 Dollar oder darunter fällt. Diese Order wird wie eine ganz normale Limit-Order ausgeführt. Bewegen sich die Kurse allerdings in hohem Tempo, kann es durchaus sein, dass der Kurs von 25,36 Dollar direkt auf 25,34 Dollar fällt. Somit kommt bei 25,35 Dollar kein Kurs zustande. In diesem Falle wird Ihr Stopp zwar ausgelöst,

Ihre Order jedoch nicht ausgeführt. Denn 25,34 Dollar liegen unter dem Minimumpreis, den Sie beim Setzen der Limit-Order gesetzt haben. Nunmehr könnte der Kurs auf beispielsweise 22,00 Dollar oder weniger fallen, und Sie würden weiterhin auf Ihrer Position sitzen.

Eine reguläre Stopp-Loss-Order hingegen garantiert Ihnen den Ausstieg aus Ihrer Position, da es sich hierbei um eine Market-Order handelt. Der Preis, zu dem ausgeführt wird, ist hingegen nicht garantiert und kann durchaus unter dem angestrebten Kurs liegen. Handeln Sie allerdings liquide Titel, ist die Wahrscheinlichkeit einer Ausführung Ihrer Order nahe dem gewünschten Preis sehr wahrscheinlich. Handeln Sie hingegen sich schnell bewegende Aktien, die noch dazu ein geringes Volumen aufweisen, kann es sein, dass die Ausführung der Order alles andere als zufrieden stellend für Sie läuft. Nichtsdestotrotz wäre es mir immer noch lieber, bei 25,20 Dollar ausgestoppt zu werden, als gar nicht. Daher bevorzuge und empfehle ich, Standard-Stopp-Loss-Orders zu verwenden, die als Market-Order ausgeführt werden, wenn sie erst einmal ausgelöst wurden.

Natürlich muss man auch hierbei, wie eigentlich immer, die spezifischen Umstände eines jeden Trades berücksichtigen. Natürlich gibt es auch Situationen, bei denen Stopp-Limit-Orders Sinn machen. Beispielsweise wenn Sie einen Swing-Trade über Nacht halten und ein Gap Sie aus Ihrer Position werfen würde, noch bevor Sie einen weiteren Blick auf den Trade werfen konnten. Für mich persönlich stellt sich diese Problematik allerdings nicht, da ich, wie bereits unter »Swing Trades« beschrieben, alle Stopp-Losses entferne, bevor der Markt schließt, und sie am folgenden Morgen wieder anpasse. Das verhindert, dass Gaps mich aus meinen Positionen werfen.

Sie könnten allerdings auch den Limit-Preis einer Limit-Order etwas unterhalb des Stopp-Preises setzen. Dies würde eine Ausführung wahrscheinlicher machen. Ich persönlich bevorzuge dennoch Standard-Stopp-Loss-Orders.

Das gewisse Etwas

Trader sind immer auf der Suche nach dem gewissen Etwas, das es ihnen ermöglicht, einen Vorsprung gegenüber allen anderen Tradern zu haben. Irgendetwas, das einem frühzeitig Aufschluss über potenzielle Kursbewegungen oder die Richtung des Gesamtmarktes gibt, könnte von Vorteil und somit profitabel sein. Einschlägige Indikatoren oder jene, die scheinbar dem Markt den Weg vorgeben, sind ein Instrument auf der Suche nach dem gewissen Etwas.

Futures können beispielsweise solche Indikatoren darstellen. Sie eignen sich hervorragend zur Bestimmung der Richtung des Markes. Daher ist es nicht verwunderlich, dass man sie in Business-TV-Shows immer wieder zu sehen bekommt. So gut wie alle professionellen Trader verfolgen die Futures. Da sie Indikatoren mit einer gewissen Aussagekraft sind, ist es sehr wahrscheinlich, dass die Märkte ihre Bewegungen, in welche Richtung auch immer, nachvollziehen. Die meisten Trader verfolgen deshalb den Nasdaq 100 und den S&P 500 Index Future. Die meisten Direct-Acces-Broker bieten daher die Möglichkeit an, diese Futures zu verfolgen. Die spezifische Methode kann hingegen von Broker zu Broker variieren. Für genauere Informationen sollten Sie sich an Ihren Broker wenden. Dieser wird Ihnen die nötigen Informationen, die notwendig sind, um an Daten und Charts zu kommen, bereitstellen.

Der Nasdaq Composite kann durchaus als der führende Indikator angesehen werden, wenn es um Technologiewerte geht. Der Nasdaq setzt sich hauptsächlich aus Technologie-Aktien zusammen, und Technologie treibt für gewöhnlich den Markt. Wieso? Weil Technologie die Zukunft darstellt. Und jeder will lieber auf den Zug der Zukunft aufspringen, als in der Vergangenheit zu verweilen. Somit stellt Technologie einen führenden Indikator dar.

Sie können aber auch den Halbleiter-Index (SOX) als Indikator heranziehen. Computerchips werden mittlerweile in enorm vielen Produkten eingesetzt, und es hat den Anschein, als würde sich dieser Trend noch weiter fortsetzen. Deshalb stellt der SOX einen führenden Indikator dar.

Obwohl diese Indikatoren gewissermaßen bei der Navigation helfen, werden sie selbst kaum beim Trading an sich berücksichtigt (obwohl dies mittels Futures oder Optionen durchaus möglich wäre). Bei der gegenwärtigen Fragestellung geht es lediglich darum, diese Indikatoren zur Bestimmung der Richtung von Aktien zu nutzen.

Damit Sie die Dienste des SOC oder der Nasdaq allerdings sinnvoll nutzen können, ist es notwendig, dass Sie sich nach Aktien umsehen, die in einer gewissen Abhängigkeit zu diesen Indikatoren stehen. Ein paar Beispiele hierfür wären Technologiewerte wie KLAC, AMAT, QLGC oder EBAY. Diese Aktien stellen nur eine kurze Aufzählung dar und dienen lediglich Illustrationszwecken. Sie können nun diese (oder andere) Kandidaten für einige Tage beobachten. Wenn sich nun herausstellt, dass der eine oder andere Kandidat sich tatsächlich an der Richtung eines oder mehrerer Indikatoren orientiert, können Sie diesen Titel zu den potenziellen Trading-Kandidaten zählen. Sollte sich nun die Situation ergeben, dass ein führender Indikator zu einer Bewegung angesetzt hat, Ihr Kandidat davon allerdings noch unberührt ist (und dies ohne besonderen Grund wie beispielsweise unternehmensinterne Nachrichten etc.), stehen die Chancen gut, dass die Aktie mit dem Indikator »Fangen spielt« und somit einen potenziellen Trade darstellt. Im Kapitel »Laggards traden« wird auf diese Thematik noch näher eingegangen.

In den folgenden beiden Charts sehen Sie den Nasdaq und den SOX.

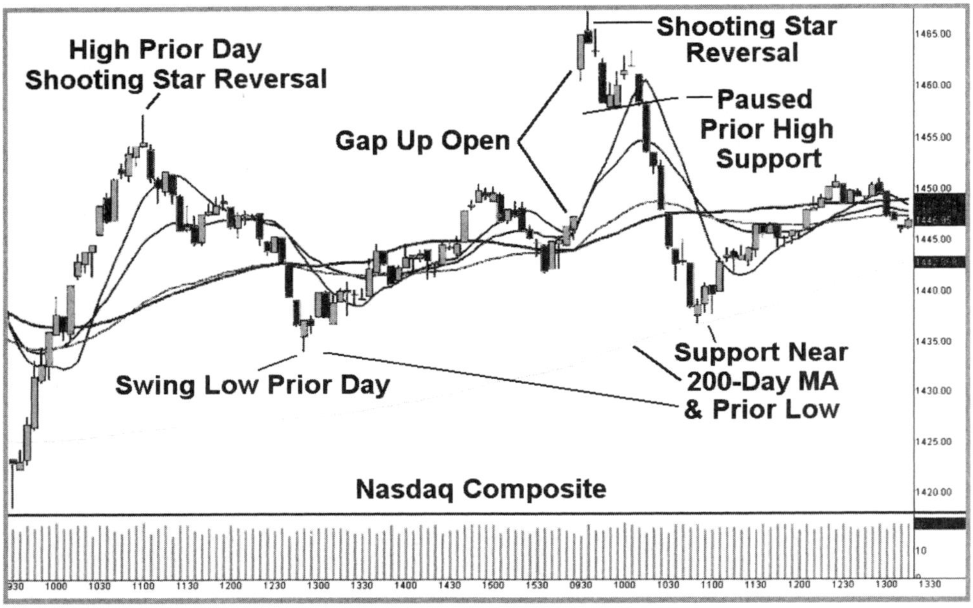

Auf dem Nasdaq-Chart ist ein Shooting Star zu sehen, der nicht nur eine potenzielle Trendumkehr signalisiert hat und das Tageshoch darstellt, sondern auch noch auf dem Level eines möglichen Future-Widerstandes liegt. Am nächsten Morgen wurde dieser Widerstand zunächst durchbrochen, danach kam es aber zu einem Pullback, der auf dem Level des alten Widerstandes temporär Unterstützung erhielt. Widerstände werden sehr häufig zu Unterstützungen, wenn auch nur für einen begrenzten Zeitraum. Ein weiteres Mal fällt ein Shooting Star auf, der ein Umkehrsignal gleich nach dem Gap generiert. Eine Unterstützung hingegen findet man beim 200-Tage-Durchschnitt, der sich ganz in der Nähe des Tagestiefs vom Vortag befindet. Unterstützungen erhöhen ihre Aussagekraft, wenn gleich mehrere Indikatoren darauf hinweisen. Wenn Sie nun einen Blick auf den Chart werfen, wird Ihnen auffallen, dass sich in der Nähe dieser Indikatoren tatsächlich eine Unterstützung gebildet hat.

Im nächsten Chart sehen Sie, wie sich der SOX zur selben Zeit wie der eben betrachtete Nasdaq-Chart verhalten hat.

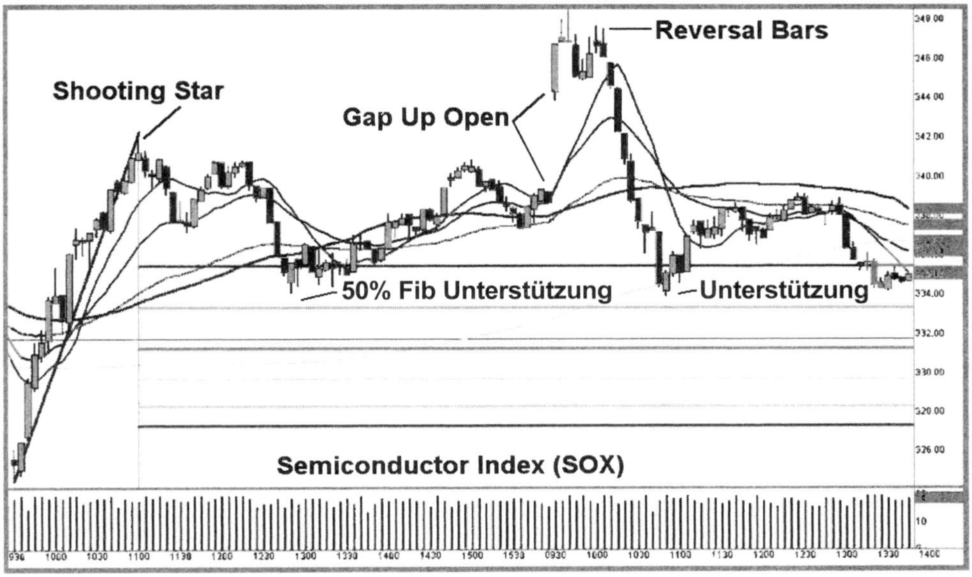

Beachten Sie die Gemeinsamkeiten der Charts. Genau wie beim Nasdaq bildete auch der SOX einen Shooting-Star-Reversal-Bar, der auch in diesem Fall das Tageshoch darstellten sollte. Nach dem Up-Gap am nächsten Morgen wiesen gleich mehrere Reversal-Bars auf einen Trendumkehr hin. Ich habe in diesem Fall auch die Fibonacci-Levels eingezeichnet (eine gute Chartsoftware sollte Ihnen dies ebenfalls ermöglichen). Fibonacci-Levels sind in der technischen Analyse weit verbreitet, um potenzielle Zonen von Unterstützung und Widerstand zu finden beziehungsweise Pivot-Punkte festzulegen. Da es den Rahmen dieses Buches sprengen würde, detaillierter über Fibonacci-Zahlen und -Levels zu sprechen, möchte ich Ihnen einige der vielen guten Bücher, die es zu diesem Thema gibt, empfehlen (www.trendfund.com). In diesem Fall möchte ich Sie nur auf die Unterstützung beim 50-Prozent-Fibonacci-Level hinweisen, die auch noch am nächsten Tag gehalten hat.

Wenn Sie Futures wie den SOX oder den Nasdaq Composite im Auge behalten, um Umkehrsignale oder Levels von Widerstand und Unterstützung ausfindig zu machen, dann sind Sie dem gewissen Etwas schon deutlich näher und bekommen eventuell frühzeitig eine Vorstellung davon, was mit Ihren Aktien passieren könnte. Wenn Ihnen ein Reversal-Bar oder ein sich bestätigendes Level von Widerstand oder Unterstützung auffällt, sollten Sie zumindest ein genaueren Blick auf Ihre offenen Positionen werfen. Manchmal werden Ihnen diese Indikatoren auch dabei helfen, Positionen einzugehen, zu schließen oder Stopp-Losses anzupassen.

6

Laggards traden

Die Kurse von Aktien, die sich im selben Wirtschaftszweig, Sektor oder derselben Branche befinden, bewegen sich oft in dieselbe Richtung. Wenn also der Kurs der einen Aktie steigt, steigt auch oft der der anderen.

Wenn Sie beispielsweise einen Blick auf den Chart von Aktien, die im Biotechnologiesektor tätig sind, werfen, wie Amgen (AMGN) und Biogen (BGEN), wird Ihnen auffallen, dass sie oftmals dieselbe Bewegung nachvollziehen. Eines der besten Beispiele findet man in der Vergangenheit, als die Aktien beider Firmen von Baryy Diller's IACI aufgekauft wurden. Dennoch werde ich Sie zur Veranschaulichung verwenden. Es handelt sich in diesem Fall um zwei Reisebüros, und zwar um Expedia (EXPE) und Hotels.com (ROOM). Es war bekannt, dass sich diese beiden Aktien derart gleichartig bewegten, dass gute Trader oftmals Zwei- bis Drei- Dollar-Bewegungen mitnehmen konnten, indem sie Laggard-Techniken anwandten, die wir in diesem Kapitel noch besprechen werden.

Was ist ein Laggard?

Wenn der Kurs einer Aktie den Bewegungen gleichartiger Aktien (solche, die denselben Unternehmensgegenstand haben oder im selben Sektor tätig sind beziehungsweise derselben Branche angehören) hinterherhinkt, spricht man von einem Laggard.

Die Preisdivergenz zwischen solch einem Laggard und einem branchengleichen Unternehmen wird für gewöhnlich innerhalb eines Handelstages oder am nächsten Tag geschlossen. Obwohl es natürlich von Faktoren wie spezifischen News oder den generellen Marktumständen abhängen kann, vollziehen Laggards Kursbewegungen von branchengleichen Unternehmen nach. Manchmal kann aber auch der umgekehrte Fall eintreten, und das andere Unternehmen fällt auf das Preisniveau des Laggards zurück.

Um herauszufinden, welche Aktien dazu neigen, diese Korrekturbewegung nachzuvollziehen, können Sie einen Blick auf die Stärke und Richtung des Gesamtmarktes werfen. Wenn der Markt nun stärker notiert und auch das branchengleiche Unternehmen fester notiert, ist es sehr wahrscheinlich, dass der Laggard die Lücke schließt und ebenfalls Kursanstiege verzeichnen kann. Dies gilt natürlich auch für den Fall, dass der Gesamtmarkt schwächer notiert und das branchengleiche Unternehmen Kurseinbußen hinnehmen muss. In diesem Fall ist es wahrscheinlich, dass auch der Laggard abgeben wird.

Beispiele für Laggards

Laggards stellen hervorragende Intraday-Trading-Möglichkeiten dar. Widmen wir unsere Aufmerksamkeit nun dem Biotech-Sektor. Sie können nach Biotech-Aktien suchen, die sich gewissermaßen gemeinsam bewegen. Ich werde auch in diesem Fall die Aktien von AMGN und BGEN verwenden, was nicht heißt, dass nicht auch andere Aktien dafür geeignet wären. Nehmen wir nun an, dass AMGN schon um zwei Dollar gestiegen ist, sich bei BGEN hingegen noch nichts tut. Da BGEN nun AMGN hinterherhinkt, ist es ziemlich wahrscheinlich, dass BGEN diese Kursbewegung aufholen wird, es sei denn, es wurden schlechte Unternehmensnachrichten bezüglich BGEN veröffentlicht, was Sie in jedem Fall überprüfen sollten. Daher bietet sich eine Long-Position in BGEN an.

Es kommt Tag für Tag zu solchen Trading-Möglichkeiten. Wenn Sie nun Aktien mit starker Korrelation finden und beobachten, können Sie nach Intraday-Preisdivergenzen Ausschau halten. Später werde ich Ihnen zeigen, wie eine Watchlist für solche Zwecke aussehen kann.

Kommen wir nun zu zwei weiteren Aktien, die sich immer wieder sehr ähnlich verhalten haben. Es handelt sich um Expedia (EXPE) und Hotels.com (ROOM). Beide boten Hotel- und Motelreservierungen online an, wobei Expedia zusätzlich Flugtickets, Flugreisen und andere Reiseservices anbot. Da sich nun beide Unternehmen im selben Online-Geschäft befinden, wirken sich Nachrichten, die das eine Unternehmen betreffen, auch auf das andere aus.

Betrachten Sie nun den folgenden Chart. Der Chart vergleicht die Intraday-Chart-Bewegungen der beiden Aktien. Fällt Ihnen auf, wie stark sich die Bewegungen ähneln?

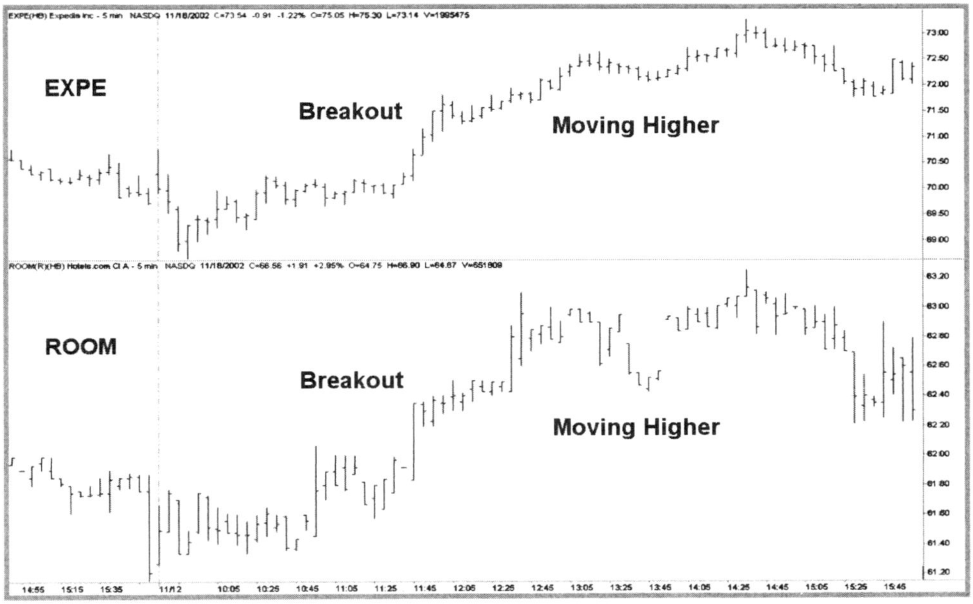

Dies ist nur eines von vielen Beispielen für Aktien die sich sehr ähnlich verhalten. Ich beobachtete und trade Aktien wie diese des Öfteren. Wenn es zu Preisdivergenzen kommt, versuche ich möglichst schnell herauszufinden, wieso. Wenn ich keinen guten Grund wie etwa unternehmensspezifische Nachrichten finde, dann bietet sich eine attraktive Trading-Möglichkeit. Denn entweder wird die eine Aktie der anderen folgen, oder aber die andere wird ihren Kurs wieder zurückkorrigieren.

Wenn beispielsweise EXPE um zwei Dollar gestiegen ist, ROOM hingegen keine deutliche Kursveränderung nachvollzogen hat, der Markt allerdings in einem Aufwärtstrend ist, würde ich wahrscheinlich Aktien von ROOM kaufen. Nachdem ich die Position nun eröffnet habe, gilt es, einen Stopp-Loss zu setzen. Diesen würde ich unter dem Tagestief platzieren oder nach einer starken Unterstützung suchen. Dabei darf aber mein vorher festgelegtes maximales Risiko nicht leiden und verletzt werden. Würde ROOM dann tatsächlich für mich laufen, würde ich meinen Stopp-Loss immer wieder nachziehen und Gewinne realisieren, sobald mir dies vernünftig erscheint.

Ich könnte aber auch meine halbe Position schließen und meinen Stopp-Loss auf den Einstiegskurs (inklusive aller Kommissionen) nachziehen. Nunmehr hätte ich meinen halben Profit bereits realisiert. Würde der Rest meiner Position nun weiterhin für mich laufen, könnte ich eine Trailing-Stopp-Loss-Order setzen, die mir einen Großteil meiner Buchgewinne absichern würde. Ich könnte aber auch warten, bis mir das Set-up nicht mehr viel versprechend genug erscheint, und meine Position manuell glattstellen.

Hier sehen Sie ein weiteres EXPE-Beispiel.

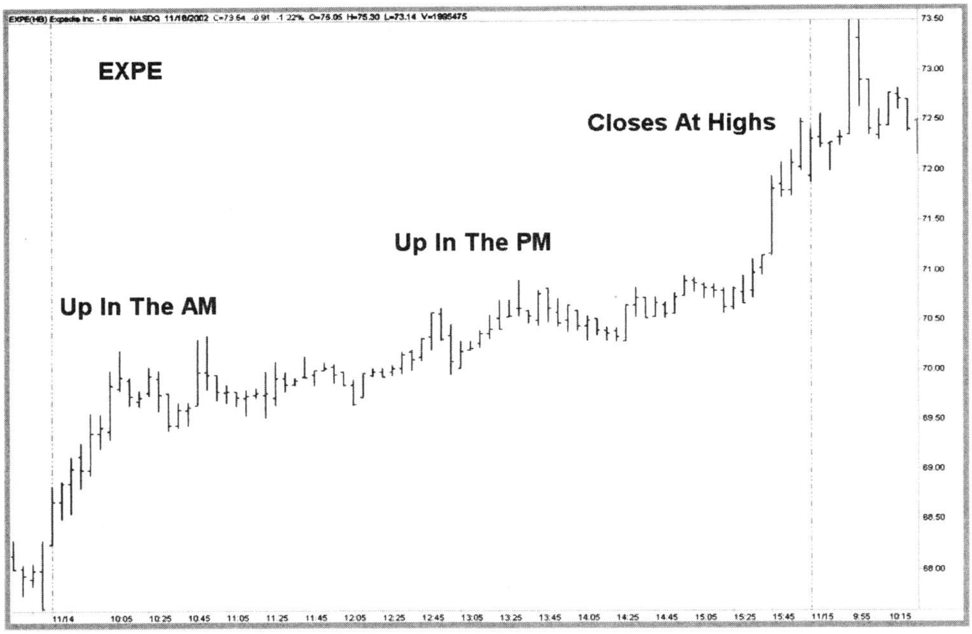

Ein kurzer Blick auf den Chart von EXPE genügt, um den Aufwärtstrend zu erkennen, der den ganzen Tag vorherrschend war. Der Tag beginnt mit einer starken Aufwärtsbewegung, die am Nachmittag abgeschwächt fortgesetzt wird. Der Schlusskurs lag dann knapp unterhalb der Tageshochs, nachdem der Kurs gegen Ende des Handels noch stark zulegen konnte. Vergleichen Sie nun den Chart von EXPE mit jenem von ROOM.

Genau wie EXPE konnte auch ROOM den Tag stark beginnen, fiel dann aber deutlich zurück und bildete neue Tiefs aus. Im Laufe des Handelstages verlief der Kurs der Aktie dann seitwärts. Der Kurs von ROOM hinkte jenem von EXPE ganz deutlich hinterher. Gegen Ende des Tages begann dann allerdings die Aufholjagd, und gegen Ende des Tages begann die Aktie stark zu steigen und konnte ebenfalls in der Nähe der Hochkurse schließen.

In jener Phase, in der ROOM EXPE hinterhinkte, hätte man eine Long-Position aufbauen können. Der Stopp-Loss wäre in diesem Fall knapp unterhalb der Tagestiefs beziehungsweise einer Unterstützung zu platzieren gewesen. Dies wiederum hängt von den genauen Umständen des Trades und Ihrem persönlichen maximalen Risiko ab.

Am folgenden Chart ist erneut die hohe Korrelation zwischen EXPE und ROOM erkennbar.

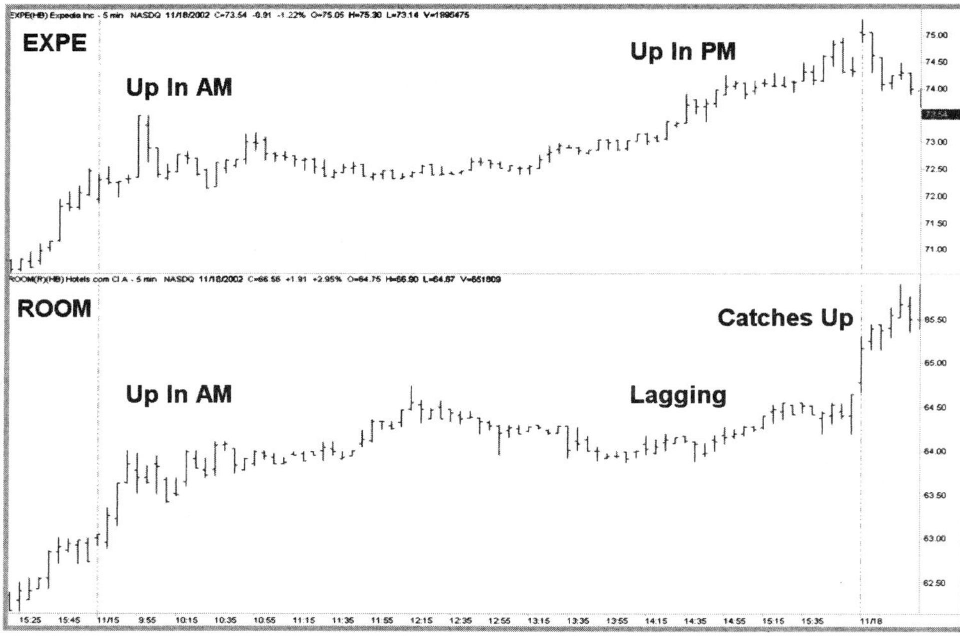

Obwohl beide Aktien stark eröffnen konnten, ist nicht zu übersehen, dass ROOM am Nachmittag erneut hinterherhinkte. Gegen Ende des Handelstages startete ROOM allerdings die Aufholjagd und konnte noch die EXPE-Bewegungen nachvollziehen.

Weiters ist am Chart zu erkennen, dass ROOM die Aufholjagd des Vortages zu Handelsbeginn noch nicht ganz abgeschlossen hatte (die vertikalen Linien im Chart zeigen die Pause zwischen den beiden Handelstagen). Manchmal kommt es also vor, dass Aktien anderen Aktien länger als nur einen Handelstag nachlaufen. Nichtsdestotrotz sind Engagements über Nacht mit einem gewissen Risiko verbunden, das ich nicht gerne bereit bin einzugehen. Daher trade ich Laggards lieber intraday und halte sie nur sehr selten über Nacht.

Laggards sind deshalb so attraktive Trading-Möglichkeiten, weil sie auf der einen Seite eine sehr hohe Eintrittswahrscheinlichkeit haben und auf der anderen Seite nur mit geringem Risiko behaftet sind. Im Fall von ROOM oder EXPE wäre ein Stopp von etwa einem Dollar völlig ausreichend, was ein sehr geringes Risiko darstellt, wenn man bedenkt, dass die Aktien ohne weiteres vier oder fünf Dollar intraday steigen können. Daher ergibt sich ein hervorragendes Chance-Risiko-

Verhältnis. Wenn der Nasdaq also geradezu nach einem Engagement schreit, dann stellen diese Aktien hervorragende Trading-Möglichkeiten für einen Intraday-Trade und -Profit dar.

Obwohl heutzutage nicht mehr so viele dieser Aktien zu finden sind wie gegen Ende der neunziger Jahre, kann man mit dem Traden von Laggards immer noch Profit machen. Um solche Laggards ausfindig zu machen, sollten Sie versuchen, ihre Watch-List nach Sektoren zu ordnen. Meine eigene ist ebenfalls nach Sektoren geordnet. Ich gruppiere beispielsweise nach Halbleiter-Aktien wie KLAC, NVLS, INTC, MXIM, LLTC, BRCM, AMCC; PMCS etc. oder Faseroptik-Aktien wie CSCO, JNPR, CIEN, JDSU, GLW oder nach Biotech-Aktien wie PDLI, HGSI, CRA oder nach Medikamenten-/Biotech-Aktien wie AMGN, BGEN, IDPH, DNA und so weiter. Vergessen Sie bitte nicht, dass ich die genannten Aktien nur zu Illustrationszwecken verwendet habe. Obwohl ich sie von Zeit zu Zeit trade, verändert sich meine Watch-List permanent gemäß den Marktgegebenheiten und meinen Intraday-Trades an sich. Es gibt noch zahlreiche Momentum-Aktien, aus denen Sie auswählen können.

7

Die Nachrichten traden

An jedem einzelnen Handelstag werden Nachrichten veröffentlicht, die Einfluss auf die Entwicklung der Märkte beziehungsweise einzelner Aktien haben können. Hierbei kann man zwischen Nachrichten unterscheiden, die die ganze Welt betreffen, ein Land, einen Sektor oder ganz einfach ein spezifisches Unternehmen.

Wenn nun Nachrichten über die Lage der Wirtschaft, ein Quartalsbericht oder andere Nachrichten auf die Performance einzelner Unternehmen Einfluss haben, dann nimmt der Markt oft an, dass andere, sehr ähnliche Unternehmen von dieser Nachricht ebenfalls beeinflusst werden könnten. Obwohl manchmal nicht der geringste Grund besteht, warum Nachrichten, die ein Unternehmen betreffen, auch andere betreffen sollten, kann allein die Vorstellungskraft der Anleger genügen, um den Aktienpreis zu verändern. Wenn nun also positive Nachrichten veröffentlicht werden und der Aktienkurs einer bestimmten Firma nun steigt, schauen sich Investoren nach branchengleichen Unternehmen um, die sie zu einem günstigen Preis erwerben können. Dasselbe gilt natürlich auch für negative Nachrichten. Wenn nun der Kurs einer Aktie zu fallen beginnt, sehen Trader die Chance für Short-Engagements und suchen ähnliche Unternehmen.

Wenn beispielsweise eine Aktie im Biotech-Sektor, wie Amgen (AMGN), seine Gewinnerwartungen bei weitem übertroffen hat beziehungsweise andere positive Nachrichten veröffentlicht werden, dann kann dies auch als gute Nachricht für andere Unternehmen im Biotech-Sektor interpretiert werden. Wenn Sie nun wüssten, dass zwischen bestimmten Aktien im Biotech-Sektor eine hohe Korrelation besteht, sich ihre Kurse also ähnlich bewegen, dann könnten Sie beispielsweise Biogen (BGN) beobachten und auf Trading-Möglichkeiten warten.

Letztlich kann es sogar vorkommen, dass sich zwei populäre Momentum-Aktien sehr ähnlich verhalten, ohne dass dafür spezifische Gründe ausschlaggebend wären. Wenn sich nun der Kurs einer dieser Aktien bewegt, vor allem wenn diese ein gewisses Ausmaß annimmt, dann beginnen Trader, dessen Konkurrenten ins Auge zu fassen, um potenzielle Trades eingehen zu können. Im Kapitel »Laggards traden« wurde diese Thematik ebenfalls eingehend erläutert.

Beim Traden von Nachrichten ist es wichtig, sich einen Überblick darüber zu verschaffen, wie sich in der Vergangenheit bestimmte Nachrichten auf bestimmte Aktien beziehungsweise den Gesamtmarkt ausgewirkt haben. Dabei ist auch wichtig herauszufinden, wie sich daraufhin andere Aktien verhalten haben. Denn nur dann kann man mit dem Traden der Nachrichten auch Geld verdienen. In diesem Kapitel geht es genau um diese Thematik. Wir werden Beispiele durchgehen, die den Einfluss von Nachrichten auf den Kursverlauf einzelner Aktien oder den Gesamtmarkt veranschaulichen.

Richtlinien beim Traden der Nachrichten

Wenn ich die Nachrichten trade, stehen zwei Dinge besonders im Vordergrund:

- die Verfassung des Gesamtmarktes
- der historische Kontext der Nachrichten

Marktumstände

Wann immer ich einen Trade aufgrund von Nachrichten eingehe, werfe ich vorher einen Blick auf die Verfassung des Gesamtmarktes. Für gewöhnlich versuche ich nicht, mich gegen die Richtung des Gesamtmarktes zu stellen, wenn dies die Umstände zulassen. Aber noch viel wichtiger ist, sich nicht gegen die Marktpsychologie oder die Markterwartungen zu stellen.

Wenn nun positive Nachrichten über ein bestimmtes Unternehmen veröffentlicht werden, der Markt sich allerdings in einem Abwärtstrend befindet, dann trade ich diese Nachrichten wahrscheinlich eher nicht. Sind hingegen die Nachrichten positiv, und der Markt befindet sich gerade in einem Aufwärtstrend, stehen die Chancen für ein Long-Engagement schon besser. Dasselbe gilt natürlich auch für schlechte Nachrichten, wenn sich der Markt gerade in einem Abwärtstrend befindet. In diesem Fall ist es sehr wahrscheinlich, dass ich eine Short-Position eröffne.

Die Marktpsychologie darf man in diesem Zusammenhang allerdings auch nicht vergessen. Sie ist mindestens genauso wichtig wie der momentane Markttrend. Reagiert der Markt nämlich momentan sehr sensibel auf eine gewisse Art negativer Nachrichten, ist es sehr wahrscheinlich, dass sie sich noch stärker auf den Aktienpreis eines Unternehmens auswirken. In diesem Fall ist es sehr leicht möglich, dass sich der Aktienkurs konträr zu dem des Gesamtmarkts bewegt. Später wird es zu dieser Thematik noch ein Beispiel geben.

Da der Gesamtmarkt beziehungsweise bestimmte Aktien zu einem gewissen Zeitpunkt immer wieder verschiedenartig auf dieselben Nachrichten reagieren, ist es wichtig, sich nicht nur an den Daten der Vergangenheit zu orientieren, was die Einschätzung der Kursbewegungen betrifft. Vielmehr muss auch ein Gefühl dafür entwickelt werden, wie der Markt wohl momentan auf diese Nachrichten reagieren wird.

Die besten Trading-Möglichkeiten bieten sich immer dann, wenn mehrere Faktoren zusammenspielen. Genau dies passiert, wenn positive Nachrichten veröffentlicht werden, der Markt sich zusätzlich gerade in einem Aufwärtstrend befindet und die Marktstimmung in einer bestimmten Branche gerade positiv ist. Dasselbe gilt natürlich auch, wenn all diese Faktoren in die negative Richtung tendieren.

Historischer Kontext der Nachrichten

Wie schon erwähnt, ist es sehr wichtig sich vor Augen zu führen, wie bestimmte Nachrichten in der Vergangenheit die Aktienkurse bewegt haben. Sie müssen herausfinden, wie sich eine ganz bestimmte Art von Nachrichten auf andere Aktien ausgewirkt haben, bei denen gleichartige Nachrichten veröffentlicht wurden. Noch besser ist es, wenn Sie auch noch herausfinden, wie sich deren Konkurrenten sowie deren Sektor und Branchen in derselben Zeit verhalten haben. Anhand eines Systems, das die Nachrichten kategorisiert, können Sie nun feststellen, ob die davon betroffenen Unternehmen oder ihre Konkurrenten gute Trading-Kandidaten darstellen.

Da diese historische Sicht der Dinge sehr wichtig ist, ist es ratsam, über einen bestimmten Zeitraum die Nachrichten zu verfolgen und zu sehen, wie sich die Nachrichten auf Aktien, Sektoren und Branchen auswirken, bevor Sie tatsächlich Ihr Kapital riskieren. Mit der Zeit werden Sie ein Gefühl dafür entwickelt haben, welche Nachrichten nun tatsächlich Auswirkungen auf die von Ihnen getradeten Aktien haben.

Die Bedeutung einzelner Nachrichten ist natürlich ebenfalls ein maßgeblicher Faktor: Je wichtiger die Nachricht, desto besser. Denn wichtige Nachrichten führen zu höherer Volatilität, was wiederum größere Kurs-Swings nach sich zieht. Diese bieten Ihnen noch attraktivere Trading-Möglichkeiten.

Es folgen nun einige Beispiele, wie sich Nachrichten auf Aktien beziehungsweise den Gesamtmarkt ausgewirkt haben.

Nachrichtengeschichten

Wie schon erwähnt, ist der tatsächliche Effekt von Nachrichten auf Aktienkurse auch sehr stark von der momentan herrschenden Marktpsychologie abhängig. Nur weil eine veröffentlichte Nachricht einmal eine Reaktion hervorgerufen hat, ist dies noch keine Versicherung, dass dies auch in der Zukunft der Fall sein wird. Marktreaktionen auf bestimmte Arten von Nachrichten können sich natürlich im Laufe der Zeit ändern.

Wenn über eine bestimmte Nachricht erst einmal eine Zeit lang berichtet wurde, wird sie schnell zum alten Hut. Sobald eine Nachricht nun »alt« ist, verliert sie auch ihren Einfluss auf die Performance der Aktien. Bedenken Sie bitte bei den folgenden Beispielen, dass Sie auch die momentan vorherrschenden Marktkonditionen berücksichtigen müssen. Vergessen Sie außerdem nicht, dass dies nur eine willkürliche Auswahl an Nachrichten und deren Auswirkungen auf Kurse hat und lediglich Illustrationszwecken dient.

Aktienkauf von Firmen-Officers (TYC)

Es kommt vor, dass Firmenverantwortliche eine große Anzahl von Aktien ihrer eigenen Firma kaufen. Dies wird meist als positive Nachricht interpretiert. Lesen Sie hier Nachrichten, die bezüglich Tyco International Ltd (TYC) veröffentlicht wurden:

»Sowohl der CEO (Chief Executive Officer) als auch der CFO (Chief Financial Officer) haben angekündigt, jeweils 500.000 Stück der Aktien zu kaufen. Dies hat zu einer Unterstützung im Intraday-Bereich geführt. Eine Umkehr im Preis-Momentum hat dazu geführt, dass Short-Positionen geschlossen wurden. Das Hoch des Aufschwungs war 32,60 Dollar. Der CEO und der CFO wollen damit beweisen, dass die Entscheidung richtig war.«

Am folgenden Chart können Sie sehen, wie die Nachrichten den Kurs von TYC beeinflusst haben.

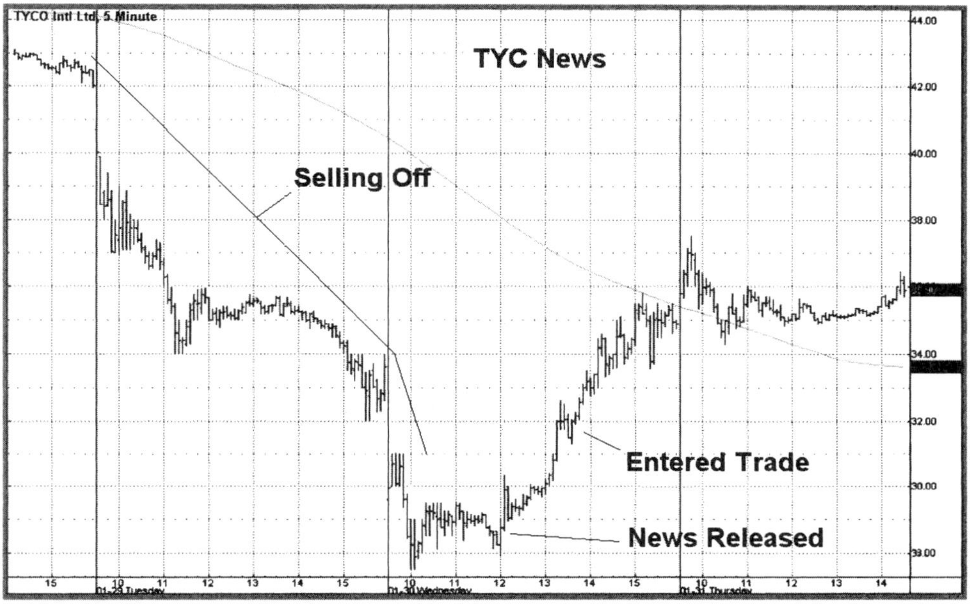

Wie Sie sehen können, verhielt sich der Aktienkurs unmittelbar nach Veröffentlichung der Nachricht relativ ruhig. In diesem Fall fiel der Preis der Aktie vor der Veröffentlichung der positiven Nachricht ziemlich stark, da von Ungereimtheiten bei der Bilanzlegung die Rede war. Diese schlechten Nachrichten wurden zu einem Zeitpunkt veröffentlicht, als der Markt alles andere als tolerant auf Nachrichten dieser Art reagierte. Wie schon erwähnt, ist es wichtig, ein Gefühl dafür zu entwickeln, welche Arten von Nachrichten einen starken und welche einen schwachen Einfluss auf Aktienkurse nehmen werden.

Da diese Aktie in den Vortagen von der Presse förmlich zerrissen wurde und Fondsmanager die Titel im großen Stil verkauften, schien mir das Risiko-Profit-Verhältnis sehr attraktiv. Die Mehrheit der Verkäufer musste mittlerweile ihre TYC-Aktien losgeworden sein, somit hätten positive Nachrichten einen stärkeren Effekt auf den Kurs. Als dann sowohl der CEO als auch der CEO ankündigten, dermaßen viele Aktien zu kaufen, war das für mich ein eindeutig positives Signal.

Noch dazu nahm ich an, dass noch eine Menge Short-Positionen im Markt sein würden, da die Aktie in den vergangenen Tagen ja ordentlich verloren hatte. Tatsächlich hatte sogar ich einige Tage zuvor noch eine Short-Position in dieser Aktie. Somit sollte jede Art von positiver Nachricht zu einem Short Squeeze führen. Ein Short Squeeze kommt dann vor, wenn Trader eine Short-Position aufbauen, die Aktien dann aber rückkaufen müssen, um ihre Positionen zu decken, wenn der Preis steigt. Dies treibt den Preis immer weiter nach oben, bis noch mehr Short-Positionen gedeckt werden müssen und schlussendlich ein Gleichgewicht gefunden wird.

Nachdem ich nun all diese Umstände berücksichtigt hatte, beschloss ich, diese Nachrichten zu traden, und empfahl dies sogar meinen Kunden, als ich sah, dass das Interesse an TYC immer weiter stieg. Innerhalb einer guten Stunde kletterte die Aktie um fast fünf Dollar – ein toller Intraday-Trade.

Vergessen Sie hierbei aber nicht, dass dies nur ein Intraday-Trade war. Obwohl ich eine Long-Position eröffnet hatte, heißt das nicht, dass ich die Nachrichten dahingehend interpretiert hätte, dass es sich bei TYC um ein gutes langfristiges Investment handelt. Tatsächlich war ich sogar der Meinung, dass die Aktie auch weiterhin fallen würde. Ich handelte lediglich aufgrund des attraktiven Risiko-Profit-Verhältnisses. Mein Stopp-Loss lag knapp unterhalb des Tagestiefs, also etwa einen Dollar entfernt. Der potenzielle Profit allerdings war ungleich höher, wie man letztlich am tatsächlichen Gewinn des Trades erkennen kann.

Insiderhandel (MSO)

Wenn es bei Nachrichten um Insiderhandel geht, kann auch dies den Kurs einer Aktie beeinflussen. Lesen Sie nun eine Nachricht betreffend Martha Stewart Living Omnimedia, Inc (MSO).

»Wie die *New York Times* berichtet, hat Martha Stewart, CEO von MSO und eine gute Freundin des früheren CEO von IMCL, all ihre IMCL-Aktien verkauft. Und dies ein oder zwei Tage bevor das Unternehmen ankündigte, dass die FDA ein ungünstiges Urteil bezüglich Nachforschungen des Kongresses veröffentlichte. Sowohl das House Energy als auch das Commerce Committee haben Nachforschungen bei IMCL angekündigt. Freunde und Verwandte des früheren IMCL-CEOs Dr. Waksal werden nun befragt, ob sie in den Tagen vor der Veröffentlichung der Nachricht ihre Aktien verkauft haben.«

Anhand des Charts auf der nächsten Seite sehen Sie, wie sich die Aktie nach Bekanntwerden der Nachrichten verhielt.

Auch zu dieser Zeit hatte der Markt gerade sehr wenig Toleranz gegenüber Firmenskandalen. In letzter Zeit wurden immer wieder Nachrichten veröffentlicht, dass gegen Top-Manager Untersuchungen bezüglich Bilanzfälschung, Insiderhandels und Betrugs liefen. Im Fall von MSO kam noch ein weiterer Umstand hinzu. Denn sowohl das Unternehmensbild als auch sein Name, die Marke, seine

Produkte, die Glaubwürdigkeit und das Prestige waren mit dem Namen des CEO verknüpft. Der Name der Firma entsprach dem seines CEOs. Und der Name des CEOs entsprach jenem der Produkte des Unternehmens. Daher hatten Auswirkungen auf die Reputation des CEOs gleichzeitig Konsequenzen für die Verkaufszahlen das Unternehmen und dessen Aktienkurs.

Obwohl viele Analysten sowohl dem CEO als auch der Aktie den Rücken stärkten, war mir klar, dass es nur eine Frage der Zeit war, bis der Kurs einbrechen würde. Dies lag vor allem daran, dass der Name des CEOs auf jedem Produkt stand und noch dazu die Firma nach ihm benannt war. Außerdem wusste ich, wie sensibel der Markt momentan auf solche Nachrichten reagierte. Also ging ich diesen Trade ein und empfahl dies auch meinen Kunden. Ich sollte Recht behalten, und der Kurs brach schon sehr bald ein. Da ich so sehr überzeugt war, dass die Kurse fallen würden, beschloss ich, auch Put-Optionen zu kaufen. Eine normale Short-Position hätte natürlich auch gereicht. Ich griff aber auch auf Put-Optionen zurück, da damit mein Risiko teilweise vordefiniert war (für weitere Informationen lesen Sie bitte »Optionen – die Grundlagen« und »Mit Optionen traden«).

Aberkennung von Ansprüchen (UNM)

Nachdem Aktien des Gesundheitswesens in letzter Zeit in einem sehr schlechten Licht standen, fand die Nachricht über Unum Provident Corp (UNM) meine Beachtung.

»Die UNUM Corp. wurde verklagt weil sie die Ansprüche (UNM) 20.90-0.13 nicht anerkannt hatte. Bloomberg zitierende Trader haben uns erzählt, dass UNM gerichtlich beschuldigt wird, systematisch Ansprüche von Langzeit-Arbeitsunfähigkeitsversicherten abzuerkennen. Tausende von Versicherten, die aufgrund von Krankheit oder Verletzungen nicht arbeiten können, sind betroffen.«

Auf dem folgenden Chart sehen Sie, wie sich die Aktie daraufhin verhielt.

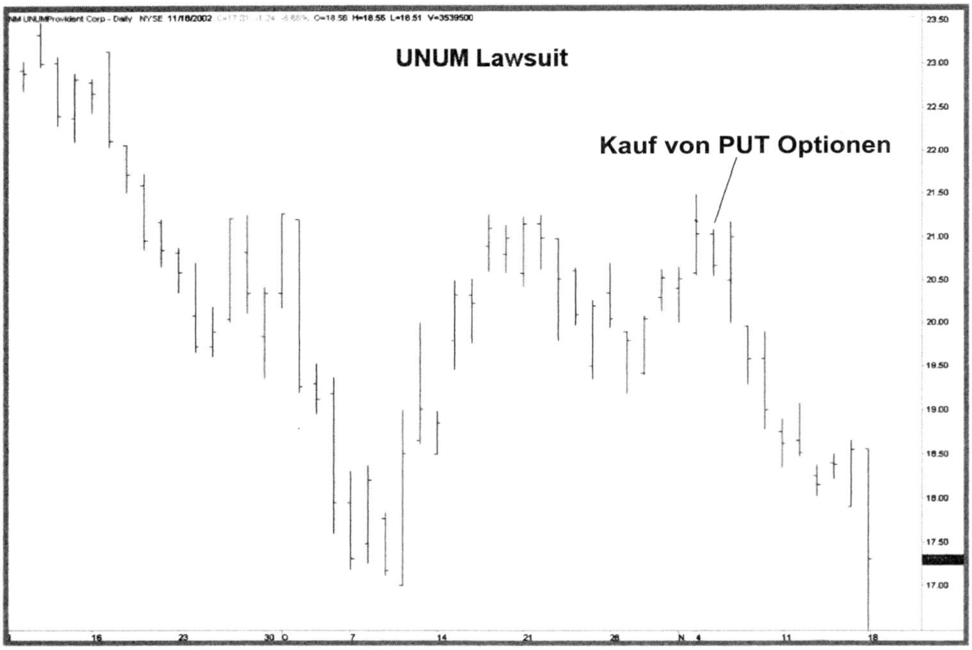

Nachdem mir aufgefallen war, dass schlechte Nachrichten im Gesundheitswesen in letzter Zeit sehr starken Einfluss auf die Aktienkurse dieser Unternehmen hatten, nahm ich auch bei UNM an, dass die Kurse fallen würden. Daher empfahl ich meinen Kunden, eine Short-Position aufzubauen. In diesem Fall machten wir das mittels Put-Optionen.

Optionen waren deshalb die richtige Wahl, weil ich eine ziemlich große Position handeln wollte, die Liquidität in diesem Titel allerdings gering war und ich somit mit einem klassischen Leerverkauf vielleicht Probleme gehabt hätte, aus meiner Position rauszukommen. Niedrige Liquidität bedeutet immer höheres Risiko. Da der maximale Verlust bei Optionen immer die Höhe der bezahlten Prämie ist, beschloss ich, Put-Optionen zu kaufen, die bereits im Geld waren, um mein Gesamtrisiko zu minimieren. Da die Liquidität dieser Aktie gering war, war auch die Prämie für die Option attraktiv für mich. Somit war das Risiko-Profit-Verhältnis bei diesem Trade hervorragend.

Wenn es Ihnen nicht möglich ist, Optionen zu traden, können Sie natürlich auch ganz einfach einen Leerverkauf tätigen. Wenn Ihre Positionsgröße ein bestimmtes Maß nicht übersteigt, brauchen Sie auch vor einer geringen Positionsgröße keine Angst zu haben. Wie Sie sehen, begann der Preis zu fallen, kurz nachdem ich meine Position aufgebaut hatte. Ich konnte somit nette Gewinne einstreichen.

Absurd billige Nachrichten (THC)

Dieses Beispiel ist dem von TYC sehr ähnlich. Der Kurs der Tenet Healthcare Corp (THC) litt stark unter folgender *Barron's*-Nachricht:

»Tenet Healthcares Preis ist absurd niedrig. Charles Jobson, Manager bei Delta Partner, hat erneut Tent-Aktien gekauft. Der Hedge-Fund-Manager, dessen Fond in diesem Jahr bereits mit 25,5 Prozent im Plus ist, kaufte Tenet zunächst, als sie 28 Dollar durchbrochen hatten. Seit die Aktie zwischen 14 und 15 Dollar notiert, kauft er sie aber noch aggressiver. Egal, wie schlimm es kommen mag, es kann nicht schlimmer sein, als es der momentane Aktienkurs schon suggeriert. Der Preis der Aktie ist absurd niedrig. Jobson ist außerdem sehr bullish bezüglich PacificCare (PHSY) und sieht darin einen Turnaround-Kandidaten.«

Hier sehen Sie, wie die THC-Aktie auf diese Meldung reagiert hat.

Wie auch im TYC-Beispiel, war das Interesse an THC-Aktien sehr gering, da es in letzter Zeit nur schlechte Nachrichten gab. Daher könnte jede positive Nachricht starke Auswirkungen auf den Kurs haben. Denn sobald es erst zu einem Short Squeeze kommt, würden die Kurse stark steigen.

Wie bei jedem Trade müssen Sie auch hier das Risiko-Profit-Verhältnis berücksichtigen. Haben die Nachrichten tastsächlich langfristig Auswirkungen auf den Aktienpreis, oder ist hier eher die Hoffnung Grundlage der Bewegung? Für einen kurzfristigen Trade eigneten sich die Nachrichten allemal, somit war auch das Risiko-Profit-Verhältnis attraktiv genug für einen Trade. Ich hatte kein Interesse an einem langfristigen Engagement in diese Aktie. Mich interessierte nur, ob ich intraday damit Geld verdienen könnte. Obwohl die Nachricht nicht gerade phänomenal positiv war, war ich davon überzeugt, dass es ausreichen würde, um einen gewissen Anstieg schaffen zu können. Das lag einerseits daran, dass die Aktie in den vergangenen Tagen schon sehr stark gefallen war und ich des Weiteren davon ausging, dass sie noch sehr stark geshortet war.

Nachrichten über den Irak-Krieg

Markt und Aktien reagieren aber natürlich auch auf Nachrichten, die das Weltgeschehen betreffen. Nachrichten vor dem Irak-Krieg sind dafür ein gutes Beispiel. Als der Krieg unvermeidbar schien, wurde folgende Nachricht veröffentlicht:

> *»Der Irak akzeptiert angeblich die UN-Resolution bezüglich einer Untersuchung.«*

Hier sehen Sie, wie der Nasdaq auf diese Nachricht reagiert hat:

Sehen Sie, wie volatil sich der Markt nach der Veröffentlichung der Nachricht verhält? Gleich nach Verkündigung der Neuigkeit stieg der Nasdaq stark an. Als der Markt allerdings erkannte, dass diese Nachricht nicht unbedingt sehr zuverlässig war, kam es zu einem Pullback. Danach setzte der Markt seinen Aufwärtstrend fort.

Der Markt war verwirrt. Er dachte zunächst, dass der Krieg nun wieder unwahrscheinlicher werden würde, aber auf der anderen Seite war der Irak auch für Täuschungsmanöver bekannt. Hier kann man wunderschön erkennen, welche Rolle die Marktpsychologie spielen kann. Die Menschen wollen einfach glauben, dass alles gut werden wird. Das liegt in ihrer Natur. Es gibt ein inneres Bedürfnis danach, dass alles besser werden wird. Wenn nun also Nachrichten veröffentlicht werden, die positiv interpretiert werden können, dann wird dies der Markt auch tun, zumindest anfangs. Nachdem wieder der Realismus einsetzt, ist es mit dem anfänglichen Enthusiasmus schnell wieder vorbei.

Wie auch immer sich ein Geschehen nun auch entwickeln mag, die Volatilität, die von Nachrichten wie diesen generiert wird, eröffnet Trading-Möglichkeiten. Man kann sich hierbei auf die Suche nach Laggards machen, die noch nicht auf die Nachrichten reagiert haben. Wenn Sie das Kapitel »Laggards traden« noch nicht gelesen haben, dann tun Sie das bitte. Zumindest wenn Sie wissen wollen, worum es sich dabei handelt.

Anhand dieses Beispiels kann man auch erkennen, wie Nachrichten sowohl den Gesamtmarkt als auch einzelne Aktien betreffen können. Vergleichen Sie nun alle folgenden Charts und suchen Sie nach Mustern. Der erst Chart zeigt, wie der S&P 500 Index auf die Nachrichten reagiert hat.

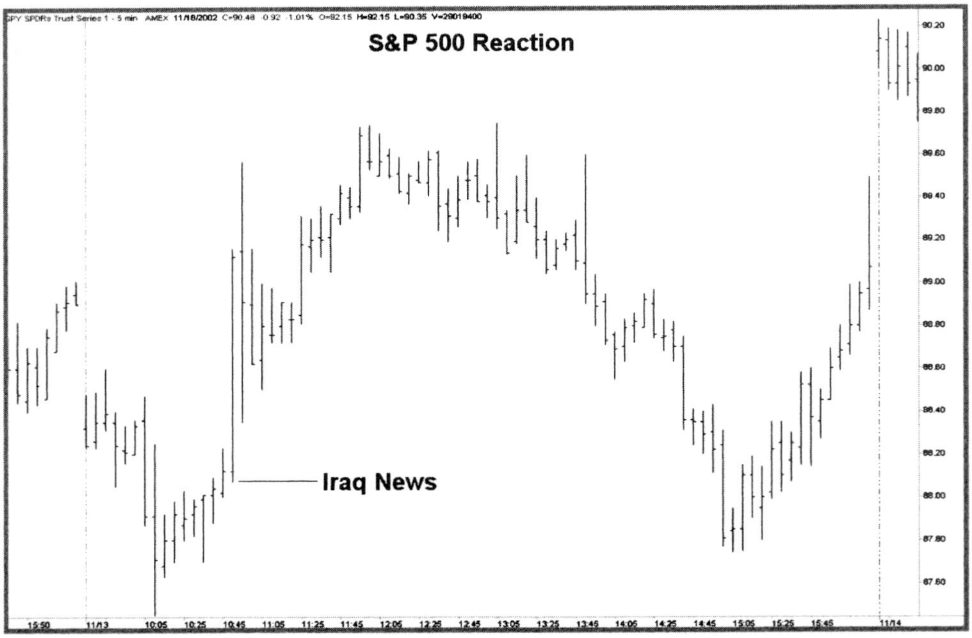

Am nächsten Chart sehen Sie, wie der Dow Industrial Index reagiert hat.

Auch einzelne Aktien reagierten gleichartig auf diese Neuigkeiten. Hier sehen sie den Chart von Microsoft, Inc (MSFT).

Und im folgenden Chart sehen Sie die Reaktion der KLA Tencor Corporation (KLAC).

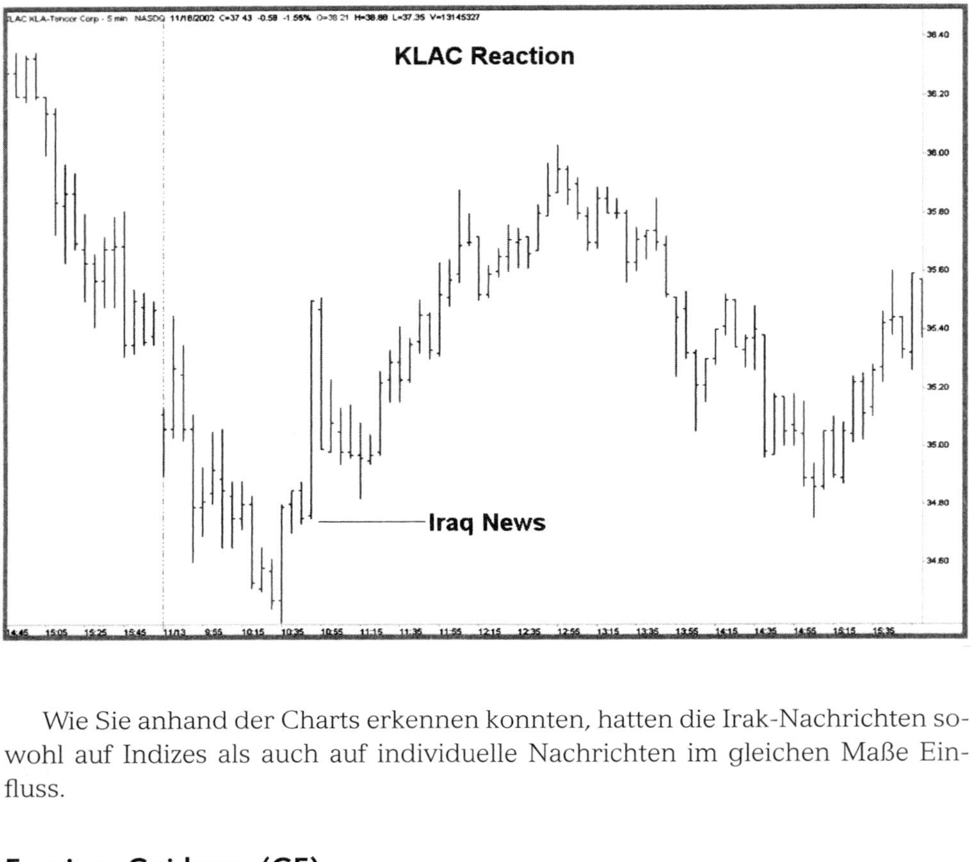

Wie Sie anhand der Charts erkennen konnten, hatten die Irak-Nachrichten sowohl auf Indizes als auch auf individuelle Nachrichten im gleichen Maße Einfluss.

Earnings Guidance (GE)

Auch Quartalsberichte bieten Trading-Möglichkeiten. Lesen Sie hier eine Nachricht über die Gewinnzahlen von General Electric Co (GE).

> *»General Electric Guidance, Strafe erwartet (24.30) – Update.*
>
> *Die Strafe für das ERC-Geschäft von GE wurde heute morgen ausgesprochen und war auch schon angekündigt worden. Am Dienstag berichtete die WSJ, dass eine Strafe in Höhe von einer bis zwei Milliarden Dollar am heutigen Meeting ausgesprochen werden würde. Außerdem wurde die Gewinnerwartungen von Solly für 2003 von 1,70 auf 1,65 Dollar reduziert. Auch die Deutsche Bank hat ihre Erwartungen von 1,80 auf 1,70 Dollar*

gesenkt, und das noch vor dem Meeting. Auch sie nehmen an, dass es zu einer Milliarden-Dollar-Strafe kommen wird. In Summe liegt der Gewinn je Aktie nun zwischen 1,55 und 1,70 Dollar, und die Meinung der Analysten bezüglich der Strafe wurde ebenfalls bestätigt. Sie beträgt 1,4 Milliarden Dollar. Ein wenig überraschend wirken hingegen die gesenkten Erwartungen für 2002, die bei 1,51 Dollar liegen. GE-Aktien notieren vorbörslich mit einem Prozent im Plus.«

Am folgenden Chart sehen Sie, wie sich GE verhalten hat, als diese Nachrichten veröffentlicht wurden.

Obwohl die Nachrichten nicht unbedingt positiv waren, kam es nicht zu Kurseinbrüchen bei der Aktie. Stattdessen bildete die Aktie ein Up-Gap aus und stieg immer weiter. Warum? Die Nachrichten wirken schlecht!

Das ist ein klassisches Beispiel für »Verkaufen Sie die Gerüchte – Kaufen sie die Nachrichten«. Die Probleme, die in dieser Nachricht angesprochen wurden, waren schon vorher bekannt, und die Aktie hatte bereits in den Tagen vor dieser Nachricht darunter gelitten. Als die Nachricht nun schlussendlich veröffentlicht wurde, kam es zur Entlastung, und die Kurse begannen zu steigen.

Abgesehen davon war auch die Art und Weise, wie die Nachricht formuliert war, eher optimistisch. Es wurde betont, dass die Strafe schon »vorangekündigt« war und in die »erwartete Spanne« fiel. Auch die gesenkten Gewinnerwartungen wurden als »überraschend« tituliert. Somit kann man sagen, dass der Bericht durchaus positiv formuliert war. Dieser Umstand, in Verbindung mit den starken Kurseinbußen in den Tagen zuvor, resultierte in einer entlastenden Rallye. Wäre der Bericht negativer formuliert gewesen, wären weitere Kurseinbrüche durchaus denkbar gewesen.

Ich habe dieses Beispiel deshalb gewählt, weil es vor Augen führt, wie groß die Rolle der Marktpsychologie und die Marktauffassung ist. Sie müssen wissen, wie bestimmte Aktien auf ganz bestimmte Nachrichten reagieren. Außerdem sollten Sie beachten, wie die Nachrichten formuliert sind. Des Weiteren sollten Sie darauf achten, ob die Reaktion der Aktie auf bestimmte Nachrichten schon in der Vergangenheit der aktuellen Reaktion entsprochen hat oder ob sich etwas geändert hat. Somit können Sie zwischen »neuen« Nachrichten und »alten« Nachrichten unterscheiden.

Auch die Zeitspanne spielt eine bedeutende Rolle. Noch vor drei Monaten hätte diese Nachricht vielleicht zu einem Ausverkauf der Aktien geführt. Unter anderen Markbedingungen kommt es zu Kurseinbrüchen, selbst wenn Gewinnerwartungen noch oben korrigiert werden. Somit sollten Sie versuchen, sich immer über die momentane Marktverfassung im Klaren zu sein, um entsprechend reagieren zu können.

In diesem Fall war das anfängliche Up-Gap sehr groß. Es hätte unter Umständen schwer sein können, die Position zu eröffnen. Auf jeden Fall hätte Sie gewusst, dass Sie diese Nachrichten nicht shorten sollten, nur weil sie vielleicht anfangs wie eine schlechte Nachricht erschien. Diesen Fehler haben sicher einige Trader begangen. Wenn Sie nun alle besprochenen Punkte beim Trade von Nachrichten berücksichtigen, ist die Wahrscheinlichkeit gering, dass Sie sich auf der falschen Seite eines Nachrichten-Trades befinden.

Gerüchte

Viele Trader versuchen, Gerüchte zu handeln. Auch ich tue das. Die Idee liegt darin, das gewisse Etwas zu finden, und wenn meine Kunden dadurch Geld verdienen, trade ich so ziemlich alles.

Das Gerücht muss natürlich einen gewissen Bezug zur Realität haben, und ich muss das Gefühl haben, dass andere Trader darauf einsteigen. Denn nur dann kann der Preis einer Aktie auch bewegt werden. Wenn auf der Website von Joe

Blow steht, dass Bill Gates zurücktreten wird, reicht das natürlich noch nicht aus. Denn nur weil Joe Blow behauptet, dass Bill Gates zurücktritt, wird er das noch lange nicht tun. Wenn das Gerücht allerdings von einer anerkannten weit verbreiteten Seite kommt, kann es schon sein, dass ich dann entsprechend trade.

Natürlich muss das Gerücht auch handelbar sein. Sie hören beinahe täglich, dass diese oder jene Firma kurz davor steht, eine andere zu übernehmen. Die meisten dieser Gerüchte stammen von Personen, die Aktienkurse bewegen wollen, und daher auf bestimmten Webseiten Eintragungen machen. Damit ich ein Gerücht trade, muss es aber von einer anerkannten Quelle kommen und auch handelbar sein. Ansonsten lasse ich meine Finger davon.

8

Trends Are Your Friends

Trends können Ihr bester Freund sein – oder aber ihr schlimmster Feind!

Sie haben vielleicht schon einmal das Sprichwort Trend are your Friends, also: Der Trend ist dein Freund! gehört. Aber was heißt das genau? Ein Trend ist immer dann dein Freund, wenn du auf seiner Seite stehst. Das Momentum eines Trends kann hilfreich sein, wenn es darum geht, den Preis noch weiter in Ihre Richtung zu bewegen.

Wenn Sie sich allerdings gegen einen Trend stellen, können die Kurse sehr schnell gegen Sie laufen. In diesem Fall ist der Trend Ihr schlimmster Feind. Daher ist es ratsam, sich eher auf die Seite des Trends zu stellen als auf die Gegenseite. Ihr Freund hält ihnen somit meistens »den Rücken frei«.

Was ist ein Trend?

Diejenigen von Ihnen, die bereits mit den Aktienmärkten vertraut sind, werden mit dem Begriff Trend etwas anfangen können. Ein Trend beschreibt die Richtung, in die sich Kurse bewegen. Wenn die Kursentwicklung somit eine Zeit lang nach oben gerichtet ist, spricht man von einem Aufwärtstrend. Wenn sich die Kurse hingegen nach unten entwickeln, spricht man von einem Abwärtstrend.

Außerdem wird der Ausdruck Trend noch in Zusammenhang mit historischen Tendenzen von Verhaltensmustern, Kursentwicklungen und Kursmustern verwendet.

Es gibt also eine Vielzahl von Trends. Und manche von ihnen sind sowohl leichter vorauszuahnen als auch verlässlicher im Auftreten als andere. Trends können im Zusammenhang mit gewissen Ereignissen, Fristen, Auffassungen oder anderen Faktoren auftreten. Dauer und Häufigkeit von Trends variieren natürlich. Gap-Trends treten beispielsweise täglich auf, während Quartalszahlen-Trends nur quartalsweise und Januar-Effekt-Trends nur einmal jährlich auftreten.

Da sich der Markt konstant verändert, verändern sich auch Trends konstant. Neue Trends treten auf, und Trends, die früher noch verlässlich waren, verlieren ihre Gültigkeit. Manche Trends gibt es nur für einen sehr kurzen Zeitraum, manche überdauern hingegen mehrere Jahre (zum Beispiel. »Kaufen Sie das Gerücht – Verkaufen Sie die Nachrichten«, der Januar-Effekt oder Quartalszahlen-Trends). Die Gründe hierfür sind unterschiedlicher Natur. Es kann sein, dass schon zu viele Marktteilnehmer über einen gewissen Trend Bescheid wissen und er daher nicht mehr funktioniert. Es kann aber auch sein, dass sich die Marktpsychologie, die für einen Trend verantwortlich war, ganz einfach geändert hat.

Während des Bullenmarktes in den 90er-Jahren war der erste Trend, der mir ins Auge fiel, jener bezüglich der IPO-Spinn-offs. Ein weiterer Trend, der sich auf IPOs bezieht, war der Ablauf von »stillen Perioden«. Beide Trends zeigten eine hohe Verlässlichkeit. Nur einige Jahre später wurden IPOs immer seltener, und jene, die tatsächlich durchgeführt wurden, wurden nicht mehr mit demselben Enthusiasmus getradet. Der Markt verhielt sich gegenüber IPOs völlig anders als noch vor wenigen Jahren (das Thema Marktpsychologie wird im nächsten Kapitel näher erläutert). Daraus folgte, dass das Traden der Muttergesellschaften, die IPOs ausgliederten, und auch die »stillen Perioden« nicht mehr verlässlich funktionierten.

Obwohl Trends natürlich nicht »idiotensicher« sind, kann es dennoch einen nicht zu verachtenden Vorteil bringen, sich auf die Seite der aktuellen Trends zu stellen. Damit kann man den Anteil an Gewinn-Trades heben. Viele dieser Trend-Trades haben ein attraktives Risiko-Profit-Verhältnis und führen zu hohen prozentuellen Gewinnen!

Trend-Psychologie

Menschen fragen mich häufig, welche Börsenbücher ich lese. Tatsächlich habe ich gar nicht viele gelesen. Das hört sich vielleicht gelogen an, ist aber die Wahrheit. Aber ich lese sehr viele Bücher über Psychologie. Ich habe gerne das Gefühl zu wissen, was Personen denken und wie. Der Grund, warum es im Markt immer wieder zu Bewegungen kommt, liegt darin, dass die Menschen bestimmte Erwartungen haben. Sie erwarten entweder gute oder schlechte Nachrichten.

Nach den Anschlägen vom 11. September versteifte sich der Markt auf Meldungen bezüglich terroristischer Aktivitäten. Immer wenn es zu einer terroristischen Bedrohung kam, reagiert der Markt darauf negativ. Die Menschen litten an einer Kriegsneurose, und das zu Recht. Sie erwarteten immer das Schlimmste. Wann auch immer jemand sich auf CNBC vor die Kamera stellte und sagte, dass ein Terroralarm ausgelöst wurde, kam es zu Kurseinbußen. Irgendwann wurde allerdings auch hier ein Punkt erreicht, an dem die Menschen scheinbar immun gegen solche Meldungen wurden. Endlich konnte es mit dem Markt wieder bergauf gehen. Terroralarme waren plötzlich nicht mehr wichtig. Die Denkweise der Leute hatte sich geändert. Sie waren darüber hinweg. Sie hatten schon zu oft von der terroristischen Bedrohung gehört und konnten ihre Angst davor ablegen.

Allerdings haben Marktteilnehmer immer Angst, nicht mehr auf den fahrenden Zug aufspringen zu können, sobald die Kurse zu steigen beginnen. Obwohl die Kurse nicht für immer ansteigen können, werden sie es so lange tun, wie die Menschen das Gefühl haben, eine Chance ungenutzt gelassen zu haben.

Um die Marktstimmung bestimmen zu können, bediene ich mich gerne der TV-Station CNBC. Wenn CNBC bullish wird, ist die Zeit gekommen, seine Aufmerksamkeit zu erhöhen, denn dann denken alle dasselbe. Es ist sozusagen ein Gegenindikator. Der letzte Kerl, der in den Pool hüpft, ist jener, der im Schlamm badet, stimmt's? Normalerweise beginnen die Kurse genau dann zu fallen, wenn auch der Letzte positiv gestimmt ist. Jeder hat seine Positionen aufgebaut, und es gibt somit keine neuen Käufer mehr, die den Markt noch weiter treiben könnten.

Was ich damit sagen will, ist, dass Trends einzig und allein durch die menschliche Psychologie hervorgerufen werden. Natürlich gibt es computerisierte »Kauf-« und »Verkaufs-« Programme, aber auch diese wurden von Menschen bedient. Die Kauf- oder Verkaufsentscheidung wird nicht durch ein Hundebellen oder Papageienkreischen ausgelöst: »Kaufe, kaufe, kaufe!« Nein, diese Entscheidungen werden von Firmen getroffen, für die Menschen wie Sie und ich arbeiten. Manchen von ihnen sprechen wir vielleicht menschliche Qualitäten ab, aber das ist eine andere Geschichte. Auch diese Firmen werden von Menschen aus Fleisch und Blut geleitet. Und es sind Menschen, die Kauf- und Verkaufsprogramme programmieren.

Trends funktionieren aber auch deshalb, weil eine gewisse Anzahl an Leuten – aber nicht zu viele – darüber Bescheid weiß, dass der Trend funktioniert. Zu einem großen Anteil ist ein Trend natürlich auch eine sich selbst erfüllende Prophezeiung. Der »Kaufe das Gerücht – verkaufe die Nachricht«-Trend, Earning Runs, Gleitende Durchschnitte als Unterstützung und viele andere Trends funktionieren nur deshalb, weil viele Menschen darüber Bescheid wissen und daran glauben, dass sie funktionieren werden. Der 200-Tage-gleitende-Durchschnitt wird beispielsweise als sehr starke Unterstützung angesehen. Wenn sich der Kurs einer Aktie nun seinem 200-Tage-Durchschnitt nähert, beginnen die Marktteilnehmer die Aktie zu kaufen, weil sie davon ausgehen, dass die Unterstützung halten wird. Diese zusätzlichen Kauforders bewirken ein Abprallen an dieser Marke, das den Trend bestätigt. Dasselbe passiert auch bei anderen Trends.

Das Geheimnis besteht darin, dem Markt immer einen Schritt voraus zu sein. Im besten Fall finden wir Trends, auf die nur sehr wenige andere Marktteilnehmer gestoßen sind. Denn Trends funktionieren, historisch gesehen, immer dann am besten, wenn zwar einige davon wissen, aber nicht zu viele. Trends hören für gewöhnlich dann auf zu funktionieren, wenn jeder von ihnen weiß. Wenn erst mal jeder darüber Bescheid weiß, versucht jeder, der Erste zu sein, der ihn handelt. Dies wiederum führt dazu, dass weder Käufer noch Verkäufer übrig bleiben, um den Trend voranzutreiben. Wenn ein Trend erst einmal aufgehört hat zu funktionieren, dann handle ich ihn auch nicht mehr. Wenn dieser Fall eintritt, will ich aber auch wissen, wieso der Trend nicht mehr funktioniert. Darum suche ich nach Variablen, die den Trend beeinflusst haben könnten. Wenn ich nun keinen guten Grund dafür finde, sich der Trend also als »Blindgänger« erwiesen hat, dann erregt dies zwar meine Aufmerksamkeit, heißt aber nicht unbedingt, dass der Trend wirklich nicht mehr verlässlich ist. Ich warte darauf, dass der Trend wieder auftritt. Schlägt er ein weiteres Mal fehl, dann trade ich ihn so lange nicht mehr, bis er sich wieder als verlässlich erweist. Stellt sich heraus, dass der Trend tatsächlich »tot« ist, trade ich ihn gar nicht mehr.

In jedem Fall verfolge ich diese Entwicklung. Dinge wie das Verhalten des Trends, das Gesamtmarktgefühl, Marktpsychologie oder menschliche Eigenheiten nehme ich in meinen Trading-Plan auf. Mein Ziel ist, bestätigte Trends ausfindig zu machen und sie dann gewinnbringend für mich zu nutzen.

Auf den folgenden Seiten geht es um Trends, die ich in der Vergangenheit sehr erfolgreich traden konnte. Trotzdem kommt es innerhalb von Trends immer wieder zu Veränderungen. Denn auch die Marktstimmung ändert sich permanent. Bevor man einen neuen Trend handelt, sollte man ihn eine Zeit lang beobachten und abwarten, ob er sich auch unter den momentanen Marktgegebenheiten bestätigt.

Window Dressing

Window Dressing ist einer jener Trends, die sich in der Vergangenheit als sehr verlässlich erwiesen haben.

Da Fondsmanager verpflichtet sind, quartalsweise ihre Positionen offen zu legen, kommt es oft dazu, dass sie gegen Ende einer solchen Periode Aktien ins Portfolio aufnehmen, die in letzter Zeit gut performt haben, und solche abstoßen, bei denen das Gegenteil der Fall war.

Aktien, die eine schlechte Performance hingelegt haben, werden also verkauft, und solche, die sich gut entwickelt haben, werden aufgenommen. Nachdem das Quartal vorbei ist, kann es vorkommen, dass die verkauften Aktien wieder zurückgekauft und die gekauften Aktien wieder abgestoßen werden. Diese Kauf- und Verkaufstransaktionen nennt man Window Dressing.

Den Trade timen

Um diesen Trend ausfindig zu machen, müssen Sie nach Aktien suchen, die große Kurseinbußen in den letzten sieben bis zehn Handelstagen eines Quartals hinnehmen müssen, ohne dass ein triftiger Grund (etwa schlechte Nachrichten) dafür vorliegt. Wenn die Aktien erst einmal aufgehört haben zu fallen, können Sie eine Long-Position noch vor Ende des Quartals aufbauen. Am Anfang des nächsten Quartals beginnen diese Aktien dann wieder plötzlich zu steigen, weil Fondsmanager sie wieder in ihr Portfolio aufnehmen beziehungsweise andere Trader auf die Aktie aufmerksam wurden.

Sie können allerdings auch Aktien leerverkaufen, die gegen Ende des Quartals eine gute Performance ohne jedweden Grund hingelegt haben. Da es sich hier vermutlich um Window Dressing handelt, ist ein Pullback nicht unwahrscheinlich.

Das Risiko managen

Dieser Trend tritt meistens für ganze Sektoren oder gar den Gesamtmarkt auf. Wenn beispielsweise die Biotech- oder Halbleiter-Aktien gerade eine sehr gute oder schlechte Performance hingelegt haben, kauft man Indizes (QQQ, SPY, OEX etc.) oder Holder (BBH, SMH etc.), die sich mit jener Gruppe von Aktien decken. Diese Taktik eignet sich im Übrigen auch, wenn Sie das Risiko verringern wollen, welches das Traden einer bestimmten Aktie mit sich bringt. Um Ihr Risiko noch genauer zu definieren, können Sie auch Call- oder Put-Optionen kaufen.

Eine der Stärken dieses Trends ist die kurze Zeitspanne, in der man ihn handeln kann. Sie bekommen das Resultat innerhalb weniger Tage oder Wochen präsentiert. Da dieser Trend hohe relative Profite verspricht und Sie mittels Stopp-Loss-Orders Ihr Risiko vordefinieren können, resultieren daraus attraktive Risiko-Profit-Verhältnisse.

Beispiele für Window Dressing

Das folgende Beispiel zeigt Window Dressing anhand des Charts der Zoran Corp (ZRAN). In diesem Fall kommt es sogar zu einem Dress-Up, da die Aktie in diesem Quartal sehr stark gestiegen ist.

Schauen Sie sich zunächst an, wie gut die Aktie im letzten Quartal gelaufen ist. Dies ist auch vielen Fondsmanagern nicht verborgen geblieben, und sie wollten ZRAN in ihren offiziellen Büchern ausweisen. Also kauften sie gegen Ende des Quartals ZRAN-Aktien, was die Kurse natürlich zum Steigen veranlasste. Sehen Sie sich nun die »Mark-Up«-Zeitperiode an. Die Woche nach dem Quartalsende wird durch »Take-Down« signalisiert. Der Kurseinbruch ist deshalb entstanden, weil die Fondsmanager nicht von der langfristigen Entwicklung von ZRAN überzeugt waren und die Aktien deshalb schnell wieder verkauften. Hinzu kommen Gewinnmitnahmen von gewöhnlichen Anlegern, was unter Berücksichtigung der starken Anstiege durchaus nachvollziehbar erscheint.

Nun sehen Sie einen Chart von Brocade Communcation Systems, Inc. (BRCD). Auch hier sieht man ein Beispiel von Window Dressing. In diesem Fall handelt es sich aber um ein Dress-Down, das aus einem schwachen Quartal hervorgegangen war.

Wie Sie sehen können, hat BRC im letzten Quartal äußerst schwach performt. Danach kam es zu Window Dressing, und die Kurse fielen noch weiter. Sehen Sie sich nun die »Take-Down«-Phase auf dem Chart an. Während der ersten Woche des neuen Quartals (»Mark-Up«) stieg der Kurs wieder kräftig. Fondsmanager hatten aufgrund von Window Dressing kurz vor Ende des Quartals ihre Positionen geschlossen, dies aber gleich nach Beginn des neuen Quartals wieder aufgebaut, da sie von der langfristigen Performance der Aktie überzeugt waren. Hinzu kommen normale Anleger, die sich mit einem »günstigen« Preis konfrontiert sahen und deshalb eine Long-Position eröffneten.

Wenn man nun an die Investorenseite denkt, ist Window Dressing nicht gerade das, was man als optimal empfindet. Denn oftmals kaufen Fondsmanager Aktien, die sich schlecht entwickelt haben, zu einem höheren Kurs zurück, als sie

sie wenige Tage zuvor verkauft haben. Dasselbe gilt natürlich auch für Short-Positionen. In diesem Fall werden die Aktien zu Quartalsbeginn zu einem niedrigeren Kurs leerverkauft, als sie noch vor wenigen Tagen dafür bezahlt haben. Oftmals ziehen solche Trades auch noch Kommissionen nach sich, was die Fondsbesitzer zusätzlich Geld kostet. Dennoch ist Window Dressing nichts Ungewöhnliches und ein verlässlicher, jedes Quartal auftretender Trend, mit dem Trader immer wieder Geld verdienen können. Wir haben für unsere Kunden schon sehr oft mittels Window Dressing Geld verdient.

Wie schon erwähnt, bezieht sich dieser Trend auch manchmal auf den Gesamtmarkt. Wenn dies der Fall ist, können Sie den Trend als zusätzlichen Indikator zur Bestimmung der Marktrichtung gegen Ende des alten oder zu Beginn des neuen Quartals verwenden. Wenn beispielsweise Technologiewerte während des gesamten Quartals schwach abgeschnitten haben, dann wird die letzte Woche für den Nasdaq meistens auch eine schwache Woche.

Earnings

Der Trend bezüglich der Earnings hat sich sowohl als machtvoll als auch als verlässlich erwiesen. Und das schon seit vielen Jahren. Es kommt immer wieder vor, dass bekannte Momentum-Aktien ihren Quartalszahlen zu über 20 oder 30 Prozent davonlaufen. In den meisten Fällen kommt es dann zu einem Pullback, wenn die Zahlen veröffentlicht werden, auch wenn die Quartalszahlen gut sein sollten. Dies ist dann ein Fall von »Kaufe das Gerücht – Verkaufe die Nachricht«.

Den Trade timen

Der Trend besteht in diesem Fall darin, die Aktie zu kaufen, bevor die Quartalszahlen veröffentlicht werden. Zwischen fünf und 14 Tage, bevor die Zahlen veröffentlicht werden, sollte man die Augen nach steigendem Interesse offen halten. Dieses zeigt sich einerseits durch steigende Kurse, andererseits durch ein wachsendes Volumen. Die Position ist spätestens am Tag der Bekanntmachung der Quartalszahlen zu schließen. Sollten die Zahlen bereits am Morgen veröffentlicht werden, ist die Position am Vortag zu schließen.

In Phasen von Marktstärke kann man seine Positionen auch schon früher aufbauen. Wenn der Markt allerdings schwach erscheint, dann wollen Sie vielleicht Ihr Risiko, was die Haltedauer betrifft, minimieren und warten, bis der Quartalsbericht näher rückt.

Ich persönlich halte meine Position fast nie bis zur tatsächlichen Bekanntmachung der Quartalszahlen. Die Position bis zur Veröffentlichung zu halten ist pures Glücksspiel, da man einfach nicht wissen kann, was bekannt gemacht wird. Wenn Sie Ihre Position nun bis zur Veröffentlichung halten und die Quartalszahlen nicht den Erwartungen entsprechen, können Sie eine Menge Geld verlieren (NVDA bietet später ein Beispiel hierfür). Abgesehen davon fallen auch manchmal die Kurse von Aktien, deren Quartalsbericht durchwegs positiv ausgefallen ist. Ich habe schon erlebt, dass Firmen hervorragende Zahlen veröffentlicht haben, während ihre Aktien nach der Veröffentlichung stark gefallen sind. Es gibt natürlich auch Zeiten, in denen die Aktie nach dem Quartalsbericht weiter steigt, vor allem wenn die Zahlen die Erwartungen bei weitem übertroffen haben und sich auch der Gesamtmarkt in einem starken Aufwärtstrend befindet. Da Sie aber nie sicher sein können, wie die Zahlen nun tatsächlich aussehen werden, ist es meiner Meinung nach nicht das Risiko wert, noch weiter zu warten. Der Trick besteht darin zu verkaufen, bevor die Zahlen veröffentlicht werden, das ist der Trend!

Das Risiko managen

Sie sollten niemals vergessen, welche Risiken unerwartete Neuigkeiten in sich bergen. Sie sollten auch nicht zu viele Earning Plays gleichzeitig traden. Dies gilt im Übrigen für jede Art von Trend. Obwohl der Earnings-Trend ein sehr starker Trend ist, können wichtige unerwartete Neuigkeiten, wie die Ereignisse vom 11. September, den ganzen Markt oder einzelne Aktien nach unten ziehen. Da ist es egal, wie stark der gehandelte Trend auch sein mag. Dasselbe gilt natürlich auch für unternehmensspezifische Neuigkeiten. Wenn ein Unternehmen zwei Tage vor Bekanntmachung der Quartalszahlen ankündigt, insolvent zu sein, wird der Kurs wohl nicht steigen. Daher sollten Sie immer nur einen bestimmten Anteil Ihres Kapitals mit denselben Trends traden.

Genau wie beim Windos Dressing bieten auch Earning Runs tolle Trading-Möglichkeiten, da auch hier Ihr Risiko vordefiniert ist und der Trade innerhalb kurzer Zeit wieder vorbei ist. Sie definieren und limitieren Ihr Risiko auf zwei Arten: Einerseits verwenden Sie einen Stopp-Loss, andererseits kontrollieren Sie, wie lange Sie die Position schlussendlich halten.

Um Ihr zeitbezogenes Risiko noch weiter zu reduzieren, können Sie warten, bis der Quartalsbericht näher rückt, bevor Sie den Trade eingehen. Und wie bei jedem anderen Trade auch, sollten Sie sofort einen Stopp-Loss setzen, sobald Ihre Position aufgebaut ist. Dieser sollte sich innerhalb vernünftiger Grenzen bewegen, damit Sie keinen allzu schlimmen Verlust hinnehmen müssen, falls der Kurs aus irgendeinem Grund gegen Sie läuft.

Die historische Perspektive

Um Earnings ordentlich handeln zu können, ist es notwendig, sich mit der Kurshistorie der gehandelten Aktie vertraut zu machen. Ich persönlich bin auf der Suche nach Aktien, die auch schon in der Vergangenheit ihren Quartalsberichten vorausgelaufen sind. Dennoch verändert sich die Auswahl der von mir gehandelten Aktien von Quartal zu Quartal. CSCO, ORCL, INTC, MSFT, DELL, BRCD und NVDA sind nur einige Beispiele hierfür. Es gibt natürlich noch viele andere Aktien, die sich dafür eignen.

Für gewöhnlich laufen Aktien ihren Quartalsberichten eine oder zwei Wochen voraus. Dies variiert von Aktie zu Aktie und hängt auch von den Gesamtmarktgegebenheiten ab. Ich habe beispielsweise Oracle (ORCL) beobachtet, und mir ist aufgefallen, dass die Aktie den Zahlen bis zu einen Monat voraus ist. Mit solchen historischen Beobachtungen fällt es leichter, ein gutes Timing für Ein- und Ausstieg zu finden.

Beispiele für Earnings-Trends

Auf dem folgenden Chart von Cisco Systems, Inc. (CSCO) sehen Sie ein Beispiel eines Earning Runs, den wir unseren Kunden von Trendfund.com empfohlen haben.

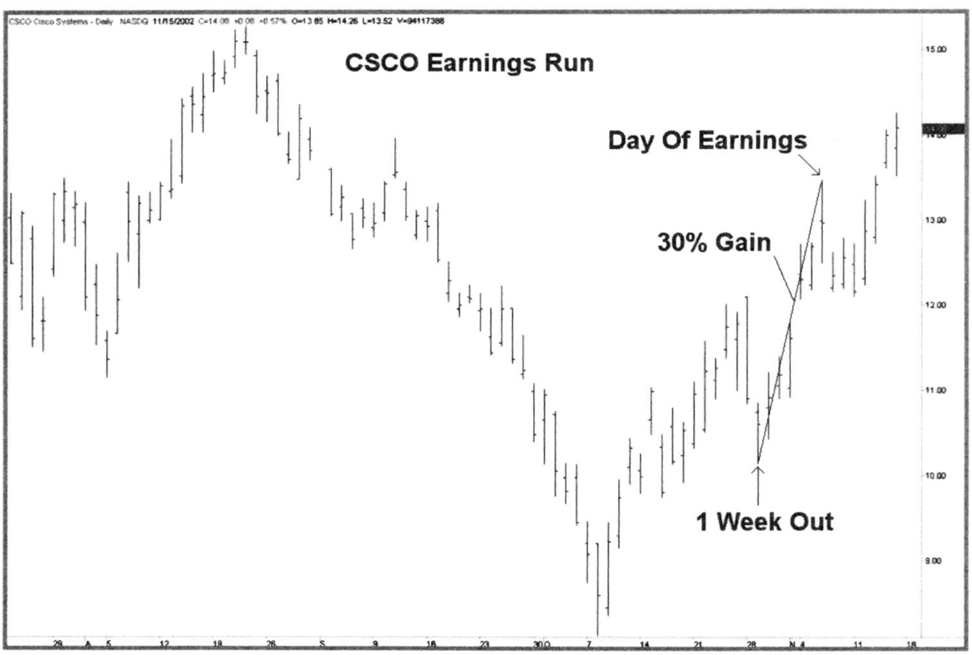

Etwa eine Woche vor den Quartalszahlen zeigte sich ein kurzer Pullback am Chart der CSCO-Aktie. Danach lief die Aktie bis zum Tag der Veröffentlichung der Quartalszahlen nach oben. Der kurze Pullback lieferte in diesem Fall eine attraktive Möglichkeit, eine Long-Position zu eröffnen und den Earning Run zu traden. Wie Sie sehen können, legte CSCO innerhalb einer Woche um 30 Prozent zu, was eine Riesenbewegung für diese Aktie darstellt.

In diesem Fall hätten Sie Ihre Position auch schon eine Woche vorher aufbauen können. Je länger der Zeitraum zwischen dem Eingehen der Position und der Veröffentlichung der Quartalszahlen ist, desto höher ist natürlich auch das Risiko, dass unerwartete Nachrichten veröffentlicht werden beziehungsweise dass sich die Marktgegebenheiten ändern und der Trade somit gegen Sie läuft. Das Timing des Trades hängt somit auch unmittelbar mit Ihrer persönlichen Risikotoleranz zusammen. Doch auch die Marktgegebenheiten und die historischen Verhaltenmuster einer Aktie vor den Quartalszahlen sind ausschlaggebende Faktoren.

Am Chart der Dell Computer Corp (DELL) können Sie Kursbewegungen vor dem Quartalsbericht sehen.

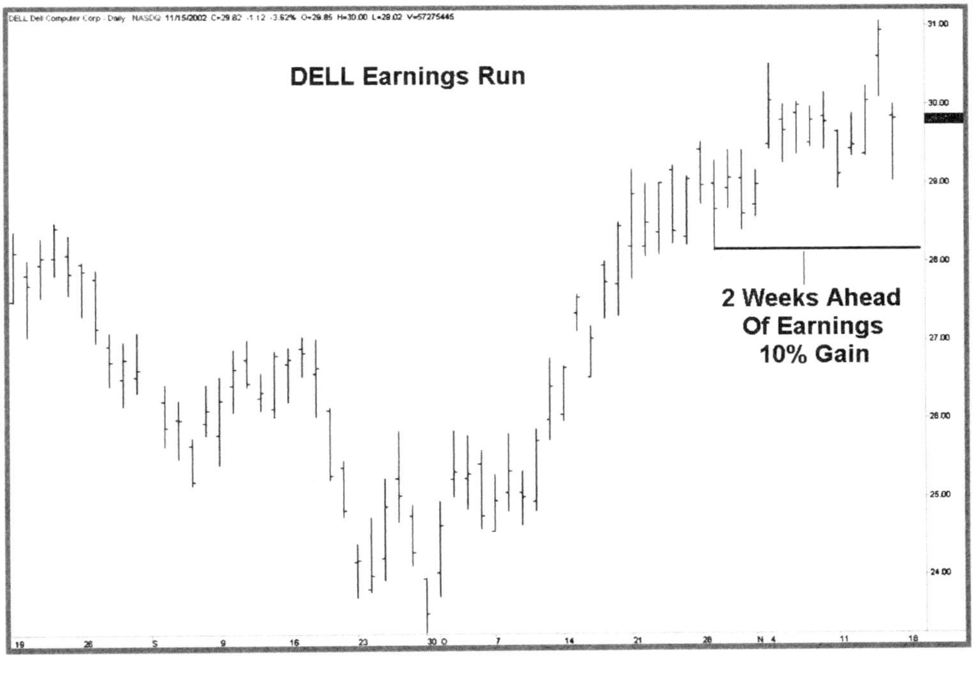

Wie Sie auf dem Chart erkennen können, legte DELL innerhalb von zwei Wochen vor den Quartalszahlen um etwa zehn Prozent zu. Das mag vielleicht auf den ersten Blick nicht viel erscheinen, wenn man aber bedenkt, welche Marktkapitalisierung DELL aufweist, ist dies eine sehr große Bewegung. Die Tatsache, dass selbst Blue Chips wie DELL und CSCO solche Bewegungen vor Quartalsberichten nachvollziehen, ist ein eindrucksvoller Beweis dafür, dass Earning-Trends sehr starke Trends darstellen.

Da Earning-Trends nun so stark sind, trade ich auch die »großen« Aktien vor deren Quartalsergebnissen. Nichtsdestotrotz bevorzuge ich es, andere Momentum-Aktien mit geringerer Marktkapitalisierung zu traden. Das heißt nicht, dass ich gerne mit kleinen, illiquiden Aktien handle. Die Aktien, nach denen ich suche, haben immer noch ausreichende Marktkapitalisierung und Liquidität, dass ich ohne Probleme Positionen eröffnen und auch wieder schließen kann. Der Vorteil von Momentum-Aktien, deren Marktkapitalisierung unter jener der größten Unternehmen liegt, besteht darin, dass sie größere Bewegungen vor den Quartalszahlen nachvollziehen.

Am folgenden Chart sehen Sie den Kursverlauf der Nvidia Corporation (NVDA) vor den Quartalszahlen. Auch diese Aktie haben wir für einen Earnings-Trade empfohlen.

Wie Sie sehen können, stieg der Kurs von NVDA vor den Quartalszahlen stark an. In diesem Fall haben wir unsere Position bei 11,25 Dollar eröffnet und sie nahe der Hochkurse mit einem Gewinn von etwa 40 Prozent wieder glattgestellt. All das passierte innerhalb von sieben Tagen.

Dieses Beispiel belegt auch, warum man seine Position schließen sollte, bevor die Zahlen tatsächlich veröffentlicht werden. Sehen Sie sich an, was passiert ist, nachdem NVDA seine Zahlen veröffentlicht hatte. Es bildete sich ein ordentliches Down-Gap. Hätte man die Position nicht geschlossen, hätte man einen starken Schlag hinnehmen müssen. Ich gehe nicht gerne Risiken ein, bei denen ich die Konsequenzen nicht kontrollieren kann. Ich kann nie wissen, ob das Unternehmen seinen Erwartungen gerecht werden kann oder nicht. Warum sollte ich dieses Risiko also eingehen? Am besten ist, den Trade glattzustellen, noch bevor die Nachrichten an die Öffentlichkeit gelangen. Wenn die Aktie nun aber weiter gestiegen wäre? Na und, es bieten sich permanent neue Trading-Möglichkeiten. Es ist viel wichtiger, dass Sie ihr Risiko unter Kontrolle haben und das Kapital, mit dem Sie handeln, bewahren. Glücksspiele unterliegen nicht Ihrer Kontrolle.

Index-Neuaufnahmen

Ein weiterer Trend, der zu hohen relativen Gewinnen führen kann, ist jener, der entsteht, wenn Aktien zu wichtigen Indizes wie dem S&P 500 oder dem Nasdaq 100 hinzugefügt werden. Früher funktionierte dieser Trend auch mit kleineren Indizes. Doch seit dies nicht mehr so verlässlich klappt, suche ich eher nach Aktien, die zu den wichtigsten Indizes hinzugefügt werden.

Indexfonds, von denen es mittlerweile Tausende gibt, vollziehen die Bewegung von den jeweiligen Indizes nach. Der S&P 500 setzt sich beispielsweise aus 500 Aktien zusammen. Obwohl die exakte Formel zur Berechnung des Index von Fonds zu Fonds leicht abweicht, setzt sich der Index dennoch aus den 500 darin enthaltenen Aktien zusammen. Jede Aktie wird dabei einzeln gewichtet. Wenn sich nun also der S&P 500 Index ändert, müssen die Tausende von Indexfonds auch reagieren. Deshalb müssen die Fondsmanager dieser Fonds betroffene Aktien entweder kaufen oder verkaufen, um die Fonds wieder auszugleichen, wenn Aktien dem S&P 500 Index hinzugefügt beziehungsweise aus ihm entfernt werden. Dasselbe müssen natürlich alle Indexfonds machen. Daher entsteht Kaufdruck bei Aktien, die dem Index hinzugefügt werden, beziehungsweise Verkaufsdruck bei jenen Aktien, die den Index verlassen.

Indexfonds sind deshalb so populär, weil viele Marktteilnehmer davon ausgehen, dass der Markt über einen bestimmten Zeitraum immer steigen müsse. Deshalb investieren viele lieber in solch einen Fonds als in eine spezielle Aktie. Das ist ein relativ günstiger und sicherer Weg, um an der Gesamtmarktentwicklung teilzuhaben. Aus diesem Grund sind solche Fonds vor allem bei Pensionsfonds und IRAs sehr beliebt.

Den Trade timen

Früher habe ich diesen Trend auf folgende Art und Weise getradet: Wenige Tage bis eine Woche, bevor die Aktie von einem Index aufgenommen wurde, habe ich eine Long-Position eröffnet. Doch wie es auch mit allen anderen Trends ist, änderte sich auch dieser im Laufe der Zeit. Da dieser Trend von immer mehr Tradern gehandelt wurde, haben die Fondsmanager ganz einfach länger gewartet, bevor sie den Titel in ihren Fonds eingebunden haben.

Die Fondsmanager versuchen, dass ihre Fonds die Bewegungen von Aktien so genau wie möglich abbilden, sobald sie einem Index hinzugefügt wurden. Durch hohe Volatilität kann es aber sein, dass, wenn die Fondsmanager zu früh kaufen, es zu großen Preisveränderungen kommt, sobald eine Aktie zu einem Index hinzugefügt wird. Dies wiederum hat Auswirkungen darauf, wie nah sich ein Indexfond tatsächlich am Index bewegt. Wenn eine Aktie beispielsweise bei 65 Dollar notiert, wenn sie dem S&P 500 Index hinzugefügt wird, wollen Fondsmanager sie nicht um 70 Dollar kaufen, wo sie vielleicht noch vor wenigen Tagen notiert hat.

Meine persönliche Erfahrung zeigt, dass die größten Kursbewegungen nun am Tag der offiziellen Aufnahme zu finden sind, und zwar kurz bevor die Märkte schließen. Viele der großen Fonds kaufen während der letzten 15 bis 30 Minuten des Handelstages. Dies führt gewöhnlich zu einem Spike beim Volumen, also einem starken Ausschlag. Als Trader sind kurzfristige Trades natürlich von Vorteil, weil bei ihnen die zeitliche Ebene des Risikos auf ein Minimum reduziert wird.

Wenn Sie diesen Trend nun traden, dann versuchen Sie natürlich, Ihre Position zu schließen, noch bevor der Markt schließt. Der Kaufdruck lässt für gewöhnlich nach der Aufnahme der Aktie zum Index schnell nach. Somit ist das Risiko-Profit-Verhältnis nicht weiter attraktiv. Tatsächlich kommt es sogar oftmals zu Pullbacks, nachdem eine Aktie einem Index hinzugefügt wurde, da die Marktteilnehmer ihre Gewinne realisieren wollen. Deshalb sollten Sie sicher gehen, dass Sie Ihre Position noch vor Ende des Handelstages glattstellen, an dem die Aktie dem Index hinzugefügt wird.

Wie so oft kann auch bei diesem Trend das Timing zum Einstieg variieren. Es gibt Fälle, in denen die Bewegung schon früher beginnt als bei anderen. Es kann auch vorkommen, dass es noch vor der tatsächlichen Aufnahme in den Index zu Pullbacks kommt, weil Trader ihre Profite realisieren wollen. Dies passiert vor allem dann, wenn die Aktie schon sehr stark gestiegen ist. Deshalb sollten Sie den Kursverlauf der Aktie nach dem Eingehen einer Position genau im Auge behalten und den Trend gemäß aller Begleitumstände der Indexaufnahme traden.

Beispiele für Index-Neuaufnahmen

Am folgenden Chat können Sie sehen, was geschah, als eBay, Inc. (EBAY) zum Nasdaq 100 hinzugefügt wurde. Wie Sie erkennen können, stieg der Kurs um ganze 2,73 Dollar in den letzten 15 Minuten des Tradings.

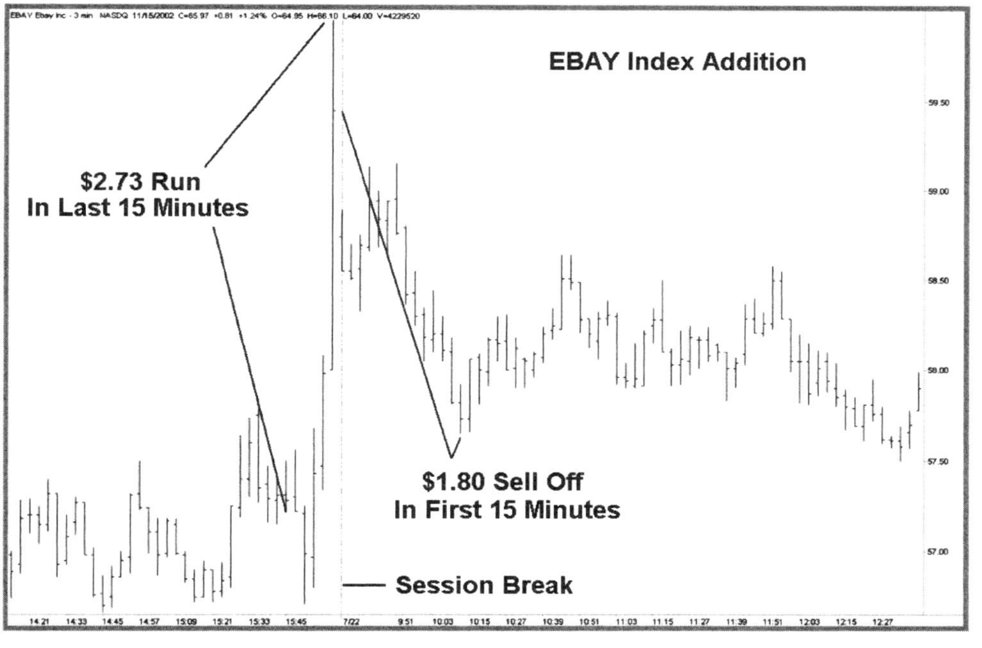

EBAY bot ein tolles Anstiegspotenzial, verglichen mit dem Verlustrisiko. Sie hätten eine Position eröffnen können, sobald das Interesse in die Aktie gestiegen ist. Dies wurde durch erhöhtes Volumen und verstärktes Trading angezeigt. Es hätte sich ein sehr profitabler 15-Minuten-Trade ergeben. Wie Sie sehen können, kam es zu einem starken Pullback, nachdem die Aktie zum Index aufgenommen wurde, was den Grund dafür darstellt, dass man die Position unbedingt noch vor Handelsschluss glattstellen sollte. In den ersten 15 Minuten des nächsten Tages notierte EBAY um 1,80 Dollar schwächer.

Nachdem Sie den Trade nun eingegangen wären, hätten sie sofort einen Stopp-Loss setzen müssen. Somit verhindern Sie, dass Sie zu viel Geld verlieren, sollte doch nicht alles so funktionieren wie erwartet. Auch wenn Sie die Position in diesem Fall nur für sehr kurze Zeit halten, ist es aufgrund der hohen Volatilität ratsam, trotzdem einen Stopp-Loss zu setzen, um Ihr Risiko zu managen.

Nun sehen Sie ein weiteres Beispiel einer Indexaufnahme. Der Chart zeigt den Kursverlauf von Teva Pharmaceutical Industries, Ltd. (TEVA).

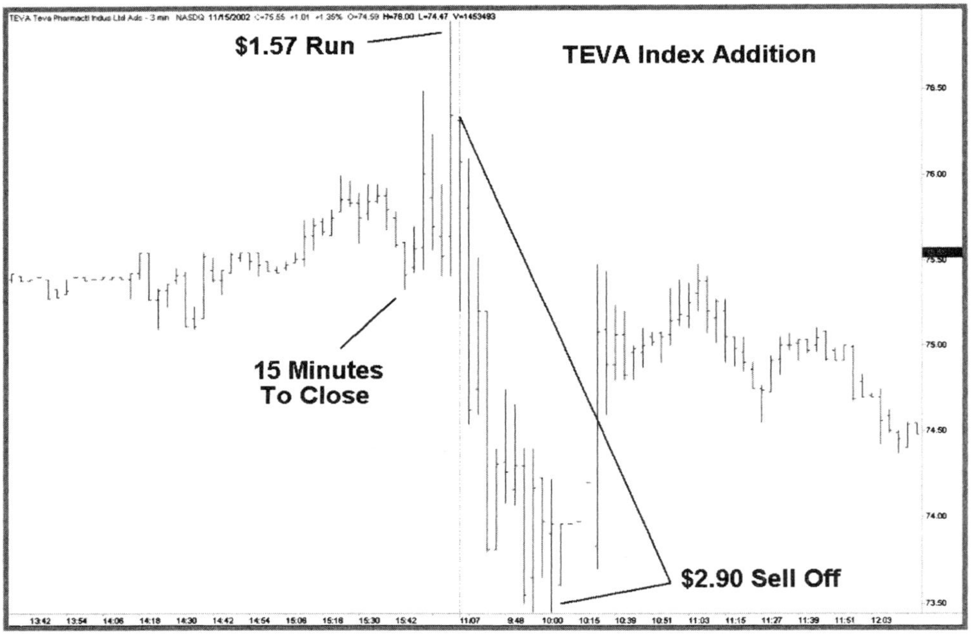

Wie man auf dem Chart erkennen kann, bildete auch TEVA in den letzten 15 Handelsminuten neue Hochkurse. TEVA konnte innerhalb von 15 Minuten um 1,57 Dollar zulegen. Auch das Volumen stieg zu dieser Zeit stark an, und ein profitabler Trade war perfekt. Sehen wir uns nun aber an, was nach dem ersten Handelstag geschah. Genau wie bei EBAY ging der Kaufdruck mehr als nur zurück, und die Aktie begann zu fallen. Am nächsten Morgen fiel die Aktie um satte 2,90 Dollar und gab somit mehr als nur die Gewinne des Vortages wieder ab. Auch dieses Beispiel zeigt, dass man die Position unbedingt noch vor Marktschluss am Tag der Aufnahme glattstellen sollte, da die Volatilität sehr hoch ist.

Natürlich ist kein Trend zu 100 Prozent »idiotensicher«. Das Ziel beim Traden mit Trends ist nur, einen gewissen Feinschliff zu bekommen. Wenn Sie sich aber nach Trends umsehen und deren Vorteile nutzen können, kann es sein, dass sich die Risiko-Profit-Verhältnisse Ihrer Trades schon sehr bald verbessern könnten. Doch selbst wenn Sie Trends nicht dazu nutzen können, Gewinne zu realisieren, so können Sie sie vielleicht dahingehend nutzen, Verluste zu vermeiden.

FOMC Runs

Das FOMC (Feder Open Market Committee) setzt sich aus zwölf Mitgliedern zusammen. Dieses Komitee ist sowohl für die Zins- als auch für die Kreditpolitik verantwortlich.

Ein Trend im Zusammenhang mit FOMC-Meetings hat sich in der Vergangenheit als sehr stark erwiesen. Hierbei geht es um rasante Kursanstiege beziehungsweise Kurseinbrüche von Aktien rund um die Ankündigungen bezüglich zins- oder geldmarktpolitischer Entscheidungen. Vor allem dann, wenn der Markt erwartet, dass die FOMC positive Nachrichten veröffentlichen wird.

Sie können die Zeit sowohl vor als auch nach den FOMC-Ankündigungen traden. Und zwar auf mehrere Arten. Die Dynamik, die mit FOMC-Meetings einhergeht, ist deshalb so interessant, weil sie mehrere zusammenhängende Trends verbindet, die allesamt handelbar wären.

Den Trade timen

Ein FOMC Run beginnt für gewöhnlich etwa eine oder zwei Wochen vor dem tatsächlichen FOMC-Meeting. Am Tag des Meetings treten dann oft weitere handelbare Trends auf, denen wiederum mehrfache Gegentrends folgen können.

Für gewöhnlich sind Tage, an denen die FOMC ein Meeting hält, sehr volatil. Daher ist es ratsam, auch andere Marktumstände zu berücksichtigen. Normalerweise beginnt der Markt stark zu steigen oder zu fallen, wenn das Meeting vor der Tür steht. In welche Richtung sich der Markt nun bewegt, hängt von der Marktstimmung und der allgemeinen Einschätzung bezügliches der Auswirkungen des Meetings ab. Wenn die Ankündigung dann gemacht wurde, wird es hektisch. Der oftmals starken Reaktion auf die Nachricht folgt oft ein gegengerichtetes Snapback Reversal. Dieser Trend hat sich fast zu 100 Prozent bestätigt, seit ich ihn beobachte. Ich trade den Snapback nach der ersten impulsiven Bewegung, die der Ankündigung folgt, eigentlich sehr oft. Ich persönlich nenne diese Technik »Faden der ersten Bewegung« oder »Faden des ersten Spikes«. Egal in welche Richtung sich die Kurse nun nach der Ankündigung impulsiv bewegen, eine Gegenbewegung ist fast immer die Folge.

Es ist zwar möglich, all diese Trends zu traden, doch um auch die Intraday-Trends handeln zu können, müssen Sie einerseits sehr flink sein und andererseits direkten Zugang zu den Börsen haben, also eine Direct-Acces-Plattform nutzen. Sie müssen auf sich sehr hektisch bewegende Kurse vorbereitet sein und wissen, wie Sie sie traden. Online-Broker haben für gewöhnlich nicht die Ausführungsgeschwindigkeit, die notwendig ist, um diese Intraday-FOMC-Bewegungen zu traden. Obwohl solche eine Bewegung auch zwischen fünf und zehn Minuten in Anspruch nehmen kann, ist es nicht ungewöhnlich, wenn sich alles innerhalb von Sekunden oder Minuten abspielt.

Wenn ich solch einen FOMC-Trend traden will, dann suche ich nach bekannten Momentum-Aktien wie KLAC, QLGC, EXPE oder MSFT. Ich suche immer nach Aktien, die sich mit dem Markt bewegen und diesen womöglich sogar outperformen. Wenn Sie allerdings nicht das Risiko eingehen wollen, eine spezifische Aktie zu traden, können Sie ohne weiteres auch auf Indizes oder ETFs (Exchange Traded Funds) wie den QQQ, BBH, SMH, SOX, den SPY oder andere ausweichen.

Beispiele für FOMC-Trends

Auf dem folgenden Chart können Sie sehen, wie sich der Nadaq vor einem FOMC-Meeting verhalten hat.

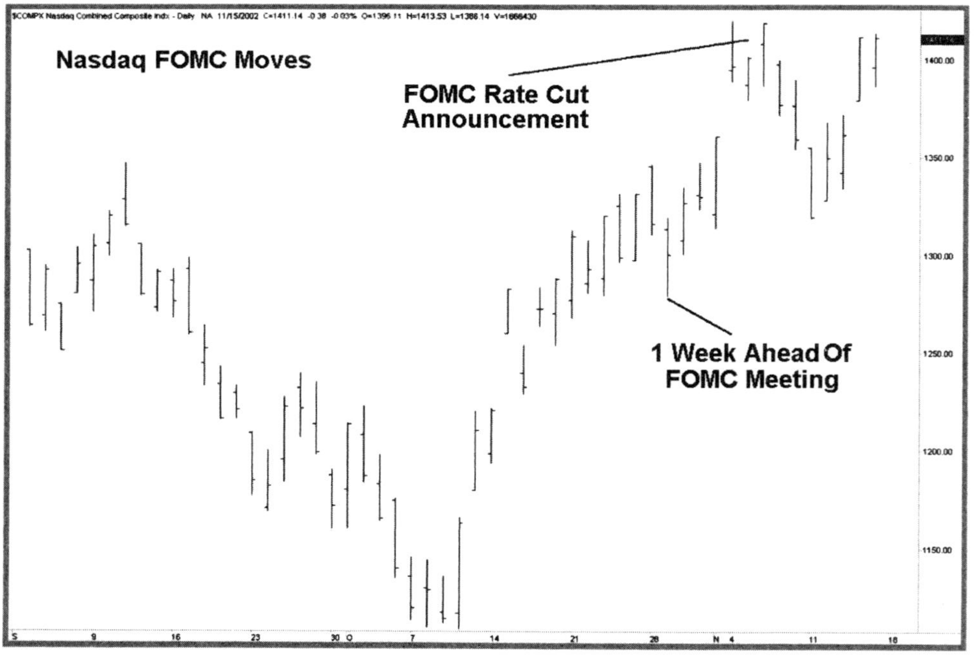

Wie Sie auf dem Chart erkennen können, kam es schon in der Woche vor dem FOMC-Meeting zu einer starken Kursbewegung. In diesem speziellen Fall begann der Markt zu steigen, weil erwartete wurde, dass die Fed die Zinsen um 25 Basispunkte senken würde.

In Fällen, bei denen es bereits vor den FOMC-Meetings zu starken Kursanstiegen kommt, neigen die Märkte dazu, nach dem Meeting nachzugeben. Dies ist ein weiteres Beispiel für »Kaufe das Gerücht – verkaufe die Nachricht«. Schauen Sie sich nun das nächste Beispiel an, das den Semiconductor Index (SOX) zeigt.

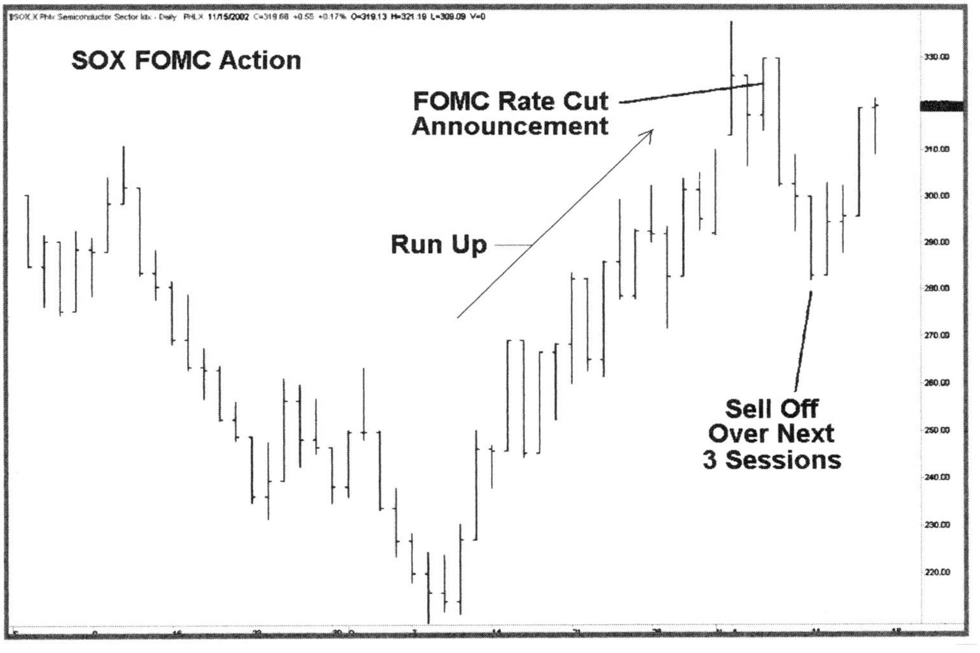

Etwas überraschend senkte die Fed die Zinsen gleich um 50 Basispunkte. Obwohl es zu solch positiven Nachrichten kam, gab der Markt dennoch mehrere Tage lang nach, weil es bereits in den Wochen vor dem FOMC-Meeting zu deutlichen Kursanstiegen kam. In diesem Fall haben wir den so genannten Sell-off, also den Kurseinbruch mittels Put-Optionen getradet. Der Trade war hervorragend. Ein weiteres Beispiel für einen sehr starken Trend. Der »Verkaufe die Nachricht«-Trend hat sich durchgesetzt, obwohl die Fed grundsätzlich sehr positive Nachrichten veröffentlichte und die Zinsen um 50 Basispunkte senkte.

Ein weiterer Index, den man vor FOMC-Meetings im Auge haben sollte, ist der Bankenindex, vor allem dann, wenn Zinssenkungen zu erwarten sind. Da die meisten Menschen glauben, dass sich Zinssenkung positiv auf Banken auswirken, entwickelt sich der Bankenindex oft prächtig und kann andere Sektoren outperformen.

Ein Beispiel, wie man eine solche FOMC-Ankündigung nun tatsächlich handelt, ist im Kapitel »Meine Lieblingsstrategien« angeführt.

Der Januar-Effekt

Auch der Januar-Effekt ist einer jener Trends, die immer wieder Stärke bewiesen und bisher immer funktioniert haben, wann immer ich ihn auch gehandelt habe.

Der Januar-Effekt ist ein sehr bekannter und auch weit verbreiteter Trend. Er ist dem Window-Dressing-Trend sehr ähnlich. Viele sehen in ihm sogar so etwas wie ein Jahresend-Window-Dressing. Auch in diesem Fall versuchen Fondsmanager, Aktien, die während des Jahres eine für sie schlechte Entwicklung vollzogen haben, aus ihren Büchern zu eliminieren, und verkaufen diese im letzten Quartal des Jahres.

Ein weiterer Faktor, der den Januar-Effekt noch verstärkt, sind Verkäufe aus steuerlichen Gründen. Des Weiteren kommt zu Beginn des Jahres neues Geld in den Markt, und die Fondsmanager beginnen Aktien zurückzukaufen, von denen sie nach wie vor überzeugt sind. Dies wirkt sich vor allem dann aus, wenn sie die Aktien zu einem günstigeren Kurs erstehen können, da diese durch den großen Ausverkauf gegen Ende des Jahres weitere Kurseinbußen hinnehmen mussten. Sie werden sehr oft beobachten können, dass es zu großen prozentualen Veränderungen aufgrund des Januar-Effekts kommt.

Den Trade timen

Für gewöhnlich beginnen Aktien, deren Ausverkauf bereits früher im letzten Quartal begonnen hat, um den 20. Dezember damit, Kursanstiege zu verzeichnen.

Ich möchte hier noch einmal festhalten, dass das Ziel des Trades nicht ist, die Aktie weit in das nächste Jahr hinein zu halten. Denn für gewöhnlich beginnt der Kursverfall jener Aktien, die zu Jahresbeginn stark steigen konnten, bereits um den 5. Januar. Zu dieser Zeit ist nämlich das neu in den Markt gekommene Geld angelegt, und auch die Verkäufer melden sich zurück.

Ich trade sehr gerne Aktien, bei denen ein Ausverkauf stattgefunden hat, die jedoch noch nicht die Gegenbewegung angetreten haben. Obwohl die spezifischen Aktien, mit denen ich den Januar-Effekt trade, von Jahr zu Jahr variieren und von den Gesamtmarktumständen sowie dem Kursverlauf der jeweiligen Aktie abhängen, liste ich Ihnen hier einige Beispiele auf. Wir haben den Januar-Effekt beispielsweise mit GLW, CSCO, INTC und SUNW getradet, sind aber dennoch auch auf der Suche nach Aktien mit geringer Marktkapitalisierung, so genannten Small Caps.

Ich trade den Januar-Effekt auch gerne mittels Optionen. Einerseits lassen mich Optionen mein Risiko vorher definieren, andererseits kann ich größere prozentuelle Gewinne einfahren, wenn mein Strategie aufgeht. Teilweise betragen diese Zugewinne mehrere hundert Prozent.

Beispiele für den Januar-Effekt

Das folgende Beispiel zeigt den Januar-Effekt anhand von Corning, Inc. (GLW) und veranschaulicht, wie sich diese Aktie während dieser Zeit verhalten hat.

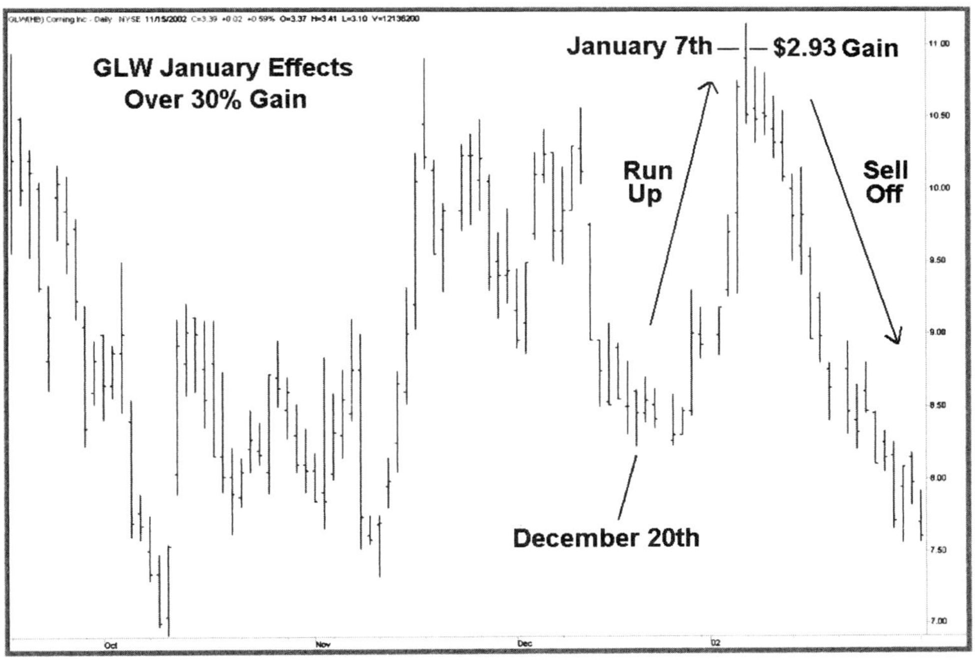

Wie Sie erkennen können, bewegte sich die Aktie von GLW innerhalb von 14 Tagen gleich um 30 Prozent. Diese Bewegung ist nicht zu verachten, wenn man bedenkt, dass einige meiner Kunden diese Bewegung mittel Optionen gehandelt und dabei mehrere hundert Prozent verdient haben. Wie Sie sehen können, gab die Aktie allerdings all ihre Gewinne innerhalb des ersten Teils des Jahres wieder ab, was wiederum unterstreicht, warum man eine Position lediglich wenige Tage ins neue Jahr hinein halten sollte. Ich habe solche Kursbewegung auch bei vielen anderen Aktien gesehen, bei denen der Januar-Effekt zum Tragen kam.

Manchmal versuche ich auch, genau diese Kurseinbußen zu Beginn des Jahres zu traden, indem ich Leerverkäufe tätige. Dies wiederum hängt von den allgemeinen Marktbedingungen und dem jeweiligen Risiko-Profit-Verhältnis ab. Generell kann man aber sagen, dass der Kurseinbruch nicht mit so einer hohen Verlässlichkeit auftritt wie die Kursanstiege davor.

9

Options Primer

In diesem Kapitel geht es darum, einen generellen Überblick über Optionen zu erhalten. Es wird erläutert, was Optionen sind, es werden Definitionen und Fachausdrücke erklärt, und auch die Grundlagen wie das Kaufen und Verkaufen von Optionen werden besprochen. Erst wenn Sie verstanden haben, worum es bei Optionen grundsätzlich geht, können Sie das nächste Kapitel lesen, das weitere Informationen enthält.

Es ist ratsam, dieses Kapitel komplett zu lesen, da alle weiteren Informationen auf Inhalte in diesem Kapitel aufbauen. Wenn Sie noch nie mit Optionen zu tun hatten, dann werden bestimmte Definitionen und Terminologien Sie anfangs vielleicht ein wenig verwirren und einschüchternd auf Sie wirken. Sollten Ihnen ein bestimmter Teil dieses Kapitels nicht auf Anhieb klar sein, empfehle ich Ihnen dennoch weiterzulesen, denn wenn Sie erst ein gewisses Basiswissen angesammelt haben, werden Sie die für Sie anfangs komplizierten Konzepte einfacher verstehen können.

Was sind Optionen?

Eine Option ist die Möglichkeit, aber nicht die Verpflichtung, ein bestimmtes Underlying (Aktie, Index oder anderes Wertpapier) zu einem bestimmten Preis zu einem bestimmten Datum zu kaufen oder zu verkaufen.

Eine Call-Option beinhaltet das Recht, das Underlying zu kaufen, eine Put-Option hingegen das Recht, das Underlying zu verkaufen. Egal ob es sich nun um eine Call- oder um eine Put-Option handelt, jene Person, die die Option kauft, ist der Käufer, und jene Person, die die Option verkauft, ist der Verkäufer.

Genauso wie beim Aktienkauf beziehungsweise Leerverkauf auch, kaufen Sie einen Call, wenn Sie der Meinung sind, dass die Kurse steigen werden. Sind Sie jedoch der Meinung, dass die Kurse fallen werden, kaufen Sie eine Put-Option. Egal in welchem Fall Sie nun Recht behalten sollten, sie werden damit Geld verdienen. Genau wie beim Aktienhandel gibt es auch bei Optionen eine zeitliche Komponente. Zusätzlich zu den Gewinnen oder Verlusten, die das Underlying ausweist, kann eine Option auch im Lauf der Zeit verlieren. Auf diese Thematik wird allerdings erst später in diesem Kapitel und im nächsten Kapitel eingegangen.

Obwohl Sie jetzt vielleicht den Eindruck haben, dass der Handel mit Optionen um einiges komplizierter ist als jener mit Aktien, kann auch der Handel mit Optionen sehr simpel sein. Auch wenn es sehr wohl möglich ist, komplizierte Optionsstrategien zu verfolgen, wird es Ihnen dennoch möglich sein, Optionen zu kaufen und zu verkaufen, wie Sie es von Aktien her gewöhnt sind. Dazu müssen Sie nur die grundlegende Idee verstanden haben. Sie suchen nach dem Kürzel der gewünschten Option und kaufen zum besten Ask-Preis und verkaufen zum besten Bid-Preis. Natürlich bringt auch der Handel mit Optionen, genauso wie jener mit herkömmlichen Aktien, Risken mit sich. Bevor Sie nun also tatsächlich mit Optionen handeln, sollten sie sowohl über die Pros als auch über die Kontras von Optionen Bescheid wissen.

Im Rahmen dieses Buches ist es leider nicht möglich, auf alle Facetten des Options-Tradings einzugehen. Stattdessen führe ich Sie in diesem Kapitel in die Welt der Optionen ein, im nächsten Kapitel werde ich Ihnen dann praktische Strategien zum Optionshandel vorstellen, die ich selber immer wieder gewinnbringend nutze. Wenn Sie zusätzlich zu den Informationen, die Sie aus diesem Buch erhalten, noch mehr über Optionen lernen wollen, können Sie gerne www.trendfund.com besuchen und sich unsere Liste der empfohlenen Bücher zu dieser Thematik ansehen.

Optionen werden aus vielerlei Gründen verwendet: zum Hedgen, aber auch aus Arbitragegründen, zur reinen Spekulation, um den Hebel zu nutzen oder um Risikomanagement anzuwenden. Die Popularität von Optionen unter Tradern steigt aber auch aus anderen Gründen. Denn aktive Trader, die als Da-Ttrader, die nach Kursmustern suchen, identifiziert wurden, sind jetzt ein Thema für SEC-Vorschriften, die eine minimale Kontogröße vorschreiben.

Sie werden als Day-Trader kategorisiert, wenn Sie innerhalb eines bestimmten Zeitrahmens eine bestimmte Anzahl von Akteien intraday kaufen und verkaufen. Da sich die Parameter zur Kategorisierung permanent ändern, fragen Sie bitte Ihren Broker nach genaueren Informationen.

Seit neuestem unterliegen Optionen nicht mehr diesem Regulativ. Daher eröffnen Optionen auch solchen Tradern den Handel, deren Kontogröße Intraday-Handel eigentlich nicht mehr zulassen würde. Ein weiterer großer Vorteil für Trader mit kleinen Konten ist der Hebel, den Optionen mit sich bringen. Denn unter Mithilfe des Hebels können auch Marktteilnehmer mit nicht so stark gefüllten Konten immer noch eine vernünftige Anzahl von Aktien bewegen.

Der Basiswert

Der Basiswert, auf den sich eine Option bezieht, kann unterschiedlicher Natur sein und folgende Formen annehmen.

- Aktien
- Indizes
- Rohstoffe
- Futures

Zum leichteren Verständnis werde ich in weiterer Folge immer Aktien als Basiswert heranziehen, da dies der am weitesten verbreitete Basiswert beim Optionshandel ist. Vergessen Sie aber nicht, dass der Basiswert andere Formen, wie etwa einen Index, annehmen kann.

Eine Aktienoption gib Ihnen das Recht, 100 Aktien eines bestimmten Basiswertes zu einem festgelegten Preis oder vor einem bestimmten Datum zu kaufen (Call-Option) oder zu verkaufen (Put-Option). Sie haben des Weiteren das Recht, Ihre Option auszuführen, dass heißt die Aktien, auf die sich die Option bezieht, in Besitz zu nehmen. Dennoch verkaufen die meisten Trader ihre Call- oder Put-Optionen und machen von diesem Recht nicht Gebrauch. Das ist nämlich weniger kompliziert, und außerdem ist der Wert der Option aufgrund der Berechnung der Optionsprämie (mehr dazu später) zu diesem Zeitpunkt noch höher.

Im Falle von Index-Optionen können Sie die zugrunde liegenden Indizes nicht kaufen oder verkaufen, da sich ein Index aus mehr als einer Aktie zusammensetzt. Stattdessen kaufen Sie Optionen, die den Wert des zugrunde liegenden Basiswertes widerspiegeln. Jede Option umfasst 100 Aktien des Index. Viele Trader kaufen beispielsweise den S&P 100 (OEX) oder andere Indizes, um andere Positionen zu hedgen, also abzusichern. Ein weiteres Motiv für den Kauf von Index-Optionen liegt darin, dass Trader an der positiven Entwicklung ganzer Sektoren teilhaben wollen, ohne dabei nach spezifischen Aktien suchen zu müssen. Dadurch erspart man sich auch die Risikodiversifikation, die ein Portfolio an Aktien notwendig machen würde.

Rohstoffoptionen werden in Zusammenhang mit Rohstoffen wie Mais oder Weizen verwendet. Da ich persönlich weder mit Rohstoffoptionen noch mit Futures-Optionen handle, werde ich sie in diesem Buch auch nicht weiter behandeln. Ich erwähne sie nur deshalb, um Ihnen einen kompletten Überblick über Optionen zu geben. Denn Aktien sind nicht der einzige mögliche Basiswert beim Handeln mit Optionen.

Rechte und Pflichten

Rechte des Käufers

Beim Handel mit Optionen liegen grundsätzlich alle Rechte beim Käufer. Der Käufer hat nämlich das Recht, den Basiswert innerhalb der Laufzeit zu einem fixierten Preis zu kaufen oder zu verkaufen.

In der Praxis verzichten die meisten Optionshändler darauf, die Aktien tatsächlich zu kaufen oder zu verkaufen, obwohl ihnen dieses Recht zusteht. Stattdessen halten sie die Option für eine bestimmte Zeit innerhalb der Fälligkeit und verkaufen die Option, genau wie Aktien, an jenem Punkt, an dem sie Profite realisieren wollen. Manchmal verfällt die Option aber auch völlig wertlos.

Pflichten des Verkäufers

Alle Pflichten liegen beim Vekäufer. Der Verkäufer hat nämlich die Pflicht, den Basiswert gegebenenfalls zu liefern. Diese Pflicht liegt aber nur beim ursprünglichen Verkäufer (also nicht bei Tradern, die ihre gekauften Call- oder Put-Optionen irgendwann verkaufen).

In der Praxis kommt es, wie erwähnt, selten zu dem Fall, der der Verkäufer den Basiswert tatsächlich bereitstellen muss. Dennoch kommt es vor, dass Käufer von diesem Recht Gebrauch machen (mehr dazu später). Deshalb müssen Verkäufer auf den Fall der Fälle vorbereitet sein und den Basiswert liefern können.

Optionskontrakte

Ein Optionsvertrag besteht aus standardisierten Bedingungen, die das Recht, einen Basiswert zu kaufen oder zu verkaufen, regeln. Der Verkäufer der Option muss sich nun an diese Bedingungen halten. Er muss den Basiswert bereitstellen, sollte der Käufer seinen Optionsvertrag tatsächlich ausüben wollen. Unter »Optionen ausführen« gehe ich darauf näher ein.

Durch den Kauf und/oder Verkauf von Optionskontrakten kann man mit Optionen handeln. Jeder einzelne Kontrakt verbrieft das Recht, 100 Aktien des bestimmten Basiswertes zu kaufen oder zu verkaufen. Ein Beispiel dazu folgt unter »Der Strike-Preis«. Für den Moment ist es ausreichend, wenn Sie wissen, dass ein Optionskontrakt immer 100 Aktien des Basiswertes umfasst.

Die Prämie

Wenn Sie eine Aktie erwerben wollen, dann müssen Sie dafür einen bestimmten Preis bezahlen. Genau so verhält es sich auch bei Optionen. Der Preis einer Option wird auch die Prämie genannt. Die Prämie repräsentiert den Preis, den man zahlen muss, um das Recht zu erlangen, die Aktien eines bestimmten Basiswertes zu kaufen oder zu verkaufen.

Die Prämie stellt sozusagen den Wert der Option dar. Und dieser Wert setzt sich aus mehreren Faktoren zusammen. Diese Teile werden unter »Innerer Wert« und »Extrinsischer Wert« besprochen.

Die Gesamtkosten eines Kontrakts errechnen sich nun aus der Prämie, multipliziert mit 100. Denn ein Optionskontrakt setzt sich immer aus 100 Aktien eines Basiswertes zusammen (die Broker-Kommissionen sind hierbei allerdings noch nicht berücksichtigt). Ein Beispiel hierzu finden Sie ein wenig später.

Der Strike-Preis

Wenn Sie eine Option kaufen, dann zahlen Sie eine Prämie, um die Aktien des Basiswertes später zu einem fixierten Preis kaufen oder verkaufen zu dürfen. Dieser fixierte Preis wird auch Strike-Preis genannt. Ein Beispiel hierfür folgt.

Beispiele für den Optionspreis

Zu Illustrationszwecken zeigt der nächste Absatz eine Liste von Call-Optionen und deren Preisquotierungen. Es geht hier zwar um die hypothetische Firma XYZ. Die besprochenen Konzepte lassen sich dennoch auf jede andere Aktie umlegen. Wie die Form solcher Optionspreislisten nun endgültig aussieht, hängt von Ihrem Broker ab und kann variieren. Sie können aber Ihre eigenen Optionspreislisten öffnen, um zu sehen, wie Ihr Broker das handhabt.

Zunächst sieht man den Aktienpreis von XYZ. Unter diesem Kurs erkennen Sie drei Preise für Call-Optionen für den Monat August. Wenn Sie solch eine Liste bei Ihrem Broker öffnen, werden viel mehr Preise angezeigt. In diesem Fall sind drei Preise allerdings völlig ausreichend, und sie sparen noch dazu Platz. Im nächsten Kapitel »Optionen traden« werden weitere Beispiele solcher Preislisten vorgestellt. Eine komplette Liste von Optionspreisen wird auch als »Optionskette« bezeichnet.

Stock	Price	Bid	Ask	Last	Volume
XYZ	46,00	45,95	46,02	46,00	12.284.561

XYZ Aug-01-Calls

Symbol	Price	Bid	Ask	Last	Volume
XOEHV	42,50	3,50	3,80	3,70	458
XOEHI	45,00	1,75	1,80	1,75	843
XOEHW	47,50	0,45	0,55	0,55	1.042

Kommen wir nun zu dem Beispiel zurück. Die XYZ-Aktie notiert derzeit bei 46,00 Dollar. Optionssymbole helfen bei der Spezifizierung jener Optionen, die Sie gerne handeln wollen. Das basiert auf demselben Konzept wie bei Aktien. Die Optionssymbole, die oft eine Variation des Aktiensymbols sind, das gehandelt werden soll, ändern sich auf monatlicher Basis. Der Strike-Preis der drei Call-Optionen schwankt in diesem Fall zwischen 42,50 und 47,50 Dollar. Die Prämien beziehungsweise die letzten Preise, zu denen die Optionen notierten, schwanken zwischen 3,70 und 0,55 Dollar. Bemerken Sie den Faktor, um den sich die Prämien ändern, abhängig davon, wie weit der Strike-Preis vom momentanen Kassa-Peis entfernt ist? Wie solche Prämien errechnet werden, wird später erklärt. Auch die besten Bid-Preise, Ask-Preise und das Volumen sind ablesbar. Viele Broker bieten auch noch zusätzliche Daten an. Um herauszufinden, welche Daten er anbietet, wenden Sie sich bitte direkt an Ihren Broker.

Wenn Sie in diesem Fall 10-Aug-XYZ-Call-Optionen (Kontrakte) kaufen wollen würden, die gerade bei 1,80 Dollar notieren, müssten Sie 1.800,00 Dollar bezahlen (Kommissionen nicht berücksichtigt). Der Gesamtpreis setzt sich wie folgt zusammen: Sie multiplizieren 1,80 Dollar mal 100 Aktien mal 10 Kontrakte (1,80 Dollar x 100 x 10 = 1.800,00 Dollar).

Datum/Monat der Fälligkeit

Optionen laufen grundsätzlich am dritten Samstag jedes Monats aus. Dennoch ist der letzte Tag, an dem man sie handeln kann, natürlich der dritte Freitag jedes Monats. Den Monat der Fälligkeit wählen Sie bereits beim Optionskauf aus.

Der Fälligkeitsmonat im vorangegangenen Beispiel wäre August gewesen. Sie hätten natürlich auch eine Option mit Fälligkeit im September oder Oktober kaufen können. Sie können sogar Langzeit-Optionskontrakte kaufen, die LEAPS genannt werden. Als LEAPS werden jene Optionen bezeichnet, deren Laufzeit neun Monate übersteigt. Je größer nun die Laufzeit, desto größer auch der zeitbezogene Wert der Option. Eine Erklärung hierzu folgt unter »Extrinsischer Wert«.

Wenn Ihre Call- oder Put-Optionen bei Fälligkeit keinen Wert haben, dann verfallen sie »wertlos«, und Sie verlieren die komplette Prämie, die Sie dafür bezahlt haben. Dennoch beschränkt sich Ihr Maximalverlust auf die bezahlte Prämie. Obwohl die meisten Broker Ihre Optionen am Tag der Fälligkeit verkaufen und Ihnen etwaige Erträge gutschreiben, ist dies nicht sicher. In diesem Fall müssen Sie Optionen, die noch einen gewissen Wert haben, vor oder am Tag der Fälligkeit manuell verkaufen. Am besten, Sie fragen bei Ihrem Broker nach, wie er das handhabt.

Innerer Wert

Der innere Wert einer Option berechnet sich aus der Differenz zwischen dem Kassakurs des Basiswertes und dem Strike-Preis der Option. Wenn der Kassakurs von XYZ nun also bei 55 Dollar liegt und Sie einen 50-Dollar-Call gekauft haben, dann beträgt der innere Wert Ihrer Option fünf Dollar (55 Dollar – 50 Dollar = 5 Dollar). Somit kann festgestellt werden: Wenn sich der Kurs des Basiswertes über den Strike-Preis erhöht, steigt der innere Wert der Option im gleichen Ausmaß.

Der innere Wert kann nur positive Zahlen oder Null annehmen. Käme bei der Kalkulation ein negativer Wert zu Stande, dann wird der innere Wert der Option mit Null angenommen. Wenn der Kassapreis von XYZ nun also bei 50 Dollar liegt, Sie aber einen 55-Dollar-Call besitzen, dann wäre der innere Wert 0 Dollar (50 Dollar – 55 Dollar = –5 Dollar = 0).

Der umgekehrte Fall liegt natürlich bei Put-Optionen vor. Der innere Wert von Put-Optionen kann nur negativ sein (obwohl das negative Vorzeichen in diesem Fall einfach weggelassen wird). Jeder positive Wert ist hierbei also entsprechend mit null anzunehmen.

Extrinsischer Wert

Jener Teil der Optionsprämie, der nicht dem inneren Wert der Option entspricht, ist der extrinsische Wert. Der extrinsische Wert berechnet sich aus einer sehr komplexen standardisierten Formel, die von den Komponenten Zeit und Volatilität abhängt (wird als Nächstes besprochen). Der extrinsische Wert besteht zum Großteil aus einem Zeitwert beziehungsweise einer Zeitprämie, die sich aus der Restlaufzeit bis zur Fälligkeit errechnet. Je näher das Fälligkeitsdatum der Option nun kommt, desto kleiner wird auch der extrinsische Wert der Option.

Volatilität

Die Volatilität gibt darüber Aufschluss, wie schnell sich der Kurs einer Aktie bewegt. Aktien, die innerhalb kurzer Zeit große Kursschwankungen verzeichnen, gelten als volatiler als jene, deren Preise sich im Laufe der Zeit nur wenig und langsam bewegen.

Wie bereits erwähnt, findet sich auch die Volatilität des Basiswertes in der Optionsprämie wieder. Eine hohe Volatilität hat zur Folge, dass der Volatilitätsanteil der Optionsprämie steigt. Grundsätzlich kann man zwischen zwei Arten von Volatilität unterscheiden: historischer Volatilität und implizierter Volatilität.

Historische Volatilität

Die historische Volatilität ist ein statistisches Maß der Volatilität über einen bestimmten Zeitraum in der Vergangenheit (zum Beispiel zehn Tage, 100 Tage oder jede andere Anzahl von Tagen).

Implizite Volatilität

Die implizierte Volatilität ist ein Maß der Erwartungen des Optionsmarktes über die in Zukunft vorherrschende Volatilität.

Im Geld

Eine Option mit innerem Wert kann auch als »im Geld« bezeichnet werden. Dies tritt bei einer Call-Option in dem Fall auf, wenn der Kassapreis des Basiswertes über jenem des Strike-Preises liegt. Das Gegenteil gilt natürlich für Put-Optionen. Eine Put-Option hat dann einen inneren Wert, wenn der Kassapreis des Basiswertes unter jenem des Strike-Preises liegt.

Ein 50-Dollar-XYZ-Call wäre beispielsweise dann mit fünf Dollar im Geld, wenn der Kassapreis des Basiswertes momentan 55 Dollar betragen würde. Ein 50-Dollar-Put hingegen wäre dann mit fünf Dollar im Geld, wenn der Kassapreis des Basiswertes 45 Dollar beträgt.

Aus dem Geld

Eine Call-Option ist dann »aus dem Geld«, wenn der Kassapreis des Basiswertes unter dem Strike-Preis liegt. Bei einem Put liegt dieser Fall vor, wenn der Kassapreis des Basiswertes über jenem des Strike-Preises liegt. In diesem Fall hätte die Option keinen inneren Wert. Der innere Wert wäre also null.

Ein 50-Dollar-XYZ-Call wäre beispielsweise dann mit fünf Dollar aus dem Geld, wenn der Kassakurs von XYZ 45 Dollar notieren würde. Ein 50-Dollar-XYZ-Put hingegen wäre mit fünf Dollar aus dem Geld, wenn der Kassapreis von XYZ bei 55 Dollar notieren würde.

Eine Option aus dem Geld hat ausschließlich extrinsischen Wert beziehungsweise Zeitwert. Dieser Wert verringert sich, je näher das Fälligkeitsdatum kommt. Hat die Option am Tag der Fälligkeit immer noch keinen inneren Wert, verfällt sie wertlos.

Am Geld

Eine Option ist dann »am Geld«, wenn der Kassapreis des Basiswertes und der Strike-Preis der Option identisch sind. Ein 50-Dollar-XYZ-Put ist beispielsweise dann am Geld, wenn auch der Kassapreis von XYZ bei 50 Dollar liegt.

Hedging

Wenn Sie eine offene Aktienposition unter Mithilfe von Optionen absichern, nennt man das »Hedging«. Sie können mit Optionen eingefahrene Gewinne absichern oder Buchverluste vermindern. Und das, ohne Ihre Aktienposition verkaufen zu müssen.

Wenn Sie beispielsweise den Eindruck haben, dass die Märkte nachgeben werden, Sie Ihre Aktienposition allerdings nicht glattstellen wollen, dann können Sie auf Put-Optionen zurückgreifen. Wenn Ihre Aktienposition nun an Wert verliert, egalisiert dies der Gewinn der Put-Option. Weitere Informationen zum Thema »Hedging« erhalten Sie im nächsten Kapitel »Optionen traden«.

Das Risiko managen

Mit Optionen kann man sein Risiko hervorragend bestimmen. Denn obwohl ein Totalverlust in Höhe der bezahlten Prämie möglich ist, ist kein größerer Verlust möglich. Sie wissen schon beim Eingehen der Position, wie das Worst-Case-Szenario aussehen wird. Ihre Gesamtkosten für die Errichtung Ihrer Position entsprechen also dem maximalen Verlust. Da ich diesen Aspekt des Optionshandels sehr schätze, werde ich im nächsten Kapitel anhand von Beispielen näher darauf eingehen.

Spekulation und Hebel

Wenn Sie das Gefühl haben, dass eine bestimmte Aktie steigen oder fallen wird, Sie sich jedoch noch nicht ganz sicher sind, oder wenn Sie mit Hilfe eines Hebels eine größere Anzahl von Aktien bewegen wollen, aber dennoch auf ein vordefiniertes Risiko zurückgreifen wollen, dann können Sie den Kauf von Call- oder Put-Optionen in Erwägung ziehen.

Ich handle Optionen meistens dann, wenn ich das Gefühl habe, dass eine Aktie eine große Bewegung nachvollziehen wird, ich aber dennoch mein Risiko begrenzen will. Sind dann auch noch das Risiko-Profit-Verhältnis attraktiv und die Optionsprämie vernünftig, bin ich zufrieden. Man kann Optionen beispielsweise dazu verwenden, auf den Inhalt von Quartalsberichten zu spekulieren, doch darauf gehe ich im nächsten Kapitel »Optionen traden« näher ein.

Wie bereits erwähnt, kann man mit Optionen auch sein Kapital hebeln. Wenn wir beispielsweise auf das Beispiel mit den Preislisten zurückkommen, dann müssten Sie 46.000 Dollar dafür aufwenden, um 1.000 Aktien von XYZ zu kaufen, da die Aktie derzeit bei 46,00 Dollar notiert. Wenn Sie nun aber zehn 45-Dollar-Call-Optionskontrakte kaufen, die bereits im Geld sind, dann kostet Sie Ihre Gesamtposition nicht mehr als 1.800 Dollar (1,80 Dollar x 100 x 10 = 1.800 Dollar). Genau das nennt man einen Hebel!

Arbitrage

Raffinierte Trader können davon profitieren, dass es zwischen zwei Basiswerten (oder zwischen verschiedenen Optionen auf verschiedenen Börsen) zu Preisdiskrepanzen kommt. Diesen Vorgang nennt man Arbitrage.

Vor- und Nachteile von Optionen

Die großen Vorteile beim Handeln mit Optionen sind der Hebel, das Hedging und das vordefinierte Risiko. Durch den Hebeleffekt ist es Ihnen möglich, auch mit einem kleinen Konto große Mengen von Aktien zu bewegen und somit auch größere potenzielle Gewinne einzufahren. Der Vorteil beim Hedging besteht darin, dass man seine Aktienposition nicht glattstellen muss, um vor potenziellen Kursverlusten gefeit zu sein. Zusätzlich können Sie Optionsstrategien mit niedrigem Risiko anwenden, die attraktive Gewinne versprechen. Ihr Risiko bleibt dennoch vordefiniert.

Ein weiterer Vorteil beim Handel mit Optionen liegt darin, dass man nicht den SEC-Bestimmungen bezüglich der Pattern-Day-Trader unterliegt. Diese sagt nämlich aus, dass ein Trader, der an fünf aufeinander folgenden Tagen täglich mehr als fünf Positionen eröffnet und wieder geschlossen hat, eine Kontogröße von mindestens 25.000 Dollar haben muss.

Die große Schwäche von Optionen ist ihr Zeitwert. Während Aktien so etwas wie ein Fälligkeitsdatum nicht kennen, sind Optionen am Fälligkeitstag völlig wertlos, wenn kein innerer Wert vorliegt. Zeit ist der natürliche Feind des Optionshändlers. Wenn Sie hingegen Aktien halten, ist ihr größter Feind mit dem Eigenkapital verheiratet.

Optionsbörsen

Optionen werden an vier verschiedenen Börsen gehandelt: an der Pacific Exchange, der Nasdaq Amex, der Chicago Board Of Options und der Philadelphia Exchange. Wenn Sie nicht gerade einer bestimmten Börse das Geschäft überlassen wollen, dann ist es völlig irrelevant, über welche Börse Sie Ihre Optionsgeschäfte abwickeln, obschon ich der Meinung bin, dass die Chicago Board Of Options generell die verlässlichste und schnellste Durchführung gewährleistet.

Volumen

Genau wie bei Aktien auch, können Sie sich das gehandelte Volumen auf Tages-, Wochen-, Monatsbasis etc anzeigen lassen.

Sie können die Anstiege und Rückgänge im Volumen eine Zeit lang beobachten und dann überprüfen, ob es gerade zu ungewöhnlichen Volumina kommt. Wenn das Volumen steigt, signalisiert dies ein steigendes Interesse, was wiederum Druck auf den Optionspreis ausüben würde. Über die Themen Volumen und Liquidität gehe ich unter »Index-Optionen« noch näher ein.

Open Interest

Das Open Interest gibt Auskunft darüber, wie viele Optionskontrakte eröffnet wurden. Wenn Sie beispielsweise Optionen traden, dann müssen Sie entweder kaufen oder verkaufen, um eine Option eröffnen zu können. Open Interest zählt also die absolute Zahl eröffneter Kontrakte. Wenn Sie nun Ihre Position schließen, also verkaufen, dann sinkt auch das Open Interest.

Open Interest ist allerdings nicht mit Volumen zu verwechseln. Das Volumen kann sehr hoch sein, weil Trader immer wieder Positionen eröffnen und wieder schließen, während das Open Interest lediglich darüber Auskunft gibt, wie viele Kontrakte derzeit offen sind. Ein hoher Wert von Open Interest deutet darauf hin, das gerade viele Marktteilnehmer die Option handeln.

Optionen ausführen

Bei amerikanischen Optionen können Sie im Gegensatz zu europäischen Optionen jederzeit vor oder am Fälligkeitstag von Ihrem Recht, den spezifischen Basiswert geliefert zu bekommen, Gebrauch machen. Der Verkäufer hat die Pflicht, den Basiswert zu liefern.

Da Sie Optionspositionen genauso einfach eröffnen und schließen können wie Aktienpositionen, macht so gut wie kein Trader von diesem Recht Gebrauch. Das liegt vor allem daran, dass der extrinsische Wert (Zeitwert) die Option wertvoller macht, als es der zugrunde liegende Basiswert wäre. Wenn dies allerdings nicht der Fall ist oder Sie den bezogenen Basiswert tatsächlich in Ihr Aktienportfolio aufnehmen wollen, können Sie jederzeit von Ihrem Recht Gebrauch machen.

Sollten Sie Ihre Optionen am Fälligkeitstag immer noch nicht verkauft haben, dann schreiben Ihnen die meisten Broker den Wert der Option zur Fälligkeit auf Ihrem Konto gut. Da jedoch jeder Broker diesen Umstand anders handhaben kann, empfehle ich Ihnen, Rücksprache mit ihm darüber zu halten.

Einführung in die Optionsstrategien

Kaufen von Calls und Puts

Wie bereits erwähnt, können die Motive, warum Sie einen Call oder Put kaufen, vielerlei Ursprungs sein. Vielleicht wollen Sie den Hebel nutzen, vielleicht eine Aktienposition hedgen oder ganz einfach ein vordefiniertes Risiko eingehen.

Wenn Sie das Gefühl haben, dass eine bestimmte Aktie steigt, dann können Sie die Aktie entweder direkt kaufen oder aber auf Call-Optionen zurückgreifen. Wenn Sie der Ansicht sind, dass der Kurs einer Aktie fallen wird, dann können Sie entweder einen Leerverkauf tätigen oder aber eine Put-Option kaufen. Wenn Ihnen der Markt schwach erscheint, Sie Ihre Aktienposition aber nicht schließen wollen, können Sie sich mit Put-Optionen absichern. Wenn die Kurse nun fallen, dann steigt der Preis ihres Puts und wird die Verluste Ihrer Aktienposition reduzieren. Der Umfang der Absicherung steht in unmittelbarem Zusammenhang mit dem Strike-Preis der gewählten Option.

Je näher eine Aktie davon entfernt ist, ins Geld zu kommen, desto teurer wird sie, da sowohl der innere als auch der extrinsische Wert ins Spiel kommen. Wenn eine Option erst einmal im Geld ist, steigt ihr Wert mit jedem Dollar, um den der Basiswert zulegen kann, um exakt einen Dollar. Wenn eine Option allerdings aus dem Geld ist, dann ist ihr Preis geringer, da der innere Wert gleich null ist. Es kommt nur noch der extrinsische Wert zum Zug. Dieser Wert sinkt jedoch, je näher das Fälligkeitsdatum rückt.

Im Gegensatz zu Aktien ist Ihr maximaler Verlust beim Handel mit Optionen vordefiniert, und zwar auf die Gesamtprämie, die Sie für Ihre Position bezahlen. Ziehen wir nun noch einmal das vorherige Beispiel heran. Hätten Sie nun 1.000 Aktien von XYZ zu 46 Dollar je Stück gekauft, hätten sich Ihre Gesamtkosten der Position auf 46.000 Dollar (exklusive Kommissionen) belaufen. Obwohl dieses Szenario sehr unwahrscheinlich ist, ist es dennoch denkbar, dass XYZ über Nacht insolvent wird und Sie somit ihre gesamte 46.000-Dollar-Position verlieren. Hätten Sie allerdings zehn 45-Dollar-Call-Optionen zu 1,80 Dollar je Aktie gekauft, hätte Sie ihre Gesamtposition lediglich 1.800 Dollar (exklusive Kommissionen) gekostet. Daher liegt auch Ihr Maximalverlust bei 1.800 Dollar. Natürlich hätten Sie ihren maximalen Verlust in beiden Fällen durch das Setzen von Stopp-Loss-Orders vermindern können.

Um festlegen zu können, welche Optionen nun am ehesten Ihren Ansprüchen genügt, sollten Sie sich zunächst darüber im Klaren sein, wofür Sie die Option brauchen und wie hoch die Prämie der Option ist. Wollen Sie eine Option, die im Geld ist, und dafür mehr bezahlen, oder doch eine Option, die aus dem Geld ist, um Geld zu sparen? Wollen Sie eine Aktie kaufen, deren Fälligkeitsdatum bereits vor der Tür steht, und dadurch Geld sparen, oder wollen Sie eine Option mit längerer Restlaufzeit, die teurer ist?

Im Kapitel »Optionen traden« werde ich Ihnen einige Beispiele vorstellen und auch noch auf weitere wichtige Entscheidungskriterien eingehen.

Verkauf von nackten Calls und Puts

Wenn der ursprüngliche Verkäufer einer Call- oder einer Put-Option den zugrunde liegenden Basiswert nicht besitzt, spricht man von einer nackten (Naked-Call- oder -Put)-Position. Das ist wesentlich riskanter als der bloße Kauf von Calls oder Puts.

Bitte verwechseln Sie nicht das Glattstellen, also den Verkauf eines Calls oder eines Puts, den Sie bereits gehalten haben, mit dem ursprünglichen Verkauf der Option. Denn genau um den geht es hier. Es geht hier um jene Person, die die Option verkauft, um eine Position zu eröffnen, nicht, zum sie zu schließen.

Um Naked-Calls oder -Puts verkaufen zu können, müssen Sie ein Margin-Konto haben. Einen nackten Verkauf tätigen Börsenprofis dann, wenn die Volatilität gerade sehr hoch ist und Sie der Meinung sind, dass die Prämien überbewertet sind. Wenn Sie einen nackten Verkauf tätigen, ist Ihr Risiko theoretisch unbegrenzt. Der Gewinn hingegen ist auf die Höhe der Prämie beschränkt. In diesem Fall arbeitet die Zeit für Sie, anders als beim Kauf von Calls oder Puts, wo die Zeit den Wert Ihrer Position reduziert. Sie wollen also, dass die Option fällig wird, damit Sie die Prämie einstreichen können.

Im Folgenden sehen Sie einige Beispiel, die Risiko und Profit gegenüberstellen. Wenn XYZ nun also bei 50 notiert und Sie eine einzige XYZ-55-Dollar-Call-Option um zwei Dollar kaufen, dann beträgt Ihr Maximalverlust 200 Dollar (2 Dollar x 100 Aktien). Wenn Sie einen 55-Dollar-Call nun nackt verkaufen, dann ist Ihr maximaler Gewinn folgerichtig 200 Dollar, und zwar dann, wenn XYZ bei 55 Dollar oder darunter notiert. Wenn, aus welchem Grund auch immer, der Kurs von XYZ auf 70 Dollar steigen sollte, dann würden Sie 15 Dollar (70 Dollar – 55 Dollar) mal 100 Aktien verlieren. Von diesem Verlust muss dann allerdings noch die einkassierte Prämie abgezogen werden. Ihre Verlust beträgt demnach 1.300 Dollar. Da der Preis von XYZ allerdings noch weiter steigen könnte, ist auch Ihr potenzieller Verlust sehr groß.

Verkauf von gedeckten Calls und Puts

Wenn der ursprüngliche Verkäufer von Call- oder Put-Optionen im Besitz des zugrunde liegenden Basiswertes ist, spricht man von einem gedeckten Verkauf. In diesem Fall muss der Verkäufer dieselbe Anzahl an Aktien halten, die er mittels Call- und Put-Optionen verkauft. Wie schon erwähnt, hat das Verkaufen von Calls und Puts, um Ihre Position glattzustellen, nichts mit dem ursprünglichen Verkauf von Optionen zu tun. Dieser Verkäufer verkauft eine Option, um seine Position zu eröffnen, nicht, um sie zu schließen.

Der Verkauf von gedeckten Calls ist eine gute Strategie, um auch in sich seitwärts bewegenden oder nur leicht steigenden Märkten Geld zu verdienen. Zusätzlich können Sie solche Geschäfte meistens auch mit Ihrem IRA-Konto tätigen. Dieselbe Strategie können Sie natürlich auch mit Puts verfolgen (allerdings nicht mit Ihrem IRA-Konto), indem Sie die Aktien leerverkaufen und noch dazu Puts im selben Ausmaß verkaufen.

Beim Verkauf von gedeckten Calls oder Puts ist Ihr Risiko limitiert, und Ihr Profit ist auf die Höhe der Prämie beschränkt. Wenn der Kurs der Aktie nun fällt, dann streichen Sie die Prämie des gedeckten Calls ein, Ihr ursprüngliches Aktieninvestment hingegen verliert an Wert. Deshalb eignen sich gedeckte Calls vor allem für Märkte, die seitwärts tendieren oder ganz leicht steigen. Genau wie beim Verkauf von Naked-Calls und -Puts läuft auch hier die Zeit für Sie. Sie warten nur darauf, dass die Option fällig wird, damit Sie die Prämie kassieren können.

Hier ein Beispiel, das Risiko und Profit gegenüberstellt. Nehmen wir an, Sie verkaufen einen gedeckten 55-Dollar-Call und besitzen dieselbe Menge an Aktien. Wenn XYZ nun auf 70 Dollar steigen sollte, dann verlieren Sie zwar 15 Dollar mit dem Call, Ihre Aktienposition hingegen hat 20 Dollar verdient, Sie sind also gedeckt.

Spreads

Bei Spreads geht es grundsätzlich darum, eine Option zu kaufen und eine andere zu einem anderen Strike-Preis zu verkaufen.

Bei Bull-Spreads kaufen Sie eine Option und verkaufen gleichzeitig eine andere Option mit einem höheren Strike-Preis. Dann kassieren Sie die Prämie. Das reduziert das Risiko in Bezug auf den Betrag, den Sie für den Kauf der Option ausgegeben haben, da Sie von jenem Betrag die kassierte Optionsprämie abziehen können. Der Ertrag ist natürlich begrenzt, da er zwischen die Strike-Preise der beiden Optionen fällt. Doch da der Ertrag gewissermaßen limitiert ist, ist auch das Risiko geringer.

Stellen Sie sich nun vor, Sie kaufen einen 55-Dollar-Call von XYZ zu drei Dollar und verkaufen gleichzeitig einen HYZ-60-Dollar-Call um einen Dollar. Die Nettokosten betragen nun zwei Dollar (3 Dollar – 1 Dollar). Wenn XYZ bis zum Fälligkeitstag auf 60 Dollar oder mehr gestiegen ist, dann beträgt Ihr maximaler Gewinn fünf Dollar. Dieser Betrag stellt den Unterschied zwischen dem gekauften 55-Dollar-Call und dem aktuellen Kassapreis von 60 Dollar dar. Danach müssen Sie allerdings noch zwei Dollar abziehen. Denn dies waren die Gesamtkosten für die Errichtung dieses Spreads. Somit beträgt Ihr maximaler Profit drei Dollar. Wenn XYZ hingegen bei 55 Dollar oder weniger notiert, dann liegt Ihr maximaler Verlust bei zwei Dollar.

Sie können natürlich auch einen Bear-Spread bilden. Hierzu müssen Sie allerdings mit Puts arbeiten und den ganzen Ablauf umdrehen. Weitere Informationen zu Bull- und Bear-Spreads gibt es im Kapitel »Optionen traden«.

10

Optionen traden

In diesem Kapitel werden die im vorigen Kapitel »Optionen – die Grundlagen« vorgestellten Konzepte weiter vertieft. Wenn Optionen für Sie ein komplett neues Thema sind oder Sie Ihr Wissen bezüglich Definitionen und Fachausdrücken auffrischen wollen, dann lege ich Ihnen ans Herz, das Kapitel »Optionen – die Grundlagen« vorher zu lesen.

Spekulatives Options-Trading

Wenn man mit Optionen handelt, muss einem immer die spekulative Natur dieses Geschäfts bewusst sein. Auch die hier beschriebenen Techniken sind spekulativ, und als solche bezeichne ich sie auch, wenn ich »Options-Alarme« per E-Mail an meine Kunden sende. Obwohl beim Optionshandel durchaus beachtliche Profite erzielt werden können, ist es wichtig, eine gewisse Distanz zu dieser Art von Handel zu wahren. Denn die Natur von Optionen ist und bleibt spekulativ.

Optionen, die aus dem Geld sind

Wie bereits im vorigen Kapitel erwähnt, ist eine Call-Option dann aus dem Geld, wenn der Kassapreis des Basiswertes unter dem Strike-Preis der Option liegt. Put-Optionen sind dann aus dem Geld, wenn der Kassapreis des Basiswertes über dem Strike-Preis der Option liegt.

Sie können nun eine Kursliste (Quote Screen) von KLAC betrachten, die sich auf den Monat Dezember bezieht. Der Tag der Fälligkeit ist der dritte Freitag im Dezember. Der momentan Kassakurs von KLAC beträgt 42,85 Dollar. Vergessen

Sie bitte nicht, dass diese Kursliste lediglich Illustrationszwecken dient. Das tatsächliche Layout solcher Listen variiert von Plattform zu Plattform.

KLAC $42.85

Title	Symbol	Last	Volume	B Bid	Bid/Ask	B Ask	Open Int
KLAC Dec 30 Call	KCQLF	12.90	5	12.90	0.30	13.20	2,286
KLAC Dec 30 Put	KCQXF	0.25	616	0.20	0.05	0.25	4,734
KLAC Dec 35 Call	KCQLG	8.80	75	8.30	0.20	8.50	6,447
KLAC Dec 35 Put	KCQXG	0.70	711	0.60	0.10	0.70	6,717
KLAC Dec 40 Call	KCQLH	4.40	1,308	4.40	0.10	4.50	8,225
KLAC Dec 40 Put	KCQXH	1.70	3,941	1.65	0.05	1.70	5,513
KLAC Dec 45 Call	KCQLI	1.70	638	1.70	0.05	1.75	4,355
KLAC Dec 45 Put	KCQXI	4.00	288	3.90	0.10	4.00	1,304
KLAC Dec 50 Call	KCQLJ	0.45	630	0.40	0.10	0.50	2,107
KLAC Dec 50 Put	KCQXJ	8.00	37	7.50	0.20	7.70	234
KLAC Dec 55 Call	KCQLK	0.10	117	0.05	0.15	0.20	1,039
KLAC Dec 55 Put	KCQXK	22.80	0	12.10	0.30	12.40	55
KLAC Dec 60 Call	KCQLL	0.15	0	0.00	0.10	0.10	658
KLAC Dec 60 Put	KCQXL	32.80	0	17.00	0.40	17.40	200
KLAC Dec 65 Call	CKVLM	0.05	0	0.00	0.05	0.05	595
KLAC Dec 65 Put	CKVXM		0	22.00	0.40	22.40	2
KLAC Dec 70 Call	CKVLN	0.05	0	0.00	0.05	0.05	618
KLAC Dec 70 Put	CKVXN	34.60	0	27.00	0.40	27.40	3

Wenn Sie nun einen Blick auf die Auflistung werfen, sehen Sie, dass in der Spalte »Title« all jene Optionen aus dem Geld sind, die über 45 Dollar notieren, da KLAC derzeit bei 42,85 Dollar notiert. Alle jene Optionen mit einem Strike-Preis von 40 Dollar oder weniger sind hingegen im Geld.

Im Gegensatz dazu sind alle Put-Optionen mit einem Strike-Preis von unter 40 Dollar aus dem Geld, und all jene mit einem Strike-Preis von 45 Dollar oder darüber sind im Geld, da KLAC derzeit bei 42,85 Dollar notiert.

Je weiter eine Option aus dem Geld ist, desto geringer ist ihr Wert. Wenn Sie nun einen Blick in die Spalte »Last« werfen, wird Ihnen auffallen, dass der 40-Dollar-Call, der im Geld ist, 4,40 Dollar wert ist, der 45-Dollar-Call, der aus dem Geld ist, hingegen nur 1,70 Dollar. Obwohl die Optionskosten bei Optionen, die aus dem Geld sind, natürlich geringer sind, sind sie auch wesentlich spekulativer, da der Kassapreis des Basiswertes weiter vom Strike-Preis entfernt ist (in diesem Fall von 45 Dollar).

Dennoch bieten Optionen, die aus dem Geld sind, attraktive Trading-Möglichkeiten, wenn es um den Handel mit Momentum-Aktien geht, da das Risiko vordefiniert ist. Wenn Sie nun also davon überzeugt wären, dass KLAC in Zukunft deutlich steigen wird, Sie den Umfang Ihres Investments allerdings vom maximalen Verlust abhängig machen wollen, dann könnten Sie statt der Direktinvestition in die Aktie 45-Dollar-KLAC-Call-Optionen zu 1,75 Dollar kaufen (dies entspricht dem aktuellen Ask-Preis für den 45-Dollar-Call im aktuellen Beispiel).

Wenn Sie die Option nun bis zur Fälligkeit gehalten hätten, hätte der Preis von KLAC auf über 46,75 Dollar (der Strike-Preis liegt bei 45 Dollar, und die Optionsprämie betrug 1,75 Dollar) steigen müssen, damit Sie mit der Option Gewinn machen. Ihr maximaler Verlust, der aufgetreten wäre, wenn die Aktie bei Fälligkeit unter dem Strike-Preis von 45 Dollar notieren würde, läge bei 175 Dollar (100 Aktien mal 1,75 Dollar). Hierbei sind Kommissionen noch nicht berücksichtigt. Wenn der Preis irgendwo zwischen 45 und 46,75 Dollar liegt, reduziert das natürlich Ihren tatsächlichen Verlust. Wenn der Preis von KLAC nun also bei 45,50 Dollar läge, wäre der Verlust 1,25 Dollar pro Aktie, die Sie mittels Optionskontrakt gehandelt haben, und nicht mehr 1,75 Dollar. Da der Zeitwert einer Option gegen ihre Fälligkeit immer weiter zurückgeht, setzt sich der Wert der Option zur Fälligkeit nur noch aus dem inneren Wert zusammen. Dieser errechnet sich aus der Differenz zwischen Strike-Preis und dem Kassapreis des zugrunde liegenden Basiswertes.

Die eben genannten Beispiele bezogen sich immer auf Situationen, in denen die Optionen bis zur Fälligkeit gehalten wurden. In den meisten Fällen, außer vielleicht bei sehr günstigen »Alles-oder-nichts«-Optionen, verkaufen Sie Ihre Option bereits vor der Fälligkeit. Genau wie bei einem Aktien-Trade, den Sie auch glattstellen, solange er eine Zeit lang gegen Sie gelaufen ist, können Sie dies auch bei Optionen tun, wenn diese in den Profit gelaufen sind. Wie bei Aktien können Sie Profite jederzeit realisieren. Wenn Sie also das Gefühl haben, dass der Markt für Optionen ausreichend liquide ist, sich also ein Käufer finden wird, können Sie ihre Position glattstellen. Des Weiteren können Sie auch beim Handel mit Optionen mit Stopp-Losses arbeiten.

Nehmen wir noch einmal das letzte Beispiel. Wenn die Aktie nun also über 45 Dollar nicht hinauskommt, dann müssen Sie Ihre Option nicht bis zur Fälligkeit halten, sondern können sie mit ordentlichem Profit verkaufen. Sie könnten Ihr eingesetztes Kapital sogar verdoppeln. Wenn KLAC nämlich von 42,85 auf 45,00 Dollar gestiegen ist, ist es nicht ungewöhnlich, wenn der Wert der Call-Option auf drei Dollar oder mehr gestiegen wäre. Wenn man bedenkt, dass ursprünglich 1,75 Dollar für den Trade bezahlt wurde, dann kann sich das Ergebnis durchaus sehen lassen.

Zu solchen Ergebnissen kommen wir des Öfteren, wenn Momentum-Aktien in die Quartalsberichtssaison gehen. Ein aktuelles Beispiel hierfür ist PMCS. Wir kauften den Mai-7,50-Dollar-Call um 0,35 Dollar für einen Earnings-Run, als der aktuelle Kassapreis gerade bei 6,90 Dollar lag. Brocade (BRCD), die sich in derselben Branche bewegen, hatten erst vor kurzem gute Zahlen veröffentlicht, und der Aktienkurs reagierte darauf mit Kursanstiegen. Daher machte PMCS den Eindruck, ein attraktives Risiko-Profit-Verhältnis für einen spekulativen Options-Trade aufzuweisen. Um tatsächlich Geld mit dem Trade verdienen zu können, musste der Kurs auf über 7,85 Dollar (7,50 Dollar + Optionsprämie von 0,35 Dollar) steigen. Dies tat der Kurs auch und pendelte sich zwischen 7,90 und 8,00 Dollar ein, was den Optionspreis auf 0,70 Dollar steigen ließ. Damit hatten wir unser eingesetztes Kapital verdoppelt.

Wie bereits erwähnt, eignen sich Optionen hervorragend, um auf Momentum-Aktien aus Sektoren wie Halbleitern, Internet oder Biotechnologie (KLAC, PMCS, NVLS, EBAY, EXPE, ROOM etc.) zu spekulieren, wenn Sie in nächster Zeit eine starke Kursbewegung erwarten. Ich persönlich handle während der Quartalszahlensaison gerne mit Optionen, da zu dieser Zeit die Volatilität sehr hoch ist. Aber darauf gehe ich später noch näher ein.

Genau wie Sie mit Call-Optionen spekulieren können, ist dies auch mit Puts möglich, wenn Sie davon überzeugt sind, dass die Kurse fallen werden. Genau wie bei einem Leerverkauf liegen auch hier Kurseinbußen in Ihrem Interesse.

Kommen wir noch einmal auf das vorherige Beispiel zurück. Sie hätten einen 40-Dollar-KLAC-Put, der aus dem Geld ist, erwerben können. Dieser hat denselben Preis wie der 45,00-Dollar-Call, also 1,70 Dollar (in der Spalte »Best Ask« ersichtlich). Wie Sie sehen können, notiert die Aktie fast genau am Durchschnitt zwischen 40 Dollar (Put) und 45 Dollar (Call), in der Nähe von 42,50 Dollar, nämlich bei 42,85 Dollar. Das heißt, dass beide Optionen in etwa demselben Ausmaß aus dem Geld sind.

Um mit dem 40-Dollar-KLAC-Put nun Gewinn zu machen, muss der Kurs am Verfallstag entweder unter 40 Dollar gefallen sein, oder der Preis muss noch während der Laufzeit in etwa den Level des Strike-Preises bei 40 Dollar erreichen. Sollte der Aktienpreis unverändert bleiben, dann fällt mit dem Zeitwert auch der Wert der gesamten Option, und der Trade endet in einem Verlust.

Betrachten Sie nun die Kurstabelle für EXPE. Die Aktie von EXPE notiert derzeit bei 75,08 Dollar.

EXPE $75.08							
Title	Symbol	Last	Volume	B Bid	Bid/Ask Sprea	B Ask	Open Int
EXPE Dec 60 Call	UEDLL	15.10	4	15.60	0.30	15.90	698
EXPE Dec 60 Put	UEDXL	0.70	112	0.65	0.10	0.75	1,283
EXPE Dec 65 Call	UEDLM	11.50	73	11.20	0.30	11.50	1,469
EXPE Dec 65 Put	UEDXM	1.20	115	1.15	0.15	1.30	2,188
EXPE Dec 70 Call	UEDLN	7.50	56	7.20	0.30	7.50	1,881
EXPE Dec 70 Put	UEDXN	2.20	494	2.20	0.20	2.40	2,835
EXPE Dec 75 Call	UEDLO	4.10	327	4.00	0.30	4.30	1,507
EXPE Dec 75 Put	UEDXO	4.20	430	3.90	0.30	4.20	824
EXPE Dec 80 Call	UEDLP	2.00	285	1.90	0.15	2.05	1,287
EXPE Dec 80 Put	UEDXP	7.10	31	6.80	0.20	7.00	315
EXPE Dec 85 Call	UEDLQ	0.75	186	0.70	0.20	0.90	704
EXPE Dec 85 Put	UEDXQ	10.70	17	10.50	0.40	10.90	87

Wie Sie auf den ersten Blick erkennen können, sind in diesem Fall sowohl der Kassapreis der Aktie als auch die Prämien für die verschiedenen Optionen um einiges höher als im KLAC-Beispiel. Zudem ist EXPE ein volatileres Papier als KLAC und bewegt sich in größeren Preisbändern. Wie bereits erwähnt, wirkt sich die Volatilität auf den extrinsischen Wert der Option aus. Dies wird gewissermaßen auch durch die höheren Optionsprämien indiziert. Werfen Sie nun bitte einen Blick auf die 4,30-Dollar- und die 4,20-Dollar-Prämien für die 75-Dollar-EXPE-Calls und -Puts.

Um in diesem Fall eine Option zu handeln, die aus dem Geld notiert, müssten Sie schon fünf Dollar aus dem Geld gehen. Der 80-Dollar-EXPE-Call kostet beispielsweise 2,05 Dollar, was deutlich über dem Preis des 45er-Calls aus dem KLAC-Beispiel liegt. Obwohl die EXPE-Option weiter aus dem Geld ist als jene von KLAC, ist ihre Prämie dennoch höher.

Hätten Sie nun also den 80-Dollar-EXPE-Call gekauft, müsste er zur Fälligkeit von 75,08 auf über 82,05 Dollar (Strike-Preis von 80,00 Dollar + 2,05 Dollar bezahlte Prämie) gestiegen sein, damit man mit der Option Gewinn machen würde. Sie hätten mit der Option dennoch Profite einstreichen können. Wäre der Kurs während der Laufzeit in kurzer Zeit deutlich angestiegen, dann wäre auch die Optionsprämie um ein gewisses Maß gestiegen, und Sie hätten sie gewinnbringend verkaufen können. Wäre EXPE beispielsweise am Tag nach dem Optionskauf zu 2,05 Dollar um 3,00 Dollar gestiegen, dann wäre die Optionsprämie unter Berücksichtigung der gestiegenen Volatilität wohl auf über 3,00 Dollar gestiegen. Wenn Sie Ihre Buchgewinne nun teilweise realisieren wollen (was ich persönlich sehr gerne tue), dann können Sie das ohne weiteres zu diesem Zeitpunkt tun.

Der potenzielle Profit, den solche Szenarien offerieren, verbunden mit dem vordefinierten limitierten Risiko, sind zwei ausschlaggebende Gründe, warum ich gerne mit Optionen spekuliere, wenn ich davon ausgehe, dass es in naher Zukunft zu starken Kursbewegungen kommen könnte. Da Momentum-Aktien in der Quartalsberichtsaison aufgrund von Earning-Runs, Gewinnwarnungen, plötzlich veröffentlichten Nachrichten oder Up- beziehungsweise Downgrades besonders volatil sind, ist dies eine sehr attraktive Zeit für den Optionshandel.

Nichtsdestotrotz würde der Zeitwert der Option aus dem letzten Beispiel immer weiter sinken, je näher das Fälligkeitsdatum kommt. Sollte der Preis des Basiswertes also nicht weiter steigen, sind nicht nur die Buchgewinne gefährdet, sondern auch noch die ursprünglich bezahlte Prämie. Sollte der Aktienkurs also nicht weiter steigen, würde die Prämie gegen Ende der Laufzeit immer weiter sinken, bis sie zur tatsächlichen Fälligkeit null beträgt. In der Woche, in der die Option nun fällig ist, wären die Optionsprämien also sehr gering. Würde der Kurs von EXPE sich in der letzten Woche nun also nicht deutlich verändern, wären die Prämien wohl irgendwo zwischen 1,00 und 1,25 Dollar zu finden. Und dieser Preis bewegt sich nicht zu Ihren Gunsten. Jeder Tag, an dem der Aktienkurs sich nicht bewegt, reduziert den Wert der Prämie, bis Sie schließlich die gesamte ursprünglich bezahlte Prämie verloren haben.

Dennoch gibt es in der letzten Woche vor Fälligkeit oftmals sehr attraktive Trading-Möglichkeiten. Da die Optionsprämie zu diesem Zeitpunkt sehr gering ist, suche ich nach solchen Aktien, wenn es darum geht, Aktien zu handeln, deren Quartalsberichte bevorstehen. Die Veröffentlichung der Quartalsberichte führt schon im Vorfeld zur nötigen Volatilität, die für kurzfristige große Kursbewegungen notwendig ist. Und wie immer bei Optionen können Sie Ihr maximales Risiko vordefinieren.

Wenn die Restlaufzeit mehr als einen Monat beträgt

Es ist natürlich auch ohne weiteres möglich, Optionen zu kaufen, deren Fälligkeit nicht in den aktuellen Monat fällt. Sie kaufen beispielsweise nicht Dezember-Optionen wie im vorigen EXPE-Beispiel, sondern Januar- oder Februar-Optionen oder gar welche, deren Fälligkeit noch weiter in der Zukunft liegt.

Wie Sie bestimmt schon angenommen haben, steigt mit der Laufzeit auch die zu bezahlende Optionsprämie. Doch auch das Risiko wird größer. Ich kaufe grundsätzlich nur Optionen, die im aktuellen Monat auslaufen, wenn ich kurzfristige handle. Es gibt allerdings auch Situationen, in denen es durchaus Sinn macht, Optionen mit längerer Restlaufzeit zu erwerben. Sie wollen vielleicht Optionen kaufen, die im nächsten Monat fällig werden, da das Fälligkeitsdatum in diesem Monat schon sehr nahe ist. Nun sind Sie aber nicht sicher, ob die große von Ihnen erahnte Preisbewegung noch vor der Fälligkeit der kurzfristigen Option stattfinden wird.

Sehen Sie nun auf die Preisquotierungen von ERST, die eine längere Restlaufzeit als einen Monat haben. Diese Quotierungen stammen aus dem Monat Dezember und sind für Optionen, die im März fällig werden. Der momentane Aktienkurs liegt bei 67,18 Dollar.

ERTS $67.18

Title	Symbol	Last	Volume	B Bid	Bid/Ask Spread	B Ask	Open Int
ERTS Mar 55 Call	EZQCK	11.20	0	14.70	0.30	15.00	0
ERTS Mar 55 Put	EZQOK	2.95	0	2.40	0.15	2.55	125
ERTS Mar 60 Call	EZQCL	11.00	0	11.00	0.30	11.30	690
ERTS Mar 60 Put	EZQOL	3.80	0	3.60	0.30	3.90	799
ERTS Mar 65 Call	EZQCM	8.00	5	7.80	0.30	8.10	733
ERTS Mar 65 Put	EZQOM	5.60	11	5.40	0.30	5.70	1,071
ERTS Mar 70 Call	EZQCN	4.70	0	5.20	0.30	5.50	677
ERTS Mar 70 Put	EZQON	8.80	4	7.70	0.30	8.00	127
ERTS Mar 75 Call	EZQCO	3.30	3	3.20	0.30	3.50	255
ERTS Mar 75 Put	EZQOO	13.70	0	10.70	0.40	11.10	10
ERTS Mar 80 Call	EZQCP	2.10	0	1.90	0.15	2.05	2,441
ERTS Mar 80 Put	EZQOP	16.50	0	14.40	0.30	14.70	20
ERTS Mar 85 Call	EZQCQ	0.90	0	1.05	0.10	1.15	239
ERTS Mar 85 Put	EZQOQ		0	18.50	0.30	18.80	0

Der Prämie der 70-Dollar-Call-Option beträgt 5,50 Dollar (zum besten Ask-Preis), was durchaus heftig ist. Wenn man bedenkt, dass die Option weiters 2,82 Dollar (70 Dollar – 67,18 Dollar) aus dem Geld ist, ist die effektive Prämie sogar 8,32 Dollar (5,50 Dollar Prämie plus 2,82 Dollar, die die Option aus dem Geld ist). Wenn Sie diese Option nun längerfristig halten wollen, benötigen Sie schon bedeutende Kursbewegungen in Ihre Richtung, um in den Profit zu kommen.

Wie ich bereits erwähnt habe, verfolge ich diese Optionsstrategie kaum, obwohl es vorkommen kann, dass diese Strategie ihre Vorzüge ausspielen kann. Wenn beispielsweise das Gerücht umgeht, dass ERTS aufgekauft wird oder sich irgendein anderer Auslöser für einen dramatischen Kursanstieg in den nächsten Monaten verantwortlich zeigen könnte. In solchen Fällen ist der Handel mit Optionen längerer Laufzeit durchaus berechtigt.

Sollte solch ein Fall nun tatsächlich eintreten, würde ich dennoch eher Optionen kaufen, die im Geld sind, als solche, die aus dem Geld sind. Anstatt des 70-Dollar-Calls würde ich den 60-Dollar-Call erwerben, der derzeit 11,30 Dollar kostet. Das mag zwar auf den ersten Blick teurer erscheinen, aber die Gesamtkosten sind in diesem Fall sogar geringer. Wenn man die 11,30 Dollar nämlich zu den

60 Dollar vom Strike-Preis addiert, kommt man auf 71,30 Dollar, wohingegen die 70 Dollar vom vorherigen Call plus die 5,50 Dollar Prämie insgesamt 75,50 Dollar ergibt. Abgesehen davon ist der 60-Dollar-Call bereits im Geld. Der 70-Dollar-Call hingegen kostet Sie 4,20 Dollar mehr und ist außerdem aus dem Geld.

Wenn Sie mit Optionen handeln, sollten Sie unbedingt auf Limit-Orders zurückgreifen und nicht mit Market-Orders arbeiten. Die Liquidität von Optionen ist nämlich meist geringer als jene von Aktien, und somit kommt es auch zu größeren Spreads. Wenn Sie aber mit Limit-Orders arbeiten, wird Ihre Order so ausgeführt, wie es Ihrem Plan entspricht, und Sie erleben keine bösen Überraschungen, wenn der Market-Maker einen Preis bestimmt.

Hebel und Hedging

Wie ich bereits im Kapitel »Options Primer« erwähnt habe, können Sie Calls und Puts auch zum Zwecke der Profitabsicherung beziehungsweise zur Risikoreduktion für bestehende Aktienpositionen einsetzen. Dies nennt man Hedging. Um bestehende Long-Positionen abzusichern, würden Sie Puts kaufen; um Short-Positionen abzusichern, würden Sie zu Calls greifen.

Die Wichtigkeit solcher Hedgings steht in unmittelbarem Zusammenhang mit dem Hebel ihres Trading-Kontos beziehungsweise dessen Größe. Wenn Sie beispielsweise ein großes Trading-Konto habe, das noch dazu stark gehebelt ist (mit einem Übergewicht von Positionen auf der Long oder Short-Seite), dann ist es natürlich wichtig, Ihr Konto gegenüber starken Kursverlusten abzusichern, wenn der Markt gegen Sie laufen sollte.

Stellen Sie sich beispielsweise vor, dass Sie mehrere Long-Positionen in Aktien halten, die Sie aber nicht verkaufen wollen, da Sie der Meinung sind, dass Potenzial noch oben durchaus noch gegeben sei und lediglich der Gesamtmarkt momentan Schwäche zeige. Um diese Positionen nun abzusichern, können Sie Puts kaufen. Wenn der Wert Ihrer Aktienpositionen nun fällt, steigt der Wert ihrer Puts, und der Verlust aus den Aktienpositionen verkleinert sich. Wie stark Ihre Absicherung nun tatsächlich ist, hängt von der speziellen Option ab, der daraus resultierenden Prämie und der Menge an Optionen, die Sie kaufen.

Wie Sie wahrscheinlich bereits angenommen haben, muss diese Absicherung auch etwas kosten. Wenn die Aktienkurse nun tatsächlich weiter steigen sollten, dann verdienen Sie zwar mit Ihren Aktienpositionen, die Puts hingegen verlieren an Wert, was Ihren Gesamtgewinn natürlich reduziert. Dennoch ist es eine gute Idee, vor allem sehr große Aktienengagements, die über Nacht gehalten werden, auf diese Weise abzusichern. Denn schlechte Neuigkeiten, die über Nacht bekannt werden, und sonstige Umstände könnten dazu führen, dass Ihre Position dramatische Verluste hinnehmen muss. Wenn Sie ein 300.000-Dollar-Konto besitzen, wollen Sie doch auch nicht am nächsten Tag mit einem Kontostand von 40.000 Dollar weitertraden, weil es unerwarteterweise zu schlechten Neuigkeiten gekommen ist.

Sie können natürlich jede einzelne Position in Ihrem Portfolio auf diese Weise absichern. Sie können aber auch ganz einfach versuchen, eine bestimmte Tendenz (long oder short) in Ihrem Portfolio auszugleichen. Wenn Ihr Konto nun auf der Long-Seite sehr stark gehebelt ist, indiziert das, dass Sie bullish sind und von steigenden Kursen ausgehen. Da Ihre Tendenz nun aufwärts gerichtet ist, möchten Sie möglicherweise lediglich diese Tendenz ausgleichen und nicht jede einzelne Position in Ihrem Portfolio gegen Kurseinbrüche hedgen. Sie wollen somit das Worst-Case-Szenario »entschärfen«. In diesem Fall würden Sie zwar dennoch Geld verlieren, wenn Sie falsch gelegen wären. Der Verlust hätte aber nicht das schlimme Ausmaß angenommen, das ungehedged eingetreten wäre.

In den meisten Fällen versuchen sich Trader auf möglichst kurzfristige Art und Weise abzusichern, um die Kosten für den Hedge gering zu halten. Risiken würden also nur temporär und nicht permanent abgesichert werden. Da ich mich persönlich auch zur Gattung der Trader zähle und meine Positionen meistens nur sehr kurzfristig halte, hedge ich, wenn ich es denn tue, typischerweise über einen Zeitraum, der eine Woche nicht übersteigt. Die meisten meiner Hedges dauern zwischen einem und drei Tagen. Ich möchte nämlich nicht zu viel vom Zeitwert der gekauften Optionen verlieren. Außerdem ist das Hedgen von Positionen mit Kosten verbunden. Daher versuche ich, nur sehr große Positionen, die ich über Nacht halte, zu hedgen, wenn Techniken wie das Setzen von Stopp-Loss-Orders oder kleinere Positionsgrößen ganz einfach nicht mehr ausreichen.

Es gibt eine Reihe anderer Möglichkeiten, um Ihr Konto abzuhedgen. Anstatt Puts auf jene Aktien zu kaufen, die Sie tatsächlich besitzen, können Sie Puts auf Aktien kaufen, die Ihnen sehr schwach erscheinen. Sie können aber auch Index-Optionen kaufen, um Ihr Gesamtportfolio abzusichern. Ich gehe unter »Index-Optionen« näher darauf ein. Sie können aber auch einen traditionellen Leerverkauf von Aktien tätigen, die Ihnen schwach erscheinen, oder gar den Gesamtmarkt shorten und somit gänzlich auf Optionen verzichten. Im Idealszenario verdienen Sie dann sowohl mit Ihren Long-Positionen als auch mit Ihren Hedge-Instrumenten Geld. Dies ist natürlich nicht sehr wahrscheinlich, sondern eher ungewöhnlich. Dennoch ist es schon vorgekommen, dass ich im Besitz von Long-Positionen war, mich mit Short-Positionen mir schwach erscheinender Aktien oder des Gesamtmarktes abgesichert habe und auf allen Seiten Geld verdienen konnte.

Da alle diese verschiedenen Ansätze Stärken und Schwächen haben, obliegt es Ihrer persönlichen Präferenz, auf welche Sie schlussendlich zurückgreifen. Die spezifischen Umstände, Ihre Kontogröße und Ihr persönlich definiertes maximales Risiko beeinflussen diese Entscheidung natürlich ebenfalls. Wenn Sie lediglich mit einem sehr kleinen Konto traden, ist es wohl ratsam, sich anders abzusichern als mit solchen Hedging-Strategien. Wie ich schon des Öfteren erwähnt habe, sollten Sie immer mit Stopp-Losses arbeiten, um die potenziellen Verluste zu limitieren. Sie können aber auch die Positionsgrößen anpassen, um das Risiko zu reduzieren. Wenn diese Techniken allerdings nicht mehr sinnvoll angewandt werden können – wenn Sie also ein sehr großes oder sehr stark gehebeltes Konto traden –, kann Hedging zur sinnvollen Alternative werden.

Index-Optionen

Es gibt Zeiten, in denen es für Sie sinnvoller sein wird, Indexoptionen zu handeln als individuelle Aktienoptionen.

Wenn Sie davon ausgehen, dass ein ganzer Sektor oder gar der ganze Markt vor einer großen Bewegung steht, Sie aber nicht die Zeit haben, nach spezifischen Aktien zu suchen, können Sie auf Index-Optionen zurückgreifen. Wenn beispielsweise positive Nachrichten über Halbleiter-Aktien veröffentlicht wurden und Sie schnell reagieren müssen, können Sie Call-Optionen auf den Halbleiterindex (SOX) kaufen, statt nach geeigneten individuellen Aktien Ausschau zu halten.

Natürlich können Sie auch immer den Index kaufen, statt auf Optionen auszuweichen. Da die meisten dieser Indizes aber ausgesprochen teuer sind, ist die Optionsalternative die erschwinglichere. Wie ich Ihnen gleich belegen werde, können auch Index-Optionen sehr teuer sein; da man hier allerdings mit einem Hebel arbeitet, sind die Kosten dennoch erheblich geringer als bei einem Direktinvestment in den jeweiligen Index. Dennoch kann es sein, dass die höheren Kosten von Index-Optionen den Handel für Trader mit kleineren Konten unpraktisch machen. Doch Sie können auch Optionen auf Exchange Traded Funds (ETFs), Holder wie den SMH, BBH oder HHH kaufen.

Index-Optionen sowie ETFs sind im Übrigen ein weiterer Weg, um Risiko aus Ihrem Portfolio zu nehmen. Denn auch hierbei wird das Risiko auf eine Ansammlung von Firmen aufgeteilt, aus denen sich der Index zusammensetzt. Und, wie ich schon unter »Leverage und Hedging« erwähnt habe, können Sie Index-Optionen dazu verwenden, Ihr gesamtes Portfolio gegen vermeintliche Verluste abzusichern. Ich habe Index-Optionen allerdings auch schon genutzt, um Trends wie den Earning-Run oder den FOMC-Run zu traden, wie ich in Kapitel »Trends Are Your Friends« beschrieben habe.

Werfen Sie nun einen Blick auf die Dezember-Quotierungen des SOX. Zum Zeitpunkt der Quotierung notierte der SOX bei 362,64 Dollar .

SOX $362.64							
Title	Symbol	Last	Volume	B Bid	Bid/Ask Spread	B Ask	Open Int
SOX.X Dec 340 Call	SOYLH	33.00	12	35.60	3.00	38.60	203
SOX.X Dec 340 Put	SOYXH	14.50	21	13.20	1.80	15.00	140
SOX.X Dec 345 Call	SOYLI	26.30	5	32.30	3.00	35.30	29
SOX.X Dec 345 Put	SOYXI	15.20	0	14.90	2.00	16.90	26
SOX.X Dec 350 Call	SOYLJ	34.90	8	30.00	2.30	32.30	99
SOX.X Dec 350 Put	SOYXJ	19.40	141	16.80	2.00	18.80	430
SOX.X Dec 355 Call	SOYLK	28.00	0	26.00	3.00	29.00	68
SOX.X Dec 355 Put	SOYXK	21.10	63	18.80	2.00	20.80	29
SOX.X Dec 360 Call	SOYLL	21.30	18	23.50	2.90	26.40	92
SOX.X Dec 360 Put	SOYXL	22.00	22	20.50	3.00	23.50	31
SOX.X Dec 365 Call	SOYLM	8.90	0	20.80	3.00	23.80	73
SOX.X Dec 365 Put	SOYXM	24.00	10	22.90	3.00	25.90	13
SOX.X Dec 370 Call	SOYLN	19.90	86	18.90	2.00	20.90	166
SOX.X Dec 370 Put	SOYXN	26.50	3	25.40	3.00	28.40	30
SOX.X Dec 375 Call	SOYLO	19.00	0	16.70	2.00	18.70	121
SOX.X Dec 375 Put	SOYXO		0	28.30	3.00	31.30	0
SOX.X Dec 380 Call	SOYLP	15.80	0	15.00	1.70	16.70	74
SOX.X Dec 380 Put	SOYXP	34.60	2	31.20	3.00	34.20	2
SOX.X Dec 385 Call	SOYLQ	16.00	7	12.80	2.00	14.80	16
SOX.X Dec 385 Put	SOYXQ	64.00	0	34.40	3.00	37.40	1
SOX.X Dec 390 Call	SOYLR	12.40	512	11.10	2.00	13.10	26
SOX.X Dec 390 Put	SOYXR	43.20	1	37.70	3.00	40.70	0
SOX.X Dec 395 Call	SOYLS	10.20	1	9.80	1.50	11.30	14
SOX.X Dec 395 Put	SOYXS		0	41.10	3.00	44.10	0
SOX.X Dec 400 Call	SOYLT	9.00	37	8.40	1.50	9.90	201

Da der Preis von Index-Optionen relativ hoch ist und ihr Zeitwert sich sehr schnell verringert, halte ich sie meist nur für sehr kurze Zeit. Die Haltedauer beträgt hierbei maximal eine Woche, wobei eine Haltedauer von ein bis zwei Tagen die große Zahl darstellt. Sehen Sie sich nun die Prämie für den 365-Dollar-Call an. Der beste Bid-Preis ist in diesem Fall 20,80 Dollar und der beste Ask-Preis bei 23,80 Dollar. Obwohl der Preis noch deutlich unter 362,64 Dollar liegt, stellt dies dennoch eine teure Option dar.

Obwohl diese Optionen einen sehr hohen Preis haben, haben sie auch einen entscheidenden Vorteil. Kommt es nämlich innerhalb kurzer Zeit zu Kursbewegungen, legt auch die Option deutlich zu. Ist es bei Aktien noch ziemlich unsicher, ob man eine 0,50-Dollar- oder 1-Dollar-Bewegung mitnehmen kann, wenn sich der Markt zu bewegen beginnt, ist dies bei Index-Optionen schon eher wahrscheinlich, da sie zu dramatischen Kursbewegungen neigen. Da die Kurse aber auch gegen Sie laufen können, kann Ihr Verlust schnell ein großes Ausmaß annehmen.

Der große Nachteil dieser Optionen ist hingegen der große Spread. Wie man erkennen kann, liegt zwischen den Bid- und Ask-Preisen oft eine Differenz zwischen zwei und drei Dollar. Zwischen dem besten Bid und dem besten Ask für den vorher erwähnten 365-Dollar-Call liegt eine Differenz von satten drei Dollar (23,80 Dollar – 20,80 Dollar). Der Umfang des Spreads nimmt allerdings immer weiter ab, je weiter Sie sich aus dem Geld bewegen. Aber selbst dann sind die Prämien immer noch erheblich. Wenn Sie nämlich eine Position eröffnet haben und sie aus welchem Grund auch immer sofort wieder schließen, können Sie mit dieser Transaktion zwischen zehn und 15 Prozent verlieren.

Wie ich bereits erwähnt habe, sind Limit-Orders beim Traden von Optionen äußerst empfehlenswert. Obwohl es Optionen gibt, die das nötige Maß an Liquidität liefern, gibt es auch solche, deren gehandeltes Volumen sehr gering ist. Die niedrige Liquidität in Verbindung mit den weiteren Spreads kann dazu führen, dass Ihre Orders zu einem sehr unvorteilhaften Preis ausgeführt werden, wenn Sie Market-Orders verwenden würden. Obwohl dies bei sehr liquiden Aktien wie MSFT nicht so sehr ins Gewicht fallen würde, kann das bei Index-Optionen schon größere Auswirkungen haben, vor allem wenn gerade hohe Volatilität am Markt herrscht. Es kann durchaus vorkommen, dass der Preis, zu dem Ihre Order ausgeführt wird, fünf Dollar oder mehr von dem von Ihnen angestrebten Preis entfernt liegt. Wenn Sie aber mit Limit-Orders arbeiten, wird Ihre Order entweder zum gewünschten Preis ausgeführt oder aber gar nicht.

Um einen Überblick über die Liquidität zu bekommen, müssen Sie nur einen Blick in die Spalte »Volume« auf den Quotierungen werfen. Das Volumen ist bei allen Optionen eigentlich relativ gering. An diesem speziellen Tag umfasste das höchste Volumen 512 Kontrakte, und zwar bei den 390-Dollar-Calls. Wenn dieses Volumen nicht aus Hedging-Gründen zustande gekommen ist, kann man davon ausgehen, dass zu diesem Zeitpunkt bullishes Interesse im Markt vorherrschend war. Obwohl eine Liquidität von 512 Kontrakten ganz akzeptabel ist, liegt sie dennoch sehr deutlich unter jener einer Aktie wie MSFT, die sich für gewöhnlich im Tausender-Bereich befindet. Wenn Sie nun eine Market-Order platziert haben und sich der Kurs kaum bewegt, ist es durchaus möglich, dass Sie den 390-Dollar-Call zum besten Ask-Preis bekommen. Doch selbst wenn dieser Fall eintreten sollte, sind Sie mit Ihrer Position immer noch mit etwa 15 Prozent im Minus, da der Spread ganze zwei Dollar beträgt (13,20 Dollar – 11,20 Dollar = 2,00 Dollar).

Anstatt eine Market-Order zu platzieren und zum besten Ask-Preis zu kaufen oder, noch schlimmer, sich den Launen des Market-Makers auszusetzen, bevorzuge ich es, eine Limit-Order zwischen dem besten Bid- und dem besten Ask-Preis zu platzieren. Ich bin nämlich nur selten gewillt, einen Spread von mehr als 1,00 Dollar zu bezahlen, nur um eine Position zu eröffnen. Bevor ich einen zu großen Spread bezahlen muss, lasse ich es lieber ganz bleiben. Ziehen wir nun den 390-Dollar-Call als Beispiel heran. Ich hätte die Limit-Order wohl bei 12,20 Dollar oder darunter platziert, ganz abhängig davon, wie meine Gefühle bezüglich des Trades gewesen wären. Ich bevorzuge es, in der Nähe des besten Bid und nicht in der des besten Ask ausgeführt zu werden. Und da Indizes dazu neigen, eine hohe Intraday-Liquidität aufzuweisen, kann es durchaus sein, dass Ihre Order zu dem von Ihnen gewünschten Preis ausgeführt wird.

Ich möchte darauf hinweisen, dass ich den 390-Dollar-Call nur wegen der hohen Liquidität herangezogen habe. Denn grundsätzlich bevorzuge ich es, Optionen zu handeln, die bereits im Geld sind, und nicht solche, die aus dem Geld sind. Obwohl solche Optionen natürlich teurer sind und ich daher auch mehr Geld aufs Spiel setze, ist die Preisaktivität von Optionen, die im Geld sind, für mich ganz einfach von Vorteil. Wenn wir dies nun auf das vorige Beispiel umlegen, hätte ich wohl eher den 355-Dollar- oder 360-Dollar-Call gekauft als den 390-Dollar-Call.

Beachten Sie bitte auch, dass einige der letzten Trades bei den SOX-Quotierungen außerhalb der Spanne des besten Bid- und des besten Ask-Preises liegen. In manchen Fällen kann das einfach daran liegen, dass Zeit vergangen ist und sich die Kurse seit dem letzten Trade bereits verändert haben. Das heißt mit anderen Worten, dass irgendjemand wohl einen sehr unvorteilhaften Order-Fill (Ausführung der Order) hinnehmen musste.

Diese Options-Quotierungen betreffen den S&P 100 Index (OEX) im Dezember. Zu dieser Zeit notierte der Index gerade bei 475,02 Dollar.

OEX $475.02

Title	Symbol	Last	Volume	B Bid	Bid/Ask Spread	B Ask	Open Int
OEX.X Dec 440 Call	OXBLH	39.00	21	37.40	1.50	38.90	2,933
OEX.X Dec 440 Put	OXBXH	3.30	1,413	3.10	0.20	3.30	4,286
OEX.X Dec 445 Call	OXBLI	35.00	6	33.10	1.50	34.60	202
OEX.X Dec 445 Put	OXBXI	3.80	266	3.80	0.20	4.00	1,392
OEX.X Dec 450 Call	OXBLJ	31.00	48	28.90	1.50	30.40	2,831
OEX.X Dec 450 Put	OXBXJ	4.80	888	4.70	0.20	4.90	4,396
OEX.X Dec 455 Call	OXBLK	26.00	67	24.90	1.50	26.40	862
OEX.X Dec 455 Put	OXBXK	5.30	286	5.60	0.40	6.00	2,375
OEX.X Dec 460 Call	OXBLL	22.10	30	21.00	1.50	22.50	6,321
OEX.X Dec 460 Put	OXBXL	7.10	1,575	6.90	0.30	7.20	5,587
OEX.X Dec 465 Call	OXBLM	18.50	39	17.70	1.00	18.70	1,263
OEX.X Dec 465 Put	OXBXM	8.50	461	8.50	0.40	8.90	1,282
OEX.X Dec 470 Call	OXBLN	15.00	227	14.50	1.00	15.50	2,919
OEX.X Dec 470 Put	OXBXN	10.60	1,273	10.30	0.40	10.70	1,826
OEX.X Dec 475 Call	OXBLO	12.50	1,112	11.50	0.60	12.10	6,093
OEX.X Dec 475 Put	OXBXO	12.50	836	12.50	0.40	12.90	605
OEX.X Dec 480 Call	OXBLP	9.40	1,020	9.20	0.60	9.80	8,490
OEX.X Dec 480 Put	OXBXP	15.20	927	15.00	0.70	15.70	1,507
OEX.X Dec 485 Call	OXBLQ	8.00	3,005	7.10	0.40	7.50	2,240
OEX.X Dec 485 Put	OXBXQ	18.10	1	18.00	1.00	19.00	8
OEX.X Dec 490 Call	OXBLR	6.40	2,763	5.20	0.30	5.50	11,897
OEX.X Dec 490 Put	OXBXR	20.50	97	21.10	1.50	22.60	197
OEX.X Dec 495 Call	OXBLS	3.80	323	3.80	0.40	4.20	1,471
OEX.X Dec 495 Put	OXBXS	24.80	15	24.70	1.50	26.20	12
OEX.X Dec 500 Call	OEBLT	2.75	1,288	2.50	0.30	2.80	10,708
OEX.X Dec 500 Put	OEBXT	28.20	157	28.70	1.50	30.20	2,774
OEX.X Dec 505 Call	OEBLA	1.90	1,612	1.85	0.30	2.15	1,925
OEX.X Dec 505 Put	OEBXA	32.50	2	32.90	1.50	34.40	11
OEX.X Dec 510 Call	OEBLB	1.25	320	1.25	0.25	1.50	3,244
OEX.X Dec 510 Put	OEBXB	55.00	3	37.40	1.50	38.90	5

Da der OEX ein sehr aktiv getradeter Index ist, sind folgerichtig auch das Volumen und die Liquidität bei diesem Beispiel deutlich höher. Anders als beim SOX-Beispiel sehen Sie hier gleich mehrere OEX-Optionen, deren Volumen im Tausender-Bereich liegt. Daraus folgen auch engere Spreads zwischen den Bid- und Ask-Preisen. Und auch das Open Interest ist in diesem Fall höher.

Wie bereits im Kapitel »Options Primer« erläutert, reflektiert Open Interest jene Anzahl an Optionen, die gerade offen sind. Das Volumen hingegen gibt Informationen darüber, wie viele Trades sowohl zur Positionseröffnung als auch zur Positionsschließung getätigt wurden.

Wenn Sie nun einen Blick in die Spalte »Bid/Ask-Spread« der OEX-Quotierungen werfen, dann wird Ihnen auffallen, dass die Spreads zwischen 0,30 und 0,70 Dollar liegen. Beim vorigen SOX-Beispiel lagen diese noch zwischen 2,00 und 3,00 Dollar. Nichtsdestotrotz gibt es auch Spreads von über 1,00 Dollar, was an der niedrigen Liquidität liegt und zeigt, wie sich diese auf die Preise der Optionen auswirken kann.

Auch in diesem Fall gehen die Spreads umso weiter zurück, je weiter sich die Optionen aus dem Geld befinden. Der beste Ask-Preis für den 475-Dollar-Call beträgt 12,10 Dollar, der beste Ask-Preis für den 490-Dollar-Call hingegen liegt bei 5,50 Dollar. Obwohl der Preis der 490-Dollar-Calls deutlich geringer ist, darf man nicht vergessen, dass er auch über 20 Punkte (490 Dollar Option – 475 Dollar Index-Preis + 5,50 Dollar Prämie = 20,50 Dollar) aus dem Geld ist. Obwohl ich von Zeit zu Zeit auch Optionen handle, die aus dem Geld sind, greife ich dennoch lieber auf Optionen zurück, die bereits im Geld sind. Hätte ich in diesem Fall also Call-Optionen gekauft, dann wohl die 465- oder die 470-Dollar-Calls.

Index-Optionen eignen sich nicht unbedingt für Trader mit kleinen Konten, vor allem wenn man bedenkt, dass man Optionen nicht auf Margin handeln kann. Sollte Ihr Konto allerdings den Handel mit Index-Optionen erlauben und dieser auch Sinn machen, kann man sie hervorragend zu Hedging-Zwecken heranziehen. Auch für kurzfristige Spekulationen sind sie sehr gut geeignet. Da Index-Optionen sehr sensitiv auf Marktbewegungen reagieren, können Sie mit starken Kursbewegungen riesige Profite verzeichnen.

Ich trade vor allem dann mit Index-Optionen, wenn ich einen sehr starken Trend handle. Der Markt reagierte erst kürzlich auf ein FOMC-Meeting mit Kursschwankungen von mehr als 100 Punkten in beide Richtungen des Marktes, und das innerhalb weniger Minuten. Große dramatische Bewegungen wie diese eröffnen sehr attraktive Trading-Möglichkeiten für Index-Optionen. Wenn ich also davon ausgehe, dass der Markt sich sehr stark bewegen wird, dann trade ich lieber den gesamten Index als einzelne spezifische Aktien.

Leaps

Da ich meine Positionen grundsätzlich nur sehr kurz halte, trade ich keine Leaps (Long-Term Equity Anticipation Securities). Aber für diejenigen unter Ihnen, die dies in Erwägung ziehen, werde ich sie erklären.

Leaps sind Optionen, deren Restlaufzeit neun Monate oder länger ist. Die folgenden Quotierungen behandeln einen Leap für QLGC. Als der Screenshot dieser Quotierungen gemacht wurde, betrug die Restlaufzeit noch etwa ein Jahr, und die Aktie notierte bei 43,25 Dollar.

QLGC $43.25							
Title	Symbol	Last	Volume	B Bid	Bid/Ask Spread	B Ask	Open Int
QLGC Jan04 25 Call	KGMAE	19.20	27	23.20	0.50	23.70	315
QLGC Jan04 25 Put	KGMME	4.70	3	4.70	0.30	5.00	442
QLGC Jan04 30 Call	KGMAF	19.70	5	20.20	0.50	20.70	543
QLGC Jan04 30 Put	KGMMF	6.60	14	6.50	0.40	6.90	455
QLGC Jan04 35 Call	KGMAG	15.20	0	17.40	0.50	17.90	886
QLGC Jan04 35 Put	KGMMG	10.50	0	8.60	0.40	9.00	256
QLGC Jan04 40 Call	KGMAH	15.50	17	15.00	0.40	15.40	1,201
QLGC Jan04 40 Put	KGMMH	11.40	8	11.10	0.40	11.50	351
QLGC Jan04 50 Call	KGMAJ	9.40	6	11.00	0.30	11.30	961
QLGC Jan04 50 Put	KGMMJ	16.70	0	16.80	0.40	17.20	167
QLGC Jan04 60 Call	KGMAL	8.60	0	7.90	0.30	8.20	1,342
QLGC Jan04 60 Put	KGMML	25.50	0	23.60	0.40	24.00	958
QLGC Jan04 70 Call	KGMAN	5.30	0	5.70	0.20	5.90	910
QLGC Jan04 70 Put	KGMMN	35.50	0	31.20	0.50	31.70	1,329

Wenn Sie davon überzeugt gewesen wären, dass QLGC in nächster Zeit steigen würde, hätten Sie nicht unbedingt auf ein Aktienengagement zurückgreifen müssen, sondern hätten auch ganz einfach Leap-Optionen kaufen können. Nichtsdestotrotz hätten Sie mit einer gewaltigen Prämie rechnen müssen, wenn Sie eine solche Langzeit-Option gekauft hätten. Es stellt sich sogar die Frage, ob ein Optionsgeschäft in diesem Fall überhaupt gerechtfertigt gewesen oder nicht auch der simple Aktienkauf die bessere Wahl gewesen wäre.

Wenn Sie nun einen Blick auf die Quotierungen werfen, werden Sie sehen, dass der beste Ask-Preis für einen 40-Dollar-Call, der im Geld ist, bei 15,40 Dollar liegt. Bei Fälligkeit müsste der Aktienpreis nun über 55,40 Dollar (40 Dollar + 15,40 Dollar) betragen, damit der Trade Profite abwirft. Wenn Sie davon überzeugt gewesen wären, dass die Aktie stark steigen würde, hätten Sie auch Optionen kaufen können, die aus dem Geld sind und daher weniger kosten. Der beste Ask-Preis für einen 50-Dollar-Call beträgt 11,30 Dollar. Obwohl die anfänglichen Kosten bei dieser Variante geringer sind, müsste der Kurs auf 61,30 Dollar (50 Dollar + 11,30 Dollar) oder höher steigen, damit Ihre Position am Verfallstag Gewinn abwirft.

Es ist absolut unwahrscheinlich, dass ich einen so langfristigen Trade mittels Leaps handeln würde. Wenn man meine Trading-Ziele kennt und weiß, dass ich ein Trader bin, der seine Positionen sehr kurzfristig hält, wird nicht überrascht sein, dass Leaps für mich keine Alternative sind.

Straddles

Eine meiner Lieblingsstrategien, die ich zusätzlich mit einiger Häufigkeit trade, wird Straddle genannt. Bei einem Straddle kauft man dieselbe Menge von Calls und Puts auf denselben Basiswert, die noch dazu im selben Monat fällig sind und denselben Strike-Preis haben.

Straddles eignen sich hervorragend dazu, von kurzfristigen starken Kursbewegungen zu profitieren. In Situationen, in denen Sie davon ausgehen, dass es in nächster Zeit zu starken Kursbewegungen kommen wird, allerdings nicht wissen, in welche Richtung sich die Bewegung vollziehen wird, können Sie von der auftretenden Volatilität profitieren.

Ich trade zwar bevorzugt in jener Zeit, in der Quartalsberichte fällig sind, da dann das Risiko-Profit-Verhältnis sehr attraktiv ist, dennoch kommt es vor, dass ich Straddles auch in anderen Situationen und aus anderen Motiven heraus trade.

Wenn ein Unternehmen seine Quartalszahlen veröffentlicht hat, kommt es für gewöhnlich zu dramatischen Kursveränderungen. In welche Richtung sich die Kurse bewegen, ist hingegen nicht klar und hängt in der Regel mit den spezifischen Zahlen zusammen. Wenn es eine Firma schafft, die Erwartungen bezüglich der Quartalszahlen deutlich zu übertreffen, kann es zu sehr stark steigenden Kursen kommen. Werden hingegen schlechte Nachrichten wie Gewinnwarnungen oder nicht den Erwartungen entsprechende Quartalszahlen veröffentlicht, kann der Aktienkurs auch einbrechen. Die meisten Aktien neigen jedenfalls dazu, sich in irgendeine Richtung zu bewegen, wenn die Quartalszahlen veröffentlicht werden. Und genau davon können Sie mittels Straddles profitieren.

Da es sehr wohl möglich und auch wahrscheinlich ist, dass Sie mit einer der beiden Positionen Geld verlieren werden, ist es nötig, diese Verluste mit der anderen Position mehr als nur wettzumachen. Das erfordert relativ große Kursbewegungen. Nichtsdestotrotz kam es auch schon vor, dass ich mit beiden Positionen Gewinn gemacht habe. Steigen die Kurse einer Aktie beispielsweise, weil die Gewinnerwartungen sehr hoch sind, können Sie Ihren Call mit Gewinn glattstellen. Kommt es kurz darauf zum Ausverkauf, weil sich die Erwartungen nicht bestätigt haben, können Sie eventuell auch noch Ihre Puts mit Gewinn glattstellen. Da dies nicht allzu oft vorkommt, ist es ratsam, auf eine geringe kumulierte Optionsprämie (Prämien für Call und Put) zu achten, damit der Trade weiterhin attraktiv bleibt.

Am besten eignen sich hierfür Aktien, die ihre Quartalsberichte in jener Woche veröffentlichen, in der auch die Optionen fällig werden. Einerseits sind zu diesem Zeitpunkt die Prämien gering, andererseits liefern Aktien in jener Zeit die nötige Volatilität. Da Trader ja immer auf der Suche nach einem gewissen Feinschliff in ihrem persönlichen Trading sind, ist es meiner Meinung nach ein gewisser Vorteil, wenn man Optionen in der Woche ihrer jeweiligen Fälligkeit handelt. Der Vorteil hierbei besteht darin, dass die Volatilität, die in der Woche der Quartalszahlen auftritt, nicht komplett im Preis der Option berücksichtigt wird.

Während der Quartalsberichtszeit betreibe ich großen Aufwand für Nachforschungen, vor allem in jenen Wochen, in denen Optionen fällig werden. Ich bin auf der Suche nicht nur nach potenziellen Earning-Runs, sondern auch nach günstigen Optionsprämien für Straddles.

Ich werfe einen Blick in den Quartalszahlenkalender und setze mich weiters mit der historischen Entwicklung von Momentum-Aktien in jenen Wochen auseinander, in der Optionen fällig werden. Die attraktivsten Trading-Möglichkeiten bieten somit Aktien, die zu starken Kursschwankungen neigen, nachdem ihre Quartalszahlen veröffentlich wurden.

Wenn ich nun eine Aktie gefunden habe, deren historischer Kursverlauf mich überzeugt, informiere ich mich über ihre Optionsprämien. Der kumulative Optionspreis muss natürlich vernünftig sein. Doch dies ist nicht immer der Fall. Ich bin nicht bereit, 6,00 Dollar für einen Straddle zu zahlen, der gerade am Geld ist. Denn es müsste schon zu dramatischen Kursveränderungen kommen, damit meine Position überhaupt in den Gewinn läuft. Sind die Optionsprämien jedoch attraktiv und hat eine Aktie den Anschein, ein geeigneter Straddle-Kandidat zu sein, dann werde ich diesen Straddle auch traden. Ich habe beispielsweise erst kürzlich einen EMC-Straddle gehandelt, der mich kumuliert 0,50 Dollar gekostet hat. Verkauft habe ich ihn dann für etwa 0,70 Dollar. Für mich war das ein akzeptables Risiko-Profit-Verhältnis für einen Straddle.

Ich habe im Laufe der Jahre, genau wie meine Kunden auch, mit Straddles einen nicht unerheblichen Geldbetrag verdient, vor allem gegen Ende der Neunziger, als die Kurse sich noch in luftigen Höhen bewegten. Ich kann mich noch an einen PMCS-Straddle erinnern, mit dem ich über Nacht 26,00 Dollar pro Kontrakt verdient habe. Insgesamt machte ich einen Gewinn von 140.000 Dollar. Natürlich kann nicht jeder Trade so profitabel sein, dennoch verdienten wir mit Straddles regelmäßig Geld. Man darf natürlich auch nicht vergessen, dass nicht jeder Straddle profitabel sein kann. Dennoch ist es nicht ungewöhnlich, mit einem Straddle in kurzer Zeit zwischen 15 und 20 Prozent oder zwischen fünf und zehn Dollar zu verdienen. Und auch Verdoppelungen oder mehr sind ohne weiteres möglich, wenn die Kurse nur richtig für Sie laufen. Egal, wie groß ein Gewinn ausfällt, ich freue mich über einen Zugewinn immer mehr als über einen Verlust und bin dafür dankbar dafür, was der Markt gerade hergibt.

Ich versuche, Straddles vorwiegend mit Optionen zu traden, die in jener Woche fällig werden, in der der Basiswert seine Quartalszahlen veröffentlicht. Dennoch greife ich auch auf Straddles zurück, wenn die Prämien attraktiv und die Volatilität ausreichend ist.

Ich habe beispielsweise Straddles dazu genutzt, FOMC-Meetings zu traden. Da der Markt zu dieser Zeit oftmals sehr volatil ist, können beide Positionen des Straddles profitabel gehandelt werden. Aber grundsätzlich eignet sich jede Gelegenheit, bei der große Volatilität vorherrscht, für einen Straddle. Im Idealfall lässt Sie ein volatiler Markt sowohl aus Ihren Calls als auch aus Ihren Puts profitabel aussteigen.

Die folgenden Quotierungen für Dezember betreffen EBAY. Der momentane Kurs lag bei 70,10 Dollar.

EBAY $70.10

Title	Symbol	Last	Volume	B Bid	Bid/Ask Spread	B Ask	Open Int
EBAY Dec 50 Call	QXBLJ	16.30	0	20.10	0.20	20.30	312
EBAY Dec 50 Put	QXBXJ	0.10	4	0.05	0.10	0.15	1,905
EBAY Dec 55 Call	QXBLK	15.10	10	15.20	0.20	15.40	524
EBAY Dec 55 Put	QXBXK	0.20	398	0.15	0.10	0.25	4,164
EBAY Dec 60 Call	QXBLL	10.70	107	10.40	0.20	10.60	2,568
EBAY Dec 60 Put	QXBXL	0.40	233	0.40	0.10	0.50	7,770
EBAY Dec 65 Call	QXBLM	6.20	251	6.10	0.10	6.20	7,139
EBAY Dec 65 Put	QXBXM	1.00	1,108	1.00	0.15	1.15	4,879
EBAY Dec 70 Call	QXBLN	2.80	1,322	2.75	0.10	2.85	11,854
EBAY Dec 70 Put	QXBXN	2.80	1,134	2.65	0.10	2.75	1,061
EBAY Dec 75 Call	QXBLO	0.80	919	0.80	0.10	0.90	9,563
EBAY Dec 75 Put	QXBXO	5.80	217	5.70	0.10	5.80	664
EBAY Dec 80 Call	QXBLP	0.20	825	0.15	0.10	0.25	1,456
EBAY Dec 80 Put	QXBXP	10.30	42	10.10	0.10	10.20	272
EBAY Dec 85 Call	QXBLQ	0.10	0	0.00	0.10	0.10	22
EBAY Dec 85 Put	QXBXQ		0	14.90	0.20	15.10	0

Ich bevorzuge Straddles, deren Strike-Preis am Geld liegt beziehungsweise nicht weit vom aktuellen Kassapreis entfernt ist. Das heißt, dass sich die Strike-Preise beider Optionen möglichst eng am aktuellen Kurs orientieren sollen. Somit zahlen Sie für den Call in etwa ebenso viel wie für den Put.

Wie Sie sehen können, liegt der aktuelle Kurs von EBAY gerade bei 70,10 Dollar. Die 70-Dollar-Call- und -Put-Optionen sind dem Kassapreis also sehr nahe und kosten 2,85 beziehungsweise 2,75 Dollar. Um nun eine Straddle-Position zu eröffnen, würden Sie dieselbe Anzahl von 70-Dollar-Calls und 70-Dollar-Puts kaufen. Die Gesamtkosten beliefen sich in diesem Fall auf 5,60 Dollar (2,85 Dollar + 2,75 Dollar = 5,60 Dollar).

Vergessen Sie bitte nicht, dass diese Quotierungen lediglich Illustrationszwecken dienen. Für meinen Geschmack sind die Prämien in diesem Beispiel zu hoch, da die Optionen noch eine Restlaufzeit von mehr als einer Woche aufweisen. In der letzten Woche vor Fälligkeit würden sich die Optionsprämien wohl etwa im Bereich von 1,20 Dollar bewegen. Dies wiederum würde die Attraktivität des Straddles deutlich erhöhen. Nunmehr lägen die kumulativen Kosten bei 2,40 Dollar, und EBAY müsste sich nur um etwa fünf Prozent bewegen, damit der Straddle profitabel wird. So eine Kursbewegung ist für Momentum-Aktien nicht unüblich, vor allem in der Quartalsberichtssaison.

Obwohl natürlich auch gewisse Risken mit Straddles einhergehen, halten sich die Verluste doch sehr in Grenzen. So können Sie zumeist mindestens aus einer der beiden Positionen mit einem bestimmten Anteil ihres ursprünglich investierten Geldes aussteigen. Hätte EBAY allerdings flach eröffnet, hätten Sie mit beiden Positionen Geld verloren, da der Zeitwert aufgrund der kurzen Restlaufzeit stark gesunken wäre. In so einem Fall kann es sein, dass plötzlich die Hälfte Ihres investierten Kapitals weg ist. Doch dieses Szenario ist bei Aktien wie EBAY sehr selten. Volatile Aktien ermöglichen es Ihnen durch ihre starken Auf-und-Ab-Bewegungen für gewöhnlich, aus Ihren Positionen mit begrenztem Schaden auszusteigen. Dennoch ist auch ein Totalverlust bittere Realität, die Sie nicht verleugnen sollten, bevor Sie einen Straddle tatsächlich eingehen.

Wenn Sie gerade keine bullishe oder bearishe Tendenz oder Meinung über den Markt haben, sollten Sie versuchen, Optionen für Straddles zu kaufen, deren Kurs so nahe wie möglich am momentanen Kassapreis liegt. Dies ermöglicht gleiche Kosten der beiden notwendigen Positionen. Liegen die Strike-Preise nämlich unterschiedlich weit vom Kassapreis entfernt, entwickelt Ihr Straddle eine bullishe oder bearishe Tendenz. Wäre der EBAY-Preis nun beispielsweise bei 69 Dollar und nicht bei 70,10 Dollar, dann hätten Sie eine bearishe Tendenz in Ihrem Straddle. Dies liegt daran, dass die Puts bereits im Geld und damit wesentlich teurer als die Calls wären.

Strangles

Strangles entsprechen grundsätzlich Straddles. Stattdessen arbeiten sie mit Strike-Preisen, die einerseits nicht identisch sind, andererseits aus dem Geld liegen. Ein Strangle ist somit der Kauf derselben Anzahl von Calls und Puts auf denselben Basiswert, die noch dazu zeitgleich fällig werden. Allerdings weisen die Optionen Strike-Preise auf, die aus dem Geld liegen und noch dazu nicht identisch sind.

Aus Illustrationszwecken nutze ich nun erneut die Quotierungen des letzten Beispiels bezüglich EBAY.

EBAY $70.10							
Title	Symbol	Last	Volume	B Bid	Bid/Ask Spread	B Ask	Open Int
EBAY Dec 50 Call	QXBLJ	16.30	0	20.10	0.20	20.30	312
EBAY Dec 50 Put	QXBXJ	0.10	4	0.05	0.10	0.15	1,905
EBAY Dec 55 Call	QXBLK	15.10	10	15.20	0.20	15.40	524
EBAY Dec 55 Put	QXBXK	0.20	398	0.15	0.10	0.25	4,164
EBAY Dec 60 Call	QXBLL	10.70	107	10.40	0.20	10.60	2,568
EBAY Dec 60 Put	QXBXL	0.40	233	0.40	0.10	0.50	7,770
EBAY Dec 65 Call	QXBLM	6.20	251	6.10	0.10	6.20	7,139
EBAY Dec 65 Put	QXBXM	1.00	1,108	1.00	0.15	1.15	4,879
EBAY Dec 70 Call	QXBLN	2.80	1,322	2.75	0.10	2.85	11,854
EBAY Dec 70 Put	QXBXN	2.80	1,134	2.65	0.10	2.75	1,061
EBAY Dec 75 Call	QXBLO	0.80	919	0.80	0.10	0.90	9,563
EBAY Dec 75 Put	QXBXO	5.80	217	5.70	0.10	5.80	664
EBAY Dec 80 Call	QXBLP	0.20	825	0.15	0.10	0.25	1,456
EBAY Dec 80 Put	QXBXP	10.30	42	10.10	0.10	10.20	272
EBAY Dec 85 Call	QXBLQ	0.10	0	0.00	0.10	0.10	22
EBAY Dec 85 Put	QXBXQ		0	14.90	0.20	15.10	0

Wenn Sie nun einen EBAY-Strangle eröffnen wollen, könnten Sie beispielsweise den 65-Dollar-Put und den 75-Dollar-Call kaufen. Sie teilen somit die Differenz zwischen dem Kassapreis und den Strike-Preisen der Optionen. In diesem Fall ist der 65-Dollar-Put also in etwa 5,00 Dollar vom Kassapreis, der 75-Dollar-Call ebenso etwa 75 Dollar vom Kassapreis entfernt. Mit einem Strangle wetten Sie nun also darauf, dass die Aktie entweder unter 65,00 Dollar fällt, oder darauf, dass sie über 75,00 Dollar steigt.

Die Kosten des Strangles wären in diesem Fall 2,05 Dollar (1,15 Dollar + 0,90 Dollar). Auch in diesem Fall dienen die Quotierungen nur Illustrationszwecken, und die Optionen befinden sich nicht in der letzten Woche vor Fälligkeit. Die kumulierten Kosten des Strangles beliefen sich wohl nur auf etwa 1,00 Dollar, wenn Sie bis zur letzten Woche vor Fälligkeit gewartet hätten. Dies entspricht meinem Ansatz.

Da Sie mit Optionen agieren, die aus dem Geld notieren, sind auch größere Kursbewegungen notwendig, um mit Strangles in den Gewinn zu kommen. In diesem Fall müsste sich EBAY schon etwa um zehn Prozent bewegen, nicht um fünf Prozent wie im vorherigen Beispiel. Um nun die hypothetischen 1,00 Dollar für den Strangle plus die 5,00 Dollar, die der Strike-Preis vom aktuellen Kassakurs entfernt liegt, zu verdienen, müsste sich der Kurs schon um mindestens 6,00 Dollar (dies entspricht knapp zehn Prozent) in eine Richtung bewegen, bevor die Optionen fällig werden. So eine Bewegung ist für Momentum-Aktien wie EBAY allerdings nicht unmöglich. Und daher ist auch ein Strangle denkbar. Die Optionsprämien sowie andere Umstände müssten allerdings ein attraktives Risiko-Profit-Verhältnis anbieten.

Obwohl ich schon große Gewinne mit Optionen verzeichnen konnte, möchte ich Sie dennoch darauf aufmerksam machen, wie spekulativ Optionen sind. Deshalb rate ich Ihnen, nur einen limitierten Betrag Ihres Kapitals für derart spekulative Trades zu verwenden.

Bull-Spreads

Ein Bull-Spread ist eine bullishe Optionsstrategie, die Sie anwenden können, wenn Sie davon überzeugt sind, dass der Kurs einer Aktie eher steigen als fallen wird.

Um einen Bull-Spread zu traden, kaufen Sie Call-Optionen auf einen bestimmten Basiswert, verkaufen zeitgleich aber auch Call-Optionen auf denselben Basiswert mit einem etwas höheren Strike-Preis.

Die Call-Option, die Sie kaufen, liegt typischerweise im Geld oder näher am Geld als die Call-Option, die Sie verkaufen. Sie zahlen also eine Prämie für die gekaufte Call-Option und kassieren die Prämie für die verkaufte Call-Option. Daraus resultiert eine bullishe Marktauffassung, wie es schon der Name andeutet.

Ein Bull-Spread verringert Ihr Risiko für den Trade auf jenen Betrag, den Sie für die Option bezahlt haben, minus die Prämie, die Sie für den Call-Verkauf kassiert haben. Der maximale Gewinn ist somit limitiert, wenn er zwischen die beiden Strike-Preise fällt. Aus diesem Grund ist natürlich auch das Risiko um einiges geringer.

Ich trade einen Bull-Spread immer dann gerne während der Quartalsberichtssaison, wenn ich davon überzeugt bin, dass eine Aktie vor Veröffentlichung der Zahlen steigen wird.

Sehen Sie nun auf die Quotierungen von KLAC. Die Quotierungen entstanden zwei Wochen, bevor KLAC seine Quartalszahlen veröffentlichen sollte. Zu dieser Zeit notierte die Aktie bei 42,85 Dollar.

KLAC $42.85							
Title	Symbol	Last	Volume	B Bid	Bid/Ask	B Ask	Open Int
KLAC Dec 30 Call	KCQLF	12.90	5	12.90	0.30	13.20	2,286
KLAC Dec 30 Put	KCQXF	0.25	616	0.20	0.05	0.25	4,734
KLAC Dec 35 Call	KCQLG	8.80	75	8.30	0.20	8.50	6,447
KLAC Dec 35 Put	KCQXG	0.70	711	0.60	0.10	0.70	6,717
KLAC Dec 40 Call	KCQLH	4.40	1,308	4.40	0.10	4.50	8,225
KLAC Dec 40 Put	KCQXH	1.70	3,941	1.65	0.05	1.70	5,513
KLAC Dec 45 Call	KCQLI	1.70	638	1.70	0.05	1.75	4,355
KLAC Dec 45 Put	KCQXI	4.00	288	3.90	0.10	4.00	1,304
KLAC Dec 50 Call	KCQLJ	0.45	630	0.40	0.10	0.50	2,107
KLAC Dec 50 Put	KCQXJ	8.00	37	7.50	0.20	7.70	234
KLAC Dec 55 Call	KCQLK	0.10	117	0.05	0.15	0.20	1,039
KLAC Dec 55 Put	KCQXK	22.80	0	12.10	0.30	12.40	55
KLAC Dec 60 Call	KCQLL	0.15	0	0.00	0.10	0.10	658
KLAC Dec 60 Put	KCQXL	32.80	0	17.00	0.40	17.40	200
KLAC Dec 65 Call	CKVLM	0.05	0	0.00	0.05	0.05	595
KLAC Dec 65 Put	CKVXM		0	22.00	0.40	22.40	2
KLAC Dec 70 Call	CKVLN	0.05	0	0.00	0.05	0.05	618
KLAC Dec 70 Put	CKVXN	34.60	0	27.00	0.40	27.40	3

Wenn Sie nun eine bullishe Tendenz hätten und wüssten, dass KLAC dazu neigt, bereits vor seinen Quartalsberichten kräftig zu steigen, könnten Sie einen Bull-Spread in Erwägung ziehen. Wenn man nun einen Blick auf die Quotierungen wirft, fallen einem gleich mehrere Varianten ein, wie der Bull-Spread zu traden wäre.

Ein Ansatz wäre, den 40-Dollar-Call zu kaufen, der im Geld liegt und 4,50 Dollar kostet, zeitgleich aber den 45-Dollar-Call für 1,75 Dollar zu verkaufen. Da Sie den 45er-Call verkaufen, kassieren Sie eine Prämie von 1,75 Dollar und zahlen daraufhin die 4,50 Dollar für den 40-Dollar-Call. Somit würden sich Ihre Nettokosten auf 2,75 Dollar (4,50 Dollar – 1,75 Dollar) belaufen. Die Calls, die im Geld liegen, und die höheren Kaufkosten für diese Calls unterstreichen die bullishe Tendenz.

Notiert KLAC bei Fälligkeit nun bei 45,00 Dollar oder höher, würden Sie Ihr Maximum von 2,25 Dollar mit dem Trade verdienen. Dies wiederum stellt die Differenz zwischen den 45-Dollar-Optionen, die Sie verkauft haben, und den 40-Dollar-Optionen, die Sie gekauft haben, dar. Nun werden noch die Nettokosten der Optionsprämien abgezogen (45,00 Dollar – 40,00 Dollar – 2,75 Dollar = 2,25 Dollar).

Wir können dies aber auch genauer beleuchten und den Wert jeder einzelnen Option bestimmen. Wäre der KLAC-Kurs nun bei 45,00 Dollar, dann wären Sie mit Ihren 40-Dollar-Calls mit 5 Dollar im Plus. Da die Optionsprämie 4,50 Dollar betragen hat, machen Sie einen Gewinn von 0,50 Dollar (5,00 Dollar – 4,50 Dollar = 0,50 Dollar). Der Wert der von Ihnen verkauften 45-Dollar-Calls wäre in diesem Fall null. Sie würden allerdings dennoch die 1,75-Dollar-Prämie kassieren. Somit kommen wir wieder zum selben Ergebnis von 2,25 Dollar für den Bull-Spread (0,50 Dollar + 1,75 Dollar).

Wäre der KLAC-Kurs bei Fälligkeit allerdings bei 40,00 Dollar oder weniger, wäre Ihr maximaler Verlust die Nettokosten Ihrer Prämien, also 2,75 Dollar. Läge der Kurs nun zwischen den beiden Strike-Preisen, würde sich der Gewinn beziehungsweise Verlust proportional anpassen. Sie verlieren also einen Betrag zwischen 2,75 Dollar und null oder gewinnen einen Betrag zwischen null und 2,25 Dollar, wenn der Kurs zwischen den beiden Strike-Preisen bleibt.

Wenn Ihre Einstellung allerdings noch bullisher wäre, könnten Sie auch zu Optionen greifen, die weiter aus dem Geld sind. Ihre potenziellen Gewinne wären somit größer, der Aktienkurs müsste sich allerdings auch stärker zu Ihren Gunsten entwickeln, um den Maximalgewinn einzufahren.

So könnten Sie beispielsweise den 45-Dollar-Call um 1,75 Dollar kaufen und den 50-Dollar-Call um 0,50 Dollar verkaufen. Somit entstünden Nettokosten von 1,25 Dollar. Somit wäre ein Kursanstieg von 50 Dollar oder höher notwendig, damit Sie den maximalen Profit von 3,75 Dollar (50,00 Dollar – 45,00 Dollar – 1,25 Dollar = 3,75 Dollar) kassieren können. Der Kurs müsste sich zwar stärker bewegen, dennoch könnten Sie 200 Prozent mit dieser Position gewinnen. Denn Ihr maximaler Verlust beträgt 1,25 Dollar, entspricht also den Nettokosten.

Bei Bull-Spreads ist es unerheblich, wie weit der Kurs über dem von Ihnen angegebenen Strike-Preis Ihrer verkauften Option liegt. Der Gewinn wäre immer gleich groß. Ziehen wir noch einmal das vorherige Beispiel heran. Wäre der Preis nun auf 60 Dollar oder mehr gestiegen, wäre Ihr maximaler Profit dennoch 3,75 Dollar. Sie würden zwar mit den gekauften 45-Dollar-Calls mehr Geld verdienen, würden aber mit den verkauften 50-Dollar-Calls auch wieder denselben Betrag verlieren.

Wie und wann man eine Bull-Spread-Position schließen sollte, hängt natürlich von den jeweiligen Umständen und Ihrer persönlichen Präferenz ab. Wie bereits erwähnt, ist es nicht notwendig zu warten, bis die Optionen tatsächlich fällig werden. Sie können Ihren Buchgewinn jederzeit realisieren, wenn Sie mit der Höhe zufrieden sind. Oder Sie schließen Ihre Position frühzeitig, um Ihren Verlust zu limitieren.

Dennoch sollten Sie ihre gekauften Calls nicht verkaufen, ohne auch die verkauften Calls glattzustellen. In diesem Falle würde Ihre Position nämlich zu einer nackten Position und Ihr Risiko dementsprechend höher. Steigende Kurse würden Sie in diesem Falle nämlich eine Menge Geld kosten. Wenn die gekaufte Position die Verluste aus der verkauften Position nicht mehr kompensiert, dann können Ihre Verluste schon sehr signifikant sein.

Bear-Spreads

Grundsätzlich sind sich der Bear-Spread und der Bull-Spread sehr ähnlich. In diesem Fall ist ihre Tendenz gegenüber der Marktentwicklung allerdings nach unten gerichtet. Somit stellt ein Bear-Spread das genaue Gegenteil eines Bull-Spreads dar.

Um einen Bear-Spread zu handeln, kaufen Sie Put-Optionen auf Aktien und verkaufen zeitgleich dieselbe Anzahl Put-Optionen auf dieselbe Aktie. Der Strike-Preis der verkauften Put-Optionen liegt allerdings unter jenem der gekauften.

Die Put-Optionen, die Sie kaufen, sind entweder im Geld oder aber zumindest näher am Geld als die Put-Optionen, die Sie verkaufen. Erneut bezahlen Sie eine Prämie für die Put-Optionen, die Sie kaufen, und kassieren die Prämie für die Put-Optionen, die Sie verkaufen. Somit ist die grundsätzliche Tendenz eines Bear-Spreads auch bearish.

Genau wie beim Bull-Spread auch ist der Verlust auf jenen Betrag limitiert, der sich aus der Differenz zwischen der bezahlten Prämie und der Prämie für den verkauften Put ergibt. Der maximale Gewinn reduziert sich, wenn der Kassapreis zwischen den beiden Strike-Preisen liegt. Da nunmehr die Gewinne limitiert sind, sind auch die Risken geringer.

Sehen Sie in der folgenden Grafik nun die Options-Quotierungen von EXPE. Der Preis der EXPE-Aktie beträgt in diesem Fall 75,08 Dollar.

Genau wie beim Bull-Spread auch, liefert der Bear-Spread eine ganze Reihe von Trading-Möglichkeiten. Sie könnten beispielsweise den 75-Dollar-Put um 4,20 Dollar kaufen und zeitgleich den 70-Dollar-Put für 2,40 Dollar verkaufen. Ihre Nettogesamtkosten lägen somit bei 1,80 Dollar, was die Differenz zwischen den bezahlten 4,20 Dollar für den 70-Dollar-Put und den kassierten 2,40 Dollar für den verkauften 75-Dollar-Put entspricht (4,20 Dollar – 2,40 Dollar = 1,80 Dollar). Wenn der Preis von EXPE nun auf 70 Dollar oder darunter fällt, verdienen Sie genau 3,20 Dollar (75 Dollar – 70 Dollar – 1,80 Dollar) mit dem Spread.

EXPE $75.08							
Title	Symbol	Last	Volume	B Bid	Bid/Ask Sprea	B Ask	Open Int
EXPE Dec 60 Call	UEDLL	15.10	4	15.60	0.30	15.90	698
EXPE Dec 60 Put	UEDXL	0.70	112	0.65	0.10	0.75	1,283
EXPE Dec 65 Call	UEDLM	11.50	73	11.20	0.30	11.50	1,469
EXPE Dec 65 Put	UEDXM	1.20	115	1.15	0.15	1.30	2,188
EXPE Dec 70 Call	UEDLN	7.50	56	7.20	0.30	7.50	1,881
EXPE Dec 70 Put	UEDXN	2.20	494	2.20	0.20	2.40	2,835
EXPE Dec 75 Call	UEDLO	4.10	327	4.00	0.30	4.30	1,507
EXPE Dec 75 Put	UEDXO	4.20	430	3.90	0.30	4.20	824
EXPE Dec 80 Call	UEDLP	2.00	285	1.90	0.15	2.05	1,287
EXPE Dec 80 Put	UEDXP	7.10	31	6.80	0.20	7.00	315
EXPE Dec 85 Call	UEDLQ	0.75	186	0.70	0.20	0.90	704
EXPE Dec 85 Put	UEDXQ	10.70	17	10.50	0.40	10.90	87

Wenn Sie sich bei dem Trade allerdings weiter aus dem Geld bewegen wollten, könnten Sie auch die 75-Dollar-Puts um 4,20 Dollar kaufen und in diesem Fall nicht die 70-Dollar-Puts, sondern die 65-Dollar-Puts um 1,30 Dollar verkaufen. Die Nettokosten beliefen sich in diesem Fall auf 2,90 Dollar. Wenn der Preis von EXPE nun auf 65,00 Dollar oder darunter fällt, beträgt der Gewinn 7,10 Dollar (75 Dollar – 65 Dollar – 2,90 Dollar). Obwohl Ihr potenzieller Gewinn nun deutlich höher ist, wenn die verkauften Optionen weiter aus dem Geld sind, dürfen Sie nicht vergessen, dass sich nun auch der Aktienpreis stärker verändern muss. Ich würde mich in diesem Fall für die Variante mit 75 Dollar / 70 Dollar entscheiden, da sowohl die Kosten als auch das Risiko geringer sind.

Auch bei Bear-Spreads müssen Sie nicht darauf warten, dass die Optionen fällig werden. Sie können Profite jederzeit mitnehmen oder eine Verlustposition schließen, um Ihren Maximalverlust einzuschränken. Auch in diesem Fall sollten Sie nicht Ihre gekaufte Put-Position glattstellen, bevor Sie nicht auch Ihre verkaufte Put-Position geschlossen haben. In diesem Fall würde sich nämlich Ihr Risiko erhöhen, wenn die Kurse fielen. Das wäre dann nämlich wie der Verkauf eines nackten Puts. Wenn Ihre gekaufte Position nämlich nicht mehr die Verluste der verkauften Position kompensiert, sehen Sie sich mit einem deutlich höheren Risiko und somit deutlich höheren Verlusten konfrontiert.

11

Meine Lieblingsstrategien

Da wir mittlerweile über eine Vielzahl von Trading-Strategien und -Techniken gehört haben, stellt sich immer die Frage, welche denn die beste sei. Um ehrlich zu sein: Ich mag alle Strategien, die in diesem Buch beschrieben wurden. Deshalb habe ich sie ja auch in diesem Buch beschrieben. Je nach Situation und Begleitumständen hat jede dieser Strategien ihre Stärken und ihre Schwächen.

Wenn Ihnen eine so allgemeine Aussauge über die Qualität der einzelnen Strategien nun zu vage ist, dann möchte ich hier im Speziellen noch einmal auf jene Strategien eingehen, die sich für mich persönlich im Laufe der vergangenen Jahre als noch einen Tick besser als alle anderen erwiesen haben. Wie sich diese Strategien diese Ehre erarbeitet haben? Ganz einfach deshalb, weil diese Strategien sowohl mich als auch viele meiner Klienten reich gemacht haben.

In diesem Kapitel geht es, wie gesagt, um meine liebsten Trading-Strategien. Obwohl jede einzelne von ihnen bereits in diesem Buch erwähnt wurde, möchte ich sie hier aus Gründen der Übersichtlichkeit noch einmal zusammenfassen. So können Sie schnell erkennen, welche Trading-Strategien für mich die Crème de la crème darstellen. Abgesehen davon, werde ich bei den folgenden Beispielen noch tiefer und genauer auf gewisse Spezialitäten eingehen, die Ihr Trading vielleicht noch verbessern werden.

Weiters möchte ich noch erwähnen, dass es nur jene Strategien in meine Liste geschafft haben, die auch den Zahn der Zeit überstanden haben, also auch in wechselnden Marktumständen Geld verdienen konnten. Wenn eine Strategie nach einem Wechsel der Marktbedingungen nicht mehr funktionieren sollte, dann fällt sie folgerichtig natürlich auch aus meiner Liste raus. Somit ist meine Liste dynamisch, genauso wie der Markt selbst. Natürlich können die nun freien Plätze auf meiner Liste durch neue Strategien ersetzt werden. Im Laufe der Zeit werden auch Sie Strategien entdecken, mit denen sich äußerst lukrativ Geld verdienen lässt. Nun bleibt nur noch zu hoffen, dass diese neuen Strategien dann meinem Portfolio Gutes tun – und natürlich auch dem Ihren.

Nun also die Liste meiner Lieblingsstrategien

- Gap Fades
- Earning-Runs
- Earning-Straddles
- FOMC Fades
- 10:00-Uhr-Regel

Auf den nächsten Seiten werde ich auf jede einzelne dieser Techniken näher eingehen und auch Beispiele besprechen.

Gap Fades

Die Gap Fades befinden sich aus gutem Grunde an der Spitze meiner Liste. Denn diese Technik funktioniert schon seit Jahren für mich, und das sowohl in Bullen- als auch in Bärenmärkten. Egal ob es nun zu einem Up-Gap oder einem Down-Gap kommt, ich trade beide gerne. Lieber sind mir jedoch Down-Gaps: je größer dieses Gap, desto besser.

Das Kapitel über Gaps ist sehr umfangreich. Wenn Sie sich noch einmal darüber informieren wollen, dann blättern Sie bitte zurück. Für diejenigen unter Ihnen, die nur eine kleine Wiederholung brauchen, fasse ich noch einmal kurz zusammen.

Zu einem Down-Gap kommt es immer dann, wenn der Markt oder eine Aktie zu einem niedrigeren Kurs eröffnet, als er oder sie am Vortag schloss. Zu einem Up-Gap kommt es, wenn der Markt oder eine Aktie zu einem höheren Kurs eröffnet, als er oder sie am Vortag schloss.

Gründe für solche Gaps können auf der einen Seite außergewöhnliche Nachrichten sein, auf der anderen Seite aber auch ein starkes Ungleichgewicht zwischen Angebot und Nachfrage außerhalb der regulären Marktzeiten. Da das Volumen in diesen Zeiten äußerst gering ist, kann es passieren, dass einzelne größere Orders unverhoffte Preissprünge nach sich ziehen. Wenn der Markt nun eröffnet und das Volumen wieder sein gewohntes Maß annimmt, korrigiert sich der Preis wieder, und zwar mit einem Snapback-Reversal, das genau in die Gegenrichtung des Gaps stattfindet.

Diese Snapback Reversals zu traden nennt man auch Fading the Gap. Um ein Down-Gap zu faden, müssen Sie eine Kauforder setzen, sobald der Verkaufsdruck nachlässt. Um ein Up-Gap zu faden, müssen Sie eine Short-Order platzieren, sobald der Kaufdruck nachlässt. Vergessen Sie aber nicht, dass es nicht immer zu einem Snapback-Reversal kommen muss. Es kann auch passieren, dass der Kurs in dieselbe Richtung weiterläuft. Aus diesem Grund ist es unabdingbar, sofort nach der Ausführung der jeweiligen Order einen vernünftigen Stopp-Loss zu setzen, der Ihre Verluste begrenzt. Da es nicht oft vorkommt, dass eine Aktie auf exakt demselben Level eröffnet, zu dem es am Vortag geschlossen hat, kommt es eigentlich fast immer zu einem Gap. Wenn ein Markt nun doch auf demselben Level eröffnet oder dies nur sehr flach tut (kleine Gaps), dann sollten Sie abwarten, bis sich ein Trend entwickelt. Benutzen Sie hiezu die 10:00-Uhr-Regel (auf die ich noch näher eingehen werde). Es ist durchaus möglich, auch kleine Gaps gewinnbringend zu traden, allerdings sollte man hierbei besonders vorsichtig vorgehen. Die besten Trading-Möglichkeiten bieten aber, wie gesagt, große Gaps.

Auf dem folgenden Chart des Diamanten Index (DIA) können Sie ein großes Down-Gap erkennen.

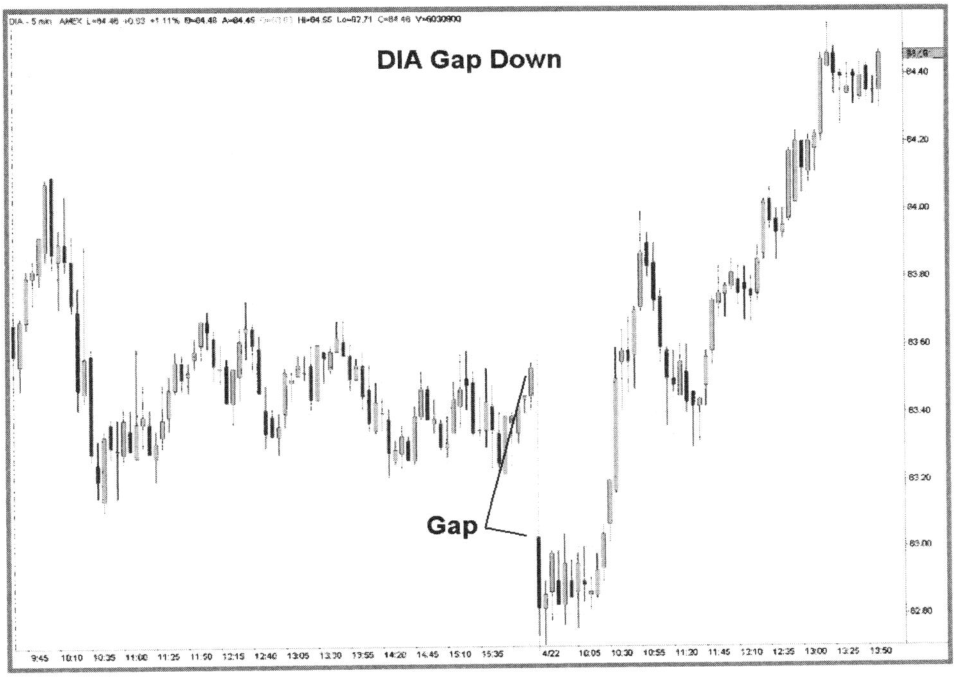

Wenn man sich den Chart nun genauer ansieht, erkennt man, dass nach der Bildung des Down-Gaps eine kurze Phase der Konsolidierung folgte, in der sich eine Unterstützung etablieren konnte.

Um dieses Gap nun zu traden, können Sie einerseits eine Long-Position eröffnen, sobald die Konsolidierungsphase eingesetzt hat oder wenn die Aktie vor 10:00 Uhr ein neues Tageshoch gebildet hat. Danach sollten Sie umgehend einen Stopp-Loss knapp unterhalb des Tagestiefs setzen. Wenn sich dies nicht mit Ihren Money-Management-Regeln vereinbaren lässt, dann müssen Sie nach einem anderen Punkt suchen.

Wenn sich die Kurse nun zu Ihren Gunsten entwickeln, ist es ratsam, den Stopp-Loss immer wieder nachzuziehen. Somit können Sie Profite realisieren, wenn die Kurse erst weit genug in Ihre Richtung gelaufen sind. Wenn Sie ein eher vorsichtiger Trader sind, dann können Sie durchaus darüber nachdenken, Ihre ganze Position glattzustellen oder zumindest die Hälfte. Danach ziehen Sie Ihren Stopp-Loss auf den Einstandskurs nach. Das garantiert Ihnen, dass Ihr Gewinn-Trade kein Verlierer wird.

Da Sie Ihren Stopp-Loss nun auf den Einstandskurs nachgezogen haben, können Ihnen die verbleibenden Aktien nur noch Gewinne bescheren, jedoch keine Verluste. Sie können Ihren Stopp dann immer weiter nachziehen, bis Sie schließlich ausgestoppt worden sind. Wenn Sie dieser Strategie im vorangegangenen Beispiel gefolgt wären, dann hätten Sie ganz ordentliche Gewinne machen können. Es ist jedoch ganz wichtig, dass man den Stopp-Loss nicht zu eng setzt. Solange man der Aktie genug Luft zum Atmen lässt, ist es auch nicht zu erwarten, dass einen kurzfristige Pullbacks (wie im vorangegangenen Beispiel) gleich aus dem Markt werfen. Wenn Sie sich also an alle Ratschläge gehalten hätten, dann hätten Sie mit diesem Trade ganze 1,65 Dollar verdient – pro Aktie.

Obwohl ich natürlich auch Aktien trade, die ein Down-Gap gebildet haben, verwendete ich hier den DIA. Manchmal macht es Sinn, ganz einfach Indizes wie den DIA oder den QQQ zu traden, anstatt Ausschau nach Aktien zu halten, die ein Down-Gap gebildet haben.

Ein großer Vorteil beim Traden des DIA (oder anderer Indizes) liegt darin, dass er die Bewegungen des Dow mit hoher Wahrscheinlichkeit nachvollzieht. Dies tun einzelne Aktien hingegen nicht immer.

Der DIA teilt nicht nur das Risiko auf eine Vielzahl von gleichartigen Unternehmungen auf, sondern er zeigt auch eine genaue Reflektion der Marktkurse. Wenn es allerdings zu einzelnen Aktien kommt, ist dies nicht unbedingt der Fall.

Wenn Sie beispielsweise Aktien von IBM kaufen und der Markt nach einem Gap eine Umkehrbewegung nachvollzieht, dann könnte IBM diese Bewegung nachvollziehen, sich gar nicht bewegen oder gar in die Gegenrichtung laufen. Ein weiterer Vorteil des DIA ist, dass Sie zum Shorten nicht die Up-Tick-Regel berücksichtigen müssen. Das erleichtert das Traden von Up-Gaps.

Hier sehen Sie ein Up-Gap auf dem Chart von EBAY.

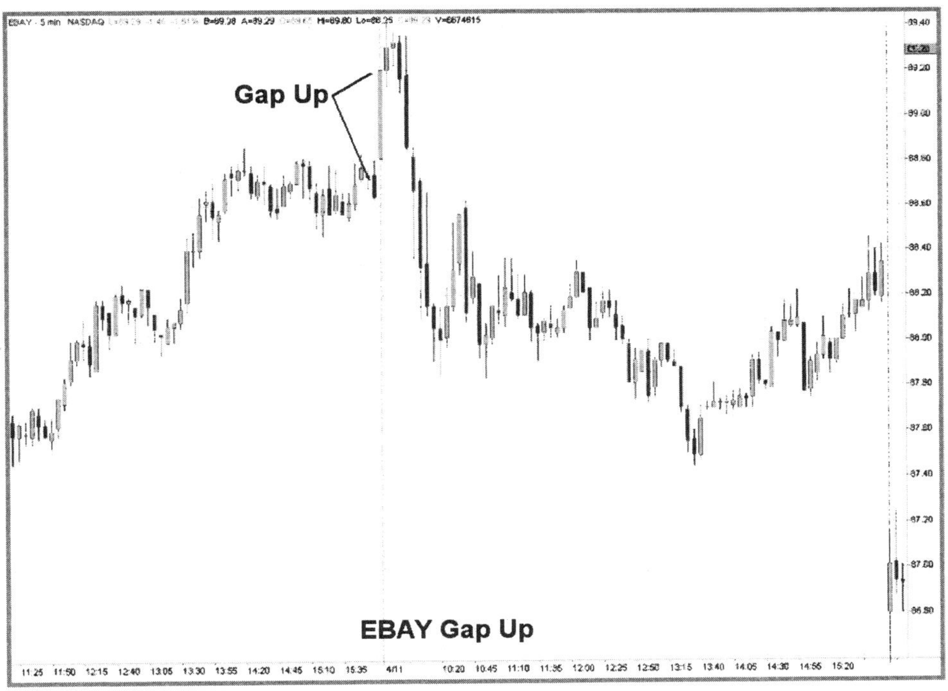

Auch bei diesem Gap hätte man abwarten müssen, bis der Kaufdruck nachlässt, ehe man seinen Leerverkauf tätigt. Der Stopp-Loss läge in diesem Fall knapp oberhalb des Tageshochs. Somit können Sie vermeiden, mit diesem Trade mehr Geld zu verlieren, als Sie vorher zu riskieren bereit waren. Natürlich können Sie auch in diesem Fall ihren Stopp-Loss immer wieder nachziehen, um Ihre Profite frühzeitig zu realisieren.

Wie Sie sehen können, bieten Gap-Trades auch Teilzeit-Tradern tolle Möglichkeiten, an den Märkten Geld zu verdienen. Wenn Ihnen also lediglich eine oder zwei Stunden am Morgen zum Traden zur Verfügung stehen, dann stellen diese Gap-Trades eine gute Wahl dar.

Earning-Runs

Der nächste Punkt auf meiner Liste sind die Earning-Runs. Auch diese Strategie ist jahrelang erprobt und hat sich für mich immer wieder als lukrativ erwiesen.

Bei einem Earning-Run handelt es sich um die historische Wahrscheinlichkeit, dass sich die Kurse von populären Aktien mit starkem Momentum schon in eine Richtung entwickeln, bevor die eigentlichen Quartalszahlen veröffentlicht werden.

Die Wahrscheinlichkeit, dass ein solcher Trade aufgeht, liegt bei über 90 Prozent, obwohl ich natürlich zugeben muss, dass ich dies nicht empirisch überprüft habe und die Zahl lediglich rein subjektiv gewählt habe. Der Grund, warum ich noch keine statistischen Zahlen habe, liegt einerseits an der äußerst subjektiven Natur dieses Ansatzes und andererseits an der sich quartalsmäßig ändernden Anzahl von Aktien, die sich am besten dafür eignen. Ich wende diese Technik nichtsdestotrotz schon seit Jahren an und kann Ihnen versichern, dass sie in einem gewissen Umfang immer funktioniert.

Es gibt natürlich einige Faktoren, die Sie berücksichtigen müssen, wenn Sie sich auf die Suche nach den gewünschten Aktien begeben. Da wären zunächst natürlich die sektorspezifischen Rahmenbedingungen, in denen sich die jeweilige Aktie derzeit befindet, wenn es darum geht, das Potenzial für mögliche Gewinnmeldungen zu erahnen. Auch das Verhalten des Gesamtmarktes darf hierbei nicht unterschätzt werden. Denn auch der Gesamtmarkt ist für das Timing beziehungsweise die Stärke des Earning-Runs mit verantwortlich. Wenn der Gesamtmarkt gerade Schwäche zeigt, wenn die Veröffentlichungszeit beginnt, dann kann es sein, dass ein Earning-Run erst mit einer Verspätung von einer Woche auftritt. Ist der Markt jedoch schon sehr stark gelaufen und macht einen überkauften Eindruck, kann es sein, dass ein Earning-Run schwächer ausfällt als erwartet. Manchmal läuft der Markt allerdings seitwärts oder macht gerade einen schwächelnden Eindruck. Es ist dann durchaus möglich, dass Momentum-Aktien den Earning-Run antreten, noch bevor die Quartalsberichte anstehen. Natürlich sind noch weitere Szenarien denkbar.

Ein weiteres gutes Szenario für Earning-Runs zeigt sich, wenn der Markt überverkauft erscheint, also Schwäche zeigt, kurz bevor die Quartalsberichtssaison beginnt. Im Idealfall kann das Potenzial für einen Earning-Run höchst explosiv sein. Die wichtigsten Faktoren bei Earning-Runs sind das Timing und das Ausmaß. Generell kann man sagen, dass es zumindest immer ein paar Momentum-Aktien gibt, die ihren Earning-Reports davonlaufen.

Für gewöhnlich beginnen Momentum-Aktien ihren Earning-Run zwei Wochen, bevor die Quartalszahlen planmäßig veröffentlicht werden sollten. Diese Zeitangabe kann natürlich von Sektor zu Sektor unterschiedlich sein, und man sollte sich das Verhalten im historischen Ablauf genauer anschauen. Sie sollten auf jeden Fall nach Mustern suchen, die sich in der Vergangenheit gebildet haben, um adäquat reagieren zu können. Natürlich sollten Sie auch hierbei nicht vergessen, die markt- und sektorspezifischen Begleitumstände mit einzukalkulieren.

Um herauszufinden, wann welche Unternehmen ihre Quartalsberichte abliefern, kann man sich ganz einfach des Internets bedienen. Auf einschlägigen Seiten findet man Kalender, in denen die Termine vermerkt sind.

Natürlich sollten Sie auch hierbei darauf achten, dass Sie es mit seriösen Internetseiten zu tun haben, denn es kommt immer wieder vor, dass Kalender fehlerhaft beziehungsweise nicht auf dem neuesten Stand sind. Dieses Problem ist aber auch den einzelnen Unternehmen zuzuschreiben, die hin und wieder sehr kurzfristig die Präsentation der Quartalsberichte verschieben. Seriöse Seiten sind darüber aber auf jeden Fall informiert. Diese Information ist jedoch von äußerster Wichtigkeit, da Sie ihre Position glattstellen sollten, bevor die Zahlen dann tatsächlich veröffentlicht werden. Sollten Sie Ihre Position jedoch zu lange halten, dann kann Sie dieser Fehler eine Menge Geld kosten.

An dieser Stelle müssen Sie mir ein wenig die Eigenwerbung verzeihen (vielleicht erweist sie sich jedoch als profitabel für Sie). Wir bieten auf unserer Homepage www.trendfund.com einen solchen Kalender an. Natürlich bieten wir unseren Kunden auch weitere Information über spezifische Unternehmen. Wir geben Ihnen nicht nur einen Überblick über den gesamten Markt, sondern legen besonderen Wert auf die Momentum-Aktien, die unserer Meinung nach besonders stark für einen Earning-Run in Frage kommen. Wenn Sie an solchen Informationen interessiert sind, dann besuchen Sie bitte unsere Homepage.

Wenn Sie erst einmal auf einen potenziellen Kandidaten gestoßen sind, sollten Sie sich seinen Chart anschauen und nach bestimmten Mustern vor Quartalszahlen suchen. Ich persönlich sehe mir hierzu die letzten paar Jahre an, um Muster zu finden, die sich wiederholen. Wenn sich die Aktie nur zweimal in Folge gleich verhalten hat, dann ist sie für mich uninteressant, denn es liegt kein deutlicher Trend vor. Wenn sich ein Muster dreimal in Folge wiederholt, dann wird es schon interessanter. Dennoch bin ich auf der Suche nach Aktien, deren Muster sich noch öfter wiederholt haben. Grundsätzlich kann man sagen: Je öfter sich ein Trend wiederholt, desto besser ist es. Sollte sich eine Aktie jedoch auf einmal nicht mehr gemäß dem Trend verhalten, ist das auch noch kein Problem. Man sollte diese Aktie im weiteren Verlauf jedoch genauer beobachten.

Da Sie natürlich auch die News im Auge haben sollten, ist es sehr wichtig, dass Sie vor dem Eingehen eines Trades noch einmal die Neuigkeiten über die spezifischen Aktien sowie dessen Sektors prüfen. Denn solche Nachrichten können den Verlauf eines Earning-Runs stark beeinflussen.

Auf dem folgenden Chart von BVSN kann man erkennen, wie sich die Aktie vor einem Earning-Report verhalten hat. Tatsächlich haben wir diese Aktie sogar getradet.

Wenn man sich den Chart ansieht, fällt einem sofort die Seitwärtsphase auf, die sich vor der Quartalsberichtsaison entwickelt hat. Solch ein Setup kann ein hervorragender Nährboden für den Einstieg in einen Earning-Run sein. Wenn nun ein Break-Out aus dieser Seitwärtsphase erfolgt, eröffnen Sie eine Position. Wenn Sie jedoch davon überzeugt sind, dass sich die Aktie ohnehin in einem starken Trend befindet, können Sie die Position auch schon in der Seitwärtsphase eröffnen. Vergessen Sie nicht, Ihren Stopp knapp unterhalb der Unterstützung zu setzen. Ein weiterer Grund, warum ich diesen Trade gerne eingegangen bin, war, dass diese Aktie immer erst mit einiger Verspätung die Bewegung ähnlicher Aktien nachvollzogen hat (vor dessen Quartalszahlen).

Wir eröffneten unsere Position bei 3,75 Dollar. Zu dieser Zeit befand sich der Kurs noch in der Seitwärtsphase. Wie Sie erkennen können, notierte die Aktie nur kurze Zeit später rund 1,00 Dollar höher. Somit hatten wir zwischen 18 und 20 Prozent in einer knappen Woche verdient. Unsere Profite mit dieser Aktie schwankten zwischen 0,75 und 1,00 Dollar, abhängig davon, zu welchem Preis unsere Orders ausgeführt wurden. Für eine Aktie, deren Wert dermaßen gering ist, war das kein schlechtes Geschäft.

Am Tag des Quartalsberichts haben wir die Aktie dann gemäß der Regel beim Traden von Earning-Runs wieder verkauft. Ich würde Ihnen nicht empfehlen, eine Aktie bis zur Veröffentlichung der Quartalszahlen zu halten, selbst wenn Ihre Erwartungen sehr gut sein sollten. Meiner Meinung nach ist es ganz einfach zu riskant, den tatsächlichen Inhalt abzuwarten. Sollten die Zahlen nämlich wesentlich schlechter sein als erwartet, werden Sie wohl nicht nur Ihre ganzen Gewinne wieder abgeben, sondern auch noch herbe Verluste hinnehmen müssen.

Ganz abgesehen davon kommt es oft vor, dass Aktien, die vor Quartalszahlen gut gelaufen sind, fallen, auch wenn die Zahlen gut waren. In diesem Fall kommt es zum sprichwörtlichen Kauf der Gerüchte und Verkauf der Tatsachen. Auch wenn man es auf dem Chart nicht erkennen kann, hat sich die Aktie von BVSN gleich nach der Veröffentlichung der Zahlen so verhalten.

Außerdem kommt es oft vor, dass Unternehmen lediglich den Aktienpreis treiben wollen. In diesem Fall ist das Potenzial ganz einfach nicht das Risiko wert. Wenn man so einen Earning-Run nun traden will, sollte man rechtzeitig eine Position eröffnen und sie am Tag der Veröffentlichung wieder glattstellen. Wenn Sie zu den vorsichtigeren Tradern gehören, können Sie die Position auch schon früher schließen. Das können Sie übrigens jederzeit tun, sobald Ihr Trade schon ordentlich in die Gewinnzone gelaufen ist. Sollte sich das Chance-Risiko-Profil während eines Trades verschlechtern, dann sollten Sie ein vorzeitiges Glattstellen der Position ebenfalls in Erwägung ziehen. Damit können Sie Ihre Verluste minimieren.

Wie ich schon des Öfteren erwähnt habe, realisiere ich Gewinne gerne, wenn ein Trade schon weit genug in der Gewinnzone ist. Dies gilt natürlich auch für Earning-Runs. Meine Strategie beim vorzeitigen Realisieren von Gewinnen ist folgende: Ich schließe meine halbe Position und ziehe den Stopp-Loss auf den Einstandspreis nach. Somit sichere ich meinen halben Gewinn und kann noch dazu sicher sein, dass mein Trade kein Verlierer mehr wird. Danach ziehe ich meinen Stopp-Loss immer weiter nach, bis ich schlussendlich ausgestoppt werde. Das garantiert mir, aus meiner übrigen Position noch das Maximum an Profit rauszuholen.

Auch dieses Beispiel beschäftigt sich mit Earning-Runs. Am Chart von RMBS sieht man das Kursverhalten vor der Veröffentlichung der Quartalszahlen. In diesem Fall haben wir nicht nur die Aktien gekauft, sondern auch noch Optionen. Diese Strategie verwende ich im Übrigen auch sehr gerne.

Auf diesem Chart ist erkennbar, wie sich die Aktie von RBMS in den zwei Wochen vor dem Quartalsbericht verhalten hat. Auch dieses Mal verhielt sich der Chart äußerst schwankungsschwach, ehe der Run begann. Genau zu diesem Zeitpunkt fiel mir diese Aktie ins Auge. Beachten Sie bitte die starke Aufwärtsbewegung einige Monate zuvor. Diese war teilweise die Folge eines Short Squeezes. Daraus schloss ich, dass momentan erhöhtes Interesse an der Aktie vorhanden war. Als mir die erhöhte Aktivität gegen Ende der schwankungsschwachen Phase auffiel, konnte ich mir den kurzen Pullback zu Nutze machen, um eine Position schon zehn Tage vor dem Quartalsbericht aufzubauen.

Ich habe mich in diesem Fall nicht lediglich auf den Earning-Run konzentriert, sondern zeitgleich auch eine Optionsstrategie verfolgt. Die Optionen halfen mir nicht nur dabei, einen genauen Überblick über mein Risiko zu erhalten, sondern auch das Gewinnpotenzial im Falle eines Kursanstieges zu erkennen – das in diesem Fall äußerst attraktiv war.

Wir haben dann Call-Optionen mit einem Strike-Preis von 12,50 Dollar gekauft. Die Optionsprämie betrug 1,25 Dollar, und – der Quartalsbericht lag noch etwa zehn Tage voraus – ungefähr eine Woche lag die Prämie bei 4,00 Dollar. Das Klingeln in der Kasse war nicht zu überhören. Der Profit betrug in diesem Fall über 200 Prozent.

Am Chart von BRCM sehen Sie ein weiteres Beispiel eines Earning-Runs.

Wenn man einen Blick auf den Chart von BRCM wirft, sieht man, dass die Kurse vor dem Quartalsbericht sehr volatil verliefen. Ich versuchte mir den starken Pullback einige Wochen vor dem Quartalsbericht zu Nutze zu machen, um meine Position günstig aufbauen zu können.

Wir eröffneten die Position dann schlussendlich in der Nähe der Tiefs bei 12,00 Dollar etwa zwei Wochen vor dem Quartalsbericht. Dies hatte ganz hübsche Profite zur Folge, als es dann zur Veröffentlichung der Berichte kam. Unser Gesamtprofit lag zwischen 1,50 und 2,00 Dollar, was einen ganz netten Gewinn darstellt, wenn man bedenkt, dass die Aktie bei 12,00 Dollar notierte.

Earning-Straddles

Eine weitere Strategie, die sich in der Vergangenheit sowohl als profitabel als auch als konstant erwiesen hat, wenn es ums Traden von Quartalsberichten geht, sind Option-Straddles. Obwohl es grundsätzlich um dieselben Quartalsberichte geht wie eben besprochen, ist die Strategie eine grundlegend andere. Hierbei werden Optionen herangezogen.

Wenn Sie sich noch an das Kapitel »Optionen traden« erinnern können, werden Sie wissen, dass Sie mit Straddles von starken Kursbewegungen profitieren können. In welche Richtung sich die Aktie hierbei bewegt, ist grundsätzlich egal. Sie kaufen hierbei sowohl einen Call als auch einen Put mit demselben Strike-Preis. Auch der Fälligkeitsmonat muss bei dieser Technik identisch sein.

Wenn ich einen Earning-Straddle trade, dann halte ich zumindest einen Teil meiner Position bis zum Quartalsbericht oder darüber hinaus, selbst wenn ich bis dahin schon ansehnliche Profite einstreichen konnte. Da Ihr Risiko in diesem Fall sowohl vordefiniert als auch limitiert ist, können Sie Ihre Position einfach über den Quartalsbericht halten, wenn sich die notwendige Kursbewegung noch nicht eingestellt hat. Oftmals kommt es bei der Veröffentlichung zu starken Kursbewegungen. Wenn die Optionsprämien niedrig genug sind, kommt es sogar vor, dass ich einen Straddle erst an dem Tag eingehe, für den die Quartalszahlen angesetzt sind.

Für mich persönlich waren Options-Straddles in der Vergangenheit oft hochprofitable Trades. Oder anders ausgedrückt, das Profit-Risiko-Verhältnis war hervorragend. Einer der wichtigsten Punkte beim Eingehen eines Straddles ist, die Position zu günstigen Bedingungen zu eröffnen. Mit dieser Vorgabe im Kopf versuche ich nach Optionen zu suchen, die in derselben Woche fällig werden, in der auch die Quartalszahlen veröffentlicht werden. Der Zeitwert der Option ist zu diesem Zeitpunkt nämlich schon äußerst gering. Weiters ist auch der Spread zwischen den beiden Optionen zu diesem Zeitpunkt enger. Das ermöglicht mir das Aufbauen eines Straddles zu einem günstigen Preis.

Um mit einem Straddle tatsächlich Gewinne zu erzielen, gilt es für den Kurs, sich signifikant zu verändern, und zwar in relativ kurzer Zeit. Earning-Runs und die Quartalsberichte an sich sorgen oft für die nötige Volatilität. Ist diese stark genug, kann es sogar sein, dass Sie beide Positionen mit Profit glattstellen können.

Am folgenden EMC-Chart sehen Sie ein Beispiel eines von mir durchgeführten Earning-Straddles.

Die Erwartungen der Preisbewegung einer Aktie bei einem Straddle sind grundsätzlich neutral. Das heißt, dass beide Positionen denselben Wert haben und der Strike-Preis in etwa auf dem aktuellen Kurs der Aktie liegt. Wenn dies nicht der Fall ist, liegt entweder eine bullishe oder eine bearishe Tendenz vor. In diesem Fall ist für Sie die Bewegung in die eine Richtung profitabler als jene in die andere. In manchen Fällen kann dies für Sie natürlich von Vorteil sein, wenn Sie die Wahrscheinlichkeit des einen Szenarios höher einschätzen als die des anderen.

Im Fall von EMC hatte ich das Gefühl, dass die Aktien nach den Quartalsberichten eher steigen als fallen würden. Als mir nun also die bullishe Tendenz meines Straddles auffiel, nahm ich dies ohne Groll in Kauf.

Daher eröffneten wir am Tag der Quartalszahlen eine Position. Wir suchten nach Optionen, die in dieser Woche fällig wurden, und kauften einen Call mit Strike-Preis bei 7,50 Dollar und einen Put mit Strike-Preis bei 7,50 Dollar. Zu dieser Zeit notierte die Aktie bei 7,75 Dollar, was zu einer bullishen Tendenz des 7,50-Dollar-Straddles führte. Die Calls waren somit leicht im Geld, die Puts aus dem Geld.

Die Kosten für den Straddle betrugen kumulativ etwa 0,50 Dollar, somit war das potenzielle Chance-Risiko-Profil sehr anständig. Egal ob EMC nun die erwarteten Quartalszahlen erreichen konnte, ich fühlte, dass sie sich in jedem Fall um mindestens 0,50 Dollar bewegen würde. Und wenn dies nicht der Fall sein sollte, wäre mein maximaler Verlust mit 0,50 Dollar immer noch akzeptabel.

Wie Sie auf dem Chart nun erkennen können, bewegte sich der Kurs nach positiven Quartalszahlen sehr stark. Wir stellten die Position am nächsten Morgen mit einem Gewinn von 35 Prozent glatt. Das rasche Glattstellen der Position resultiert einerseits aus der kurzfristigen Natur des Trades an sich, andererseits aus der Fälligkeit der Option. In diesem Fall hätte sich ein längeres Halten der Position ausgezahlt. Nichtsdestotrotz bin ich mit 35 Prozent Profit durchaus zufrieden.

Am IBM-Chart sehen Sie ein weiteres Beispiel für einen Earning-Straddle.

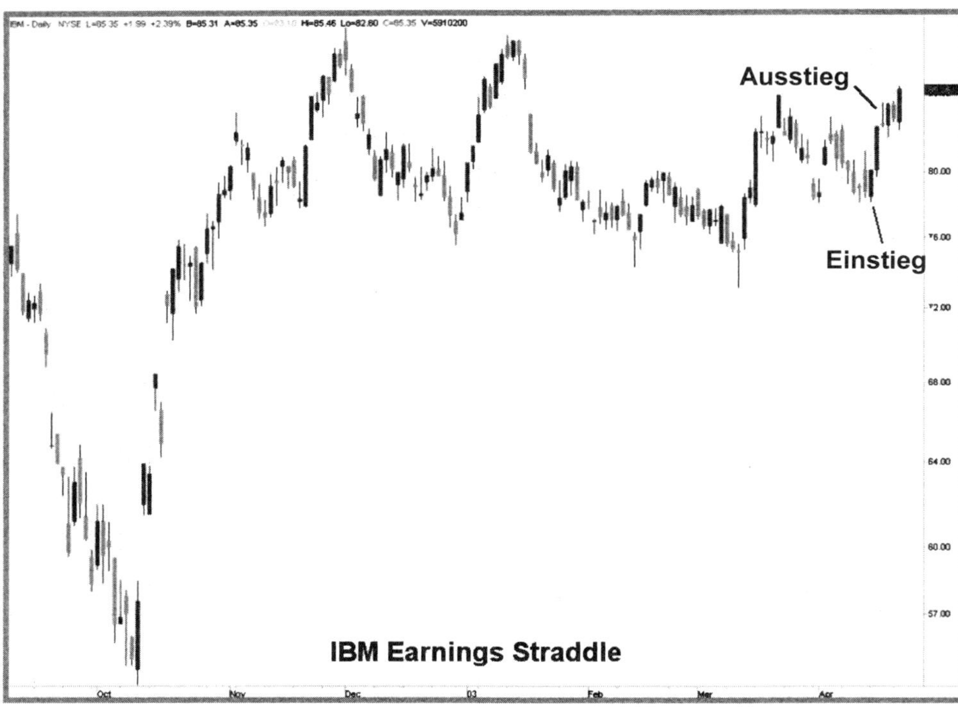

Bei IBM handelt es sich um eine hoch bewertete Momentum-Aktie, die sich in der Vergangenheit immer stark bewegte, wenn es zur Veröffentlichung von Quartalszahlen kam. Auch in diesem Fall kann ich nur darauf hinweisen, dass dies keine Empfehlung sein soll, IBM zu traden, es ist lediglich ein Beispiel. Es ist somit nicht ungewöhnlich für solch volatile Momentum-Titel, sich um fünf Prozent oder mehr zu bewegen, wenn es zu veröffentlichten Reporten kommt. Diese Bewegungen sind auch notwendig, um mit einem Straddle optimal profitieren zu können.

In diesem Fall eröffneten wir einen 80-Dollar-Straddle, der uns kumuliert 3,50 Dollar kostete. Wie Sie auf dem Chart erkennen können, bewegte sich die Aktie um etwa 5,00 Dollar nach oben. Wir schlossen die Position daraufhin mit einem Gewinn von 15 Prozent.

FOMC Fades

Eine weitere Technik, die ich sehr gerne anwende, ist jene, wenn ich FOMC (Federal Open Market Committee)-Ankündigungen fade. Wie ich bereits im Kapitel »The Trends are your Friends« erläutert habe, ist das FOMC ein Komitee, dem zwölf Mitglieder angehören und das dafür verantwortlich ist, Zinsen festzulegen sowie Kreditpolitik zu machen.

Wenn sich das FOMC nun zu einem Meeting zusammensetzt, herrscht oft Angst und Unsicherheit am Markt darüber, was es entscheiden wird. Werden die Zinsen angehoben, werden sie gesenkt, oder bleiben sie auf demselben Level? Wird die Fed ihre Zinspolitik ändern, ihre Geldpolitik lockern oder straffen oder andere Kommentare über den Markt veröffentlichen, die langfristige Folgen haben werden?

Ob nun berechtigt oder nicht, die Märkte regieren für gewöhnlich mit starken Kursbewegungen auf die Veröffentlichung von Nachrichten der FOMC. Ganz abhängig von der spezifischen Nachricht, ist ihre Langfristigkeit nur von sehr kurzer Dauer oder zieht sich noch über mehrere Tage und Wochen.

Unabhängig davon, wie lange die Auswirkung einer solchen Ankündigung nun anhält, entwickelt der Markt direkt nach der Veröffentlichung eine sehr starke Volatilität und reagiert eine gewisse Zeit lang unberechenbar, da Trader die Nachricht erst einmal verdauen müssen (ich werde dies später anhand eines Charts illustrieren). Manchmal kommt es vor, dass sich der Dow innerhalb kürzester Zeit um 100 Punkte bewegt, nur um kurz darauf dieselbe Bewegung in die andere Richtung nachzuvollziehen. In Extremfällen kann dies innerhalb weniger Minuten passieren, nämlich dann, wenn großer Spielraum für die Interpretation der FOMC-Ankündigung besteht. Letzten Endes zieht der Markt aber die korrekten Schlüsse und beruhigt sich wieder oder bildet einen klaren Trend.

Obwohl sich der Markt in sehr hohem Tempo bewegt und daher große Agilität fordert, kann die auftretende Volatilität nach einer FOMC-Ankündigung tolle

Trading-Möglichkeiten für jene Trader bieten, die eine bestimmte Vorahnung hatten. In der Mehrzahl der Fälle kommt es zu folgendem Szenario: Die Kurse bewegen sich kurz nach der Veröffentlichung sehr impulsiv in eine Richtung, was aber sehr oft mit irrationalen emotionalen Entscheidungen zusammenhängt und daher eine übertriebene Bewegung darstellt. Daher ist die Richtung, die der Markt zunächst einschlägt, oft die falsche.

Diesen Umstand versuche ich mir nun zu Nutze zu machen, indem ich die erste starke Bewegung nach einer FOMC-Ankündigung fade, also eine Position in die Gegenrichtung eingehe. Oftmals ist die Bewegung so impulsiv, dass man einen »Spike« auf dem Chart erkennen kann. Und genau diesen Spike will ich faden. Je größer der Spike, desto besser. Auch wenn sich herausstellt, dass die Richtung der ersten impulsiven Bewegung nicht die falsche gewesen ist, wette ich durch das Faden darauf, dass die Bewegung dennoch kurzfristig in die Gegenrichtung verläuft. Durch die herrschende Konfusion an den Märkten ist zumindest eine kurzfristige Kurskorrektur auf das alte Preisniveau zu erwarten. Sie können jedenfalls von dem Trade profitieren, auch wenn ein Snapback-Reversal nur sehr temporär eintritt.

Um FOMC-Ankündigungen wirkungsvoll zu traden, suche ich volatile Momentum-Aktien, die sich in schwankungsstarken Sektoren befinden. Das folgende Beispiel zeigt den Chart von EBAY und dessen Reaktion auf eine FOMC-Ankündigung.

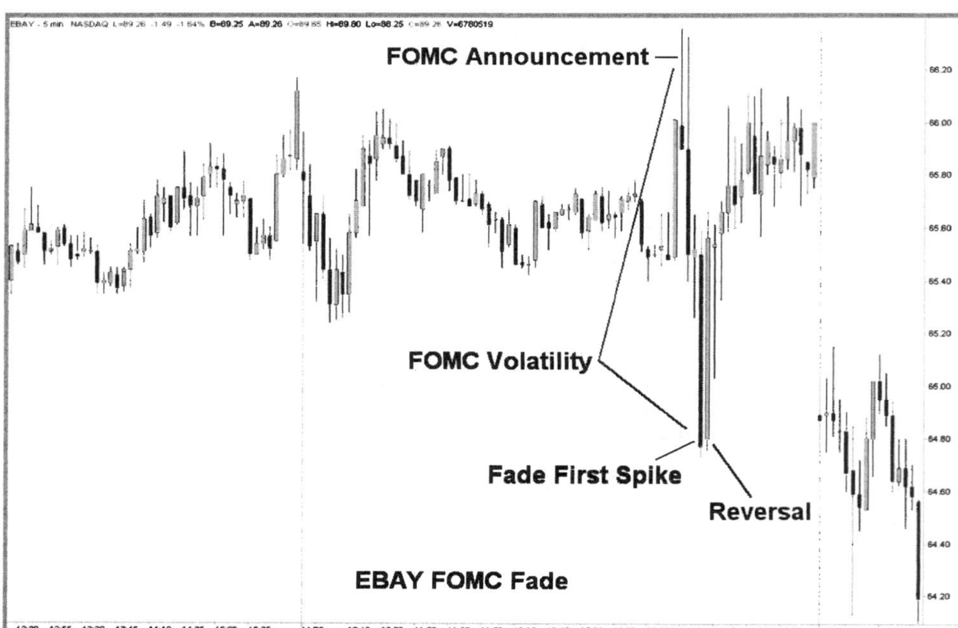

Das Resultat eines FOMC-Meetings wird meistens zwischen 14:15 und 14:20 Uhr veröffentlicht. Zu diesem Zwecke ist es ratsam, die Wirtschaftsnachrichten, wie etwa CNBC, einzuschalten, die live über die Entscheidung berichten, sowie ein Auge auf Ihren Online-Nachrichten-Service zu werfen.

Wie man auf dem Chart erkennen kann, begannen die Kurse schon vor der Veröffentlichung der Nachrichten stark zu steigen. Nachdem die Nachrichten allerdings an die Öffentlichkeit gelangten, ging es stark abwärts. Aber auch diese Bewegung wurde durch ein Snapback-Reversal egalisiert, und die Kurse notierten bald wieder auf dem alten Preis-Level. Die lange schwarze Kerze auf dem Chart verkörpert hier den gesuchten Spike, die darauf folgende weiße Kerze stellt den Reversal dar. Das Ganze spielte sich übrigens innerhalb weniger Minuten ab. Auch die starke Volatilität rund um die Veröffentlichung der Nachricht fällt sofort ins Auge.

Um dieses Reversal nun zu traden, also zu faden, würden Sie eine Long-Position eingehen, sobald der Spike sichtbar wird. Die Position würden Sie wieder glattstellen, sobald sie in den Gewinn gelaufen ist. Wie Sie sehen können, passiert die ganze Kursbewegung innerhalb weniger Minuten, also müssen Sie schnell reagieren können. Des Weiteren ist es unabdingbar, dass Sie einen Direct Acces Broker haben. Denn nur dieser kann Ihnen die notwendige Verlässlichkeit bieten, die Sie bei dieser Art von Trades brauchen. Online-Plattformen bieten generell nicht die Ausführungsgeschwindigkeit, die notwendig ist, um einerseits in die Position zu kommen und andererseits auch wieder heraus.

Die Kursbewegungen sind in diesem Fall sogar dermaßen schnell, dass ich ausnahmsweise manchmal auf Market-Orders zurückgreife, um in meine Position zu kommen, während der erste Spike auftritt. Das versichert mir, dass ich das Reversal nicht versäume. Da es in meinem Interesse liegt, nahe dem Boden der Bewegung meine Position zu eröffnen, reicht mir in diesem Fall auch eine Market-Order. Ich möchte Ihnen allerdings nahe legen, nur dann eine Market-Order zu benutzen, wenn Sie einen direkten Zugang zur Börse haben und genau wissen, was Sie tun. Wenn Sie im vorangegangenen Beispiel nämlich eine zu langsame Trading-Plattform nutzen und Ihr Timing nicht absolut perfekt ist, könnte eine Market-Order erst nach dem Reversal in der Nähe der folgenden Hochkurse ausgeführt werden anstatt zu günstigen Kursen am Anfang des Reversals.

Wenn wir nun noch einmal auf den Chart zurückkommen, fällt uns auf, dass die Kurse sich nach dem Reversal wieder einpendelten und ihren alten Trend weiterverfolgten, was in diesem Fall eine Seitwärtsphase war. Doch dies ist nicht unbedingt die Regel. Es kann durchaus passieren, dass nach einer FOMC-Ankündigung eine Rallye startet oder die Kurse zu fallen beginnen.

Wären die Kurse nach der Veröffentlichung der Nachrichten nicht gefallen, sondern gestiegen, hätten Sie eine Short-Position aufgebaut, um das Reversal zu traden.

Das Traden von FOMC-Nachrichten beschränkt sich nicht auf Aktien. Ich persönlich kaufe gerne Optionen auf den Diamanten Index (DIA) oder Optionen auf andere Indizes wie den SOX oder BKX. Bei diesem Ansatz brauchen Sie nicht darauf zu achten, die richtige Aktie auszuwählen, und außerdem verfolgen Sie die Marktbewegung sauberer mit als bei Aktien. (Die Thematik der Index-Optionen wurden bereits unter »Gap Fades« im Kapitel »Optionen traden« besprochen.)

Beim Traden mit Optionen sollten Sie in jedem Fall mit Limit-Orders arbeiten. Es kann nämlich sehr schnell der Fall sein, dass Ihre Order zu einem sehr unvorteilhaften Preis ausgeführt wird, da Index-Optionen sich sehr schnell bewegen können.

Die 10:00-Uhr-Regel anwenden

Ich habe die 10:00-Uhr-Regel in meine Favoritenliste aufgenommen, da sie sich als verlässlicher Indikator für die kurzzeitige Bestimmung der Marktrichtung oder der Richtung, die einzelne Aktien einschlagen, erwiesen hat. Die 10:00-Uhr-Regel lässt sich allerdings nicht nur dazu nutzen, konstant profitabel zu traden, sondern auch dazu, potenzielle Verluste zu vermeiden. Die 10:00-Uhr-Regel hilft nämlich dabei, Schnellschüsse zu vermeiden.

Obwohl ich im Laufe dieses Buchs schon mehrmals auf die 10:00-Uhr-Regel eingegangen bin, werde ich sie hier noch einmal wiederholen.

Wenn eine Aktie ein Up-Gap ausbildet, sollte man so lange mit einem Kauf warten, bis nach 10:00 Uhr neue Hochkurse gebildet wurden. Bildet die Aktie hingegen ein Down-Gap aus, dann sollte man mit einem Leerverkauf so lange warten, bis nach 10:00 Uhr neue Tiefkurse gebildet werden.

Das Konzept der 10:00-Uhr-Regel ist im Grunde genommen sehr simpel. Bildet eine von Ihnen beobachtete Aktie nach 10:00 Uhr nämlich ein neues Hoch aus, können Sie eine Long-Position eröffnen. Bildet die Aktie nach 10:00 Uhr hingegen neue Tiefs aus, können Sie einen Leerverkauf in Erwägung ziehen.

Wenn MSFT beispielsweise bei 25,00 Dollar eröffnet und zwischen 9:30 und 10:00 Uhr einen Hochkurs bei 25,50 Dollar bildet, dann können Sie zu diesem

Zeitpunkt eine Long-Position eröffnen, wenn der Kurs nach 10:00 Uhr bei mindestens 25,51 Dollar notiert. Natürlich dürfen Sie auch bei diesem Trade Begleitumstände wie die Gesamtmarktverfassung nicht vernachlässigen. Sollten diese allerdings nicht gegen ein Engagement sprechen, kann es durchaus profitabel sein, eine Position zu eröffnen, da ein neuer Hochkurs nach 10:00 Uhr ein bullishes Signal darstellt.

Nehmen wir nun hingegen an, dass MSFT wieder bei 25,00 Dollar eröffnet, zwischen 9:30 und 10:00 Uhr allerdings einen Tiefkurs bei 24,50 Dollar gebildet hat. Wenn der Kurs nun nach 10:00 Uhr unter die Marke von 24,50 Dollar fällt, können Sie die Aktie leerverkaufen, denn nun liegt ein bearisher Indikator vor. Dies gilt natürlich nur unter der Voraussetzung, dass andere Faktoren nicht gegen dieses Engagement sprechen.

Sie fragen sich jetzt natürlich, wie und vor allem warum diese 10:00-Uhr-Regel funktioniert. Das liegt daran, dass zur Markteröffnung oftmals sehr große Unsicherheit herrscht und deshalb gerne emotional getradet wird. Der Markt sucht nach der Eröffnung erst nach einer Tendenz und versucht, eine gewisse Basis zu finden. Das Problem ist, dass bei der Suche nach der Tendenz gerne falsche Signale gesendet werden und die »wahre« Richtung noch nicht erkennbar ist. Abgesehen davon gibt es noch aufgestaute Orders auf der Kauf- oder Verkaufsseite, die durch Unausgeglichenheit aus dem vor- und nachbörslichen Handel kommen.

Doch all diese Probleme gehören nach 10:00 Uhr für gewöhnlich der Vergangenheit an. Daher stellt die Preisentwicklung nach 10:00 Uhr einen verlässlicheren Indikator für die wahre Tendenz eines Wertpapiers dar. Daraus entstand die 10:00-Uhr-Regel. Sie hilft nicht nur dabei, die Fallen zu vermeiden, die sich vor 10:00 Uhr auftun, sondern auch dabei, Trends zu finden, die sich an trendstarken Tagen bilden. Dies wiederum führt zu höheren Profiten.

Am folgenden Chart von NVLS ist die 10:00-Uhr-Regel noch einmal erläutert.

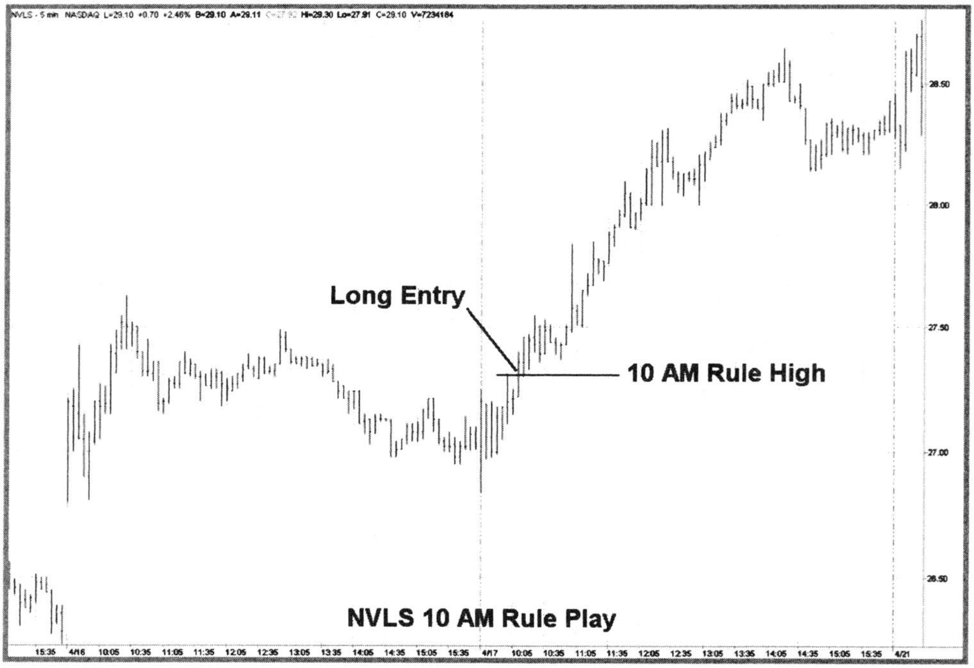

Zunächst fällt auf, dass der Markt flach in den Tag startete, also kaum Kursveränderungen zum Vortag erkennbar waren. Kurz nach 10:00 Uhr konnte NVLS dann seinen bisherigen Tageshochkurs durchbrechen. An diesem Punkt hätte nun eine Long-Position eröffnet werden können. Unmittelbar danach wäre der Stopp-Loss knapp unterhalb des Tiefkurses vor 10:00 Uhr zu setzen gewesen, denn wenn der Markt doch gegen Sie laufen sollte, ist es ratsam, dass Sie Ihre Verluste begrenzen.

Am gezeigten Chart ist sichtbar, dass es durchaus profitabel gewesen wäre, sich an die 10:00-Uhr-Regel zu halten. Nachdem die Kurse begonnen haben zu steigen, sollte man nicht zu lange darauf warten, seinen Stopp-Loss nachzuziehen. Und wie ich schon des Öfteren erwähnt habe, liegt es mir nahe, immer wieder Profite zu realisieren, wenn sie erst einmal ein bestimmtes Ausmaß angenommen haben. Wenn dieser Bereich erreicht ist, dann stelle ich für gewöhnlich meine halbe Position glatt und ziehe den Stopp-Loss auf den Einstiegskurs nach. Somit ist es nicht mehr möglich, dass dieser Trade zum Verlust-Trade wird. Den Rest meiner Position verfolge ich dann aufmerksam und passe meinen Stopp-Loss immer wieder an, bis ich aus der Position ausgestoppt werde beziehungsweise ich sie manuell schließe.

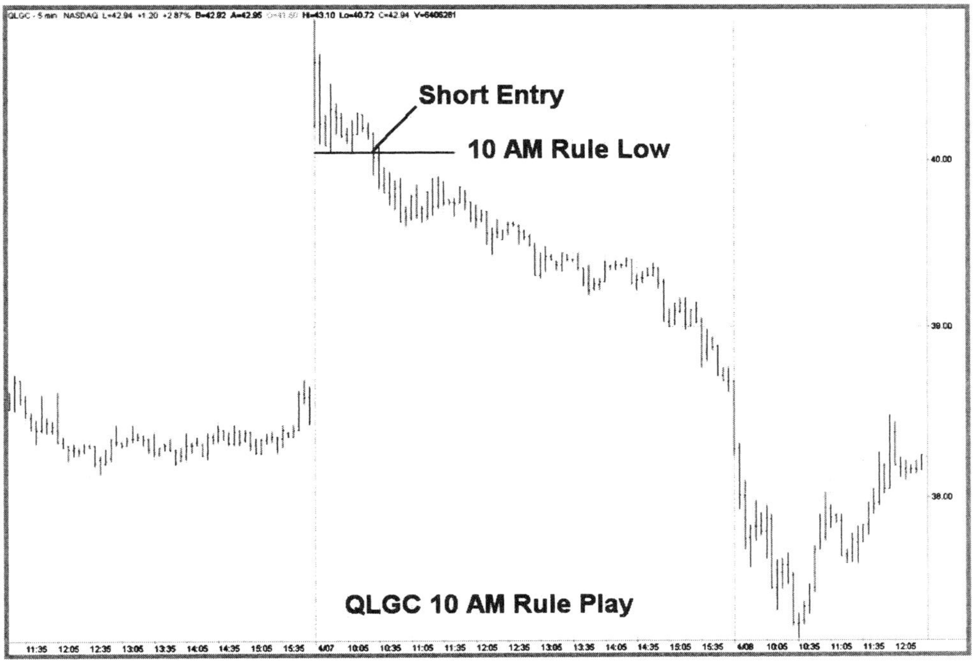

Auf dem Chart ist ein Up-Gap von QLGC bei Markteröffnung erkennbar. Wie Sie sehen können, hätten Trader, die wegen des Gaps auf Stärke spekuliert hätten, schnell ihr blaues Wunder erlebt. Dies zeigt, dass die 10:00-Uhr-Regel auch hilft, Verlust-Trades zu vermeiden, was natürlich von immensem Nutzen ist.

Hätten Sie sich nun allerdings an die 10:00-Uhr-Regel gehalten, hätten sie entweder versucht, das Up-Gap zu faden, oder aber eine Short-Position aufgebaut, nachdem die Kurse nach 10:00 Uhr neue Tiefkurse gebildet haben. Nach Eingehen der Position wäre der Stopp-Loss knapp über dem Hochkurs von vor 10:00 Uhr zu setzen gewesen. Nachdem die Position schnell zu Ihren Gunsten gelaufen wäre, hätten Sie natürlich auch Ihren Stopp-Loss genau wie im vorangegangenen Beispiel anpassen müssen, um Ihre Buchgewinne teilweise in tatsächliche Profite zu verwandeln. Ein weiteres Mal wäre die 10:00-Uhr-Regel für Sie sehr profitabel gewesen, wenn Sie einen Leerverkauf getätigt hätten.

Natürlich sollen Ihnen diese Beispiele lediglich veranschaulichen, wie die 10:00-Uhr-Regel funktionieren kann. Es gibt natürlich auch Tage, an denen sich nach 10:00 Uhr neue Hoch- beziehungsweise Tiefkurse bilden und dennoch in eine Seitwärtsphase übergehen beziehungsweise die Richtung umkehren. Sollte letzterer Fall tatsächlich eintreten, dann kommen Ihre Stopp-Losses ins Spiel, da nur diese sicherstellen können, dass Ihre Verluste sich in Grenzen halten werden.

An Tagen ohne direkten Trend ist es unsicher ob und in welchem Ausmaß Sie von einem Trade profitieren werden können. Das hängt natürlich vom spezifischen Trade ab beziehungsweise davon, wie groß der Bereich nun tatsächlich war, in dem sich die Kurse bewegt haben. Grundsätzlich ist es am besten, wenn der Markt an einzelnen Handelstagen einen Trend entwickelt und diesen den ganzen Tag lang beibehält.

Dann können auch Sie das Klingeln in der Kasse vernehmen!

12

Die Power-Nachbereitung

Als ich begann, dieses Buch zu schreiben, war es mein Ziel, über die Faszination des Trend-Tradings zu berichten. Einige von Ihnen werden sich wohl dazu entschlossen haben, lediglich Teilzeit zu traden. Manche von Ihnen sind vielleicht äußerst aktive Day-Trader. Vielleicht haben Sie auch Ihren Job gekündigt, der die letzten 20 Jahre für die Versorgung ihrer Familie verantwortlich war, weil Sie mehr Zeit mir Ihren Liebsten verbringen wollen. Vielleicht warten Sie auch noch ein Jahr, bis Sie mit dem Traden anfangen, weil Sie noch den Abschluss einer Ausbildung oder eines Studiums abwarten wollen. Manche von Ihnen haben vielleicht den Entschluss gefasst, dass das Traden nichts für sie ist, und lassen es ganz sein. Egal welche Entscheidung Sie auch treffen: Es ist die richtige für Sie. Und diese Entscheidung verdient Respekt. Eines der wertvollsten Dinge, die das Leben zu bieten hat, ist die Einzigartigkeit eines jeden von uns. Wir alle haben unterschiedliche Bedürfnisse, Wünsche und Träume.

Denjenigen unter Ihnen, die sich entschlossen haben zu traden, wünsche ich möglichst viel Glück und natürlich auch ein möglichst großes Können. Ich hoffe, dass Ihnen dieses Buch auf Ihrem Weg zum erfolgreichen Trader ein wertvolles Werkzeug mit auf den Weg gibt oder zumindest einige Anregungen liefert. Ich hoffe, dass ich Ihnen mit diesem Buch die einzigartige Magie, die von den Märkten ausgeht, näher bringen konnte, wenn Sie sie noch nicht spüren sollten. Sie haben auf jeden Fall einen weiteren wichtigen Schritt im Abenteuer, das sich Leben nennt, getan. Sie haben sich entschlossen, etwas Neues zu lernen. Das ist eine sehr aussagekräftige Entscheidung gewesen. Und wie wir alle schon im Physikunterricht gelernt haben, hat jede Aktion eine Reaktion zur Folge. Und genauso verhält es sich bei den Aktionen des täglichen Lebens. Wenn Sie sich entschließen, etwas Positives zu tun, kommt das vermutlich auch wieder zurück. Vielleicht kommen Sie nicht auf dem gewünschten Weg an ihr persönliches Ziel. Das Ziel selbst sollten Sie allerdings nie aus den Augen verlieren, denn es ist bestimmt nicht nur auf eine Art und Weise erreichbar. Hören Sie nie damit auf, an das Erreichen Ihrer Träume zu glauben.

Ich persönlich glaube, dass es keinen Sinn macht, irgendetwas halbherzig zu tun. Deshalb versuche ich, alles, was ich tue, mit voller Kraft und möglichst hohem Enthusiasmus zu tun. Warum sollte mich das Verfehlen eines Ziels ärgern, wenn ich nicht bereit bin, alles zur Erreichung dieses Ziels zu geben? Wenn ich nicht mein Bestes gebe, werde ich nie wissen, ob es möglich gewesen wäre oder nicht. Sollten Sie sich entschließen zu traden, dann tun Sie es mit Ihrer ganzen Energie! Denn es gibt ganz einfach keinen anderen Weg, um an den Börsen erfolgreich zu agieren.

Und sollten Sie es tatsächlich schaffen, den Erfolg, den Sie sich als Ziel gesetzt haben, zu erreichen, dann vergessen Sie nicht, anderen Menschen auf wohltätige Art und Weise zu helfen. Ein spirituelles Gesetz sagt, dass man jede erbrachte Wohltat zehnfach zurückbekommt. Sollten Sie also eher zu Geiz neigen, dann sehen Sie wohltätige Taten als Investment an.

Und egal, was immer Sie auch tun: Leben Sie mit voller Energie! Denn in Wahrheit kann man gar nicht anders leben.

Wir sehen uns dann im Jenseits!

Michael »Waxie« Parness